「保育園だいすき」

私の山あり谷あり保育人生

山田 静子

Shizuko Yamada

まえがき

本書は、東京都私立保育園連盟から発行されていた機関誌「東京しほれん」に連載したものに加筆したものである。都内の保育園長たちが交替で、「私と保育」というテーマで書くコーナーがあり、私も面白く読ませてもらっていた。

それが、一九九〇（平成二）年の終わりごろ、事務局から原稿依頼が来たのである。「今回、山田先生に書いてもらおうと、候補に挙がっているのですよ。お願いできないでしょうか」と。名だたる先生たちの後に私如きが、と驚きながら話を聞いたところ、「回数は五回、字数は四千から五千字です」とのことだった。それを聞いたとたん、これは私には短すぎると思ったので、「ごめんなさい、せっかくですが、五回では書き切れないと思います。申し訳ありません」と断ったのだった。

そのままそれきりになり、忘れていたのだが、二年ほど経って再び浮上したのである。「今度は五回とは言いません。十回でも構いません。書いてください、ぜひお願いします。絶対、今度は断らないでください」。

電話の向こうで、広報部長さんが頭を下げている情景が目に浮かんだ。二度も頼まれたら嫌とは言えない。「よっしゃあ、頑張って書きましょう」と引き受けてしまったのである。

とたんに「しまった、忙しくなる」と、ちょっと後悔した。が、しかし、いい機会を与えられたのかもしれないとも思った。自分から「やるやる」というタイプではない。怠け者の私は、いつも外から頼まれて引き受けてしまい、おかしなことにそれにはまってしまうところがある。構えず、素朴に、自分の思いを書こう。自分の経験したこと、実行したこと、その時々に思ったことを書けばいい。そうして書き始めてみたら、その時代の社会や生活状況、保育園のあれこれが脳裏に浮かんで、ペンが走っていくようだった。

連載中は多くの方に「読んでるよ」「おもしろいね」と言っていただいた。「本にするの？」とも言っていただき、そうしようかなと思っていたのだが、年月が経ち、「私費出版するか」とぐずぐずしていた。そこへ、どこかに神様がおいでになって「声かけたれ」と遣わしてくださったのか、出版の運びになったのである。

一人の平凡な母親が、子どもを保育園に預けて働き、ひょんなことから保育園で働くようになり、保育者として多くの人に育てられてきた、その軌跡を綴ったささやかな自伝のようなものである。

読んでみて下されば、うれしいです。

目次 *Contents*

第一章　私が子どもだったころ

豊かさと貧しさと

戦前の暮らし

私は一九三六（昭和十一）年に長崎県東彼杵《ひがしそのぎ》郡《ぐん》竹松《たけまつ》村《むら》原口《はらぐち》郷《ごう》（現大村市）で生まれた。もちろん記憶にない。両親はともに鹿児島県薩摩郡鶴田村紫尾出身の幼なじみで同級生、二人とも二十歳そこそこで親になったのである。母曰く、父は私を相当に可愛がっていたそうだ。父は海軍航空隊に所属しており、テストパイロットや航空隊間の機の移動、中国大陸での偵察活動をしていたという記録が、父自身が書き残した記録に残っている。

父は転勤族で、同じところには一年ほどしかいなかったようだ。横須賀市にいたころは一、二歳だったので、記憶は霞がかかっており、陽炎が揺らめいているだけだ。そんな中、鮮明に覚えているのは飛行機事故に遭い、入院した父の姿である。母と見舞いに行った私は父の信じがたい姿に驚いたものだ。色がどす黒く、浮腫で顔が別人のようで怖いくらいだったので、名前を呼ばれてもそばに行けなかったのである。

記憶が残るようになったのは、一九三九（昭和十四）年ごろ、三、四歳のころからだ。父が霞ヶ浦海軍航空隊に転勤になって現在の土浦市小松に住んでいたときのこと、高台の住宅地から霞ヶ浦が望まれ、天気の良い日は二枚翼の水上飛行機が、湖から飛び立ち、湖面に着水する様子を飽きずに見ていた。霞ヶ浦は海軍航空隊予科練の基地だった。

その地域には航空隊がいくつもあり、住居も転々とし、土浦、矢田部、阿見、下高津という地名を覚えている。矢田部にいたころは真冬だったので、窓が凍って氷の模様ができているのを見た母が声を上げたのを思い出す。シダのような形の凍結模様が、北側のガラス戸にびっしりで、鹿児島育ちの母を驚かせたのである。

私の下に、二年おきくらいに妹が生まれた。すぐ下の妹は一九三九（昭和十四）年二月に、横須賀で生まれているが記憶にない。次の妹は一九四一（昭和十六）年二月に下高津で生まれ、「おぎゃー」という産声を生まれて初めて聞いたのを覚えている。

そのころ、二枚翼の水上飛行機が桜川に墜落したのを見に行ったことがある。時折、道を歩いているとプロペラを下にして、クルクル回りながら落ちてくる飛行機を目にしたこともあった。体勢を立て直して無事だったこともある。また、河原に落下した飛行機のかたわらに飛行服の青年がいて、父の友人だったこともある。

一九四一（昭和十六）年秋に、父は岩国海軍航空隊に転勤になった。ここでも二ヵ所家を変えた。現在の岩国市連帆に住んだのは五歳になって間もなくのころだった。すぐそばに線路があり、河口や海岸が近くだった。母は青海苔を近所の人たちと採りに行き、窓の外に干していた。ちょっと火に炙ってご飯にのせるといい香りがしたものだ。

忘れられない鮮烈な思い出がある。火事を見たのである。河口の倉庫が夜明け前に火事になったのである。二階の窓から眺めた風景は、倉庫全体がまっ赤な炎に包まれて燃え上がっていたのだ。空は藍色と東の海はほんのり曙、その中で燃え盛る火、幼い心に美しい一枚の絵葉書のように心に焼き付いている。

この年の十二月に戦争が始まった。母が「言うことを聞かない子は敵の兵隊に連れて行かれる」と、叱る時に言うので、夕方になると「戦争、こわい」と泣いて、母は困っている様子だった。このように、連帆と開戦の日は結びついて、心に残っている。

二ヵ所目の牛野谷は航空隊勤務の家族社宅だった。周りには農家が点在しており、道路は錦川に沿って高くなっていた。父が軍服姿で自転車に乗り、航空隊に向かう姿がしばらく見えたものだった。ある日いつも遊んでいる仲良しの家に行くと「あれ、しいちゃん、うちの子は今日から幼稚園に行ったのよ」と言う。

私は家に飛んで帰った。子ども同士が幼稚園に行くと話では聞いていたが、その意味が分かり、母に「みんなが幼稚園に行った。私も行きたい」と懇願した。両親はすぐに対応してくれた。念願叶って幼稚園に入園できたのはお寺の本堂で保育しているところだった。

私にはコブが付いていた。一歳半くらい年下の「ひで　やすこちゃん」連れで入園するはめになったのである。やすこちゃんの家は兄弟が年子で子沢山だったため、私の入園と子守りをくっつけたのであろう。幼稚園ではやすこちゃんの世話で忙しかったことが記憶に残っている。

国民学校一年生に

岩国に来て一年後の一九四二（昭和十七）年十月、今度は長崎県諫早市に転居した。ここは航空隊ではなく、航空乗務員養成所というところで、父は若い飛行機乗りを育てる教官になったのである。

後年調べたら、父は入隊十年で除隊し、民間航空機の飛行士に転職することにしていたのである。そう言えば、よく父母が満期になるのを楽しみに語っているのを聞いたことがある。ところが、満期の翌日に、父は予備役で召集されたのである。嫌とは言えない時代であった。

諫早市小野地区は農村地帯であり、みんなが「潟《がた》」と呼んでいる海があったので食べ物は豊かだった。初めに住んだのは黒崎で、転勤慣れしている私はすぐ友だちができた。少年団の仲間にも入れてもらい、子どもたちは家のために薪採りに行っていたようで、私を連れて行ってくれたのを思い出す。里山の枯れ枝を拾ってまとめ縄で縛り、それを背負って帰ってくるのである。慣れない就学前の私は助けられ支えられて一束持ち帰ると、母が大きくなって役に立つようになったと喜んだ。

農業用水は「堤」と呼ばれていたが、おたまじゃくしの卵が大量に水辺に漂っていた。いたずら坊主がゼリー状の卵をすくっては女の子たちに投げつけ、大騒ぎしたものだ。堤から流れる小川にはカワニナで真っ黒になるところもあるくらいたくさんいて、それを塩茹でにして食べるのが楽しかった。

一九四三（昭和十八）年の四月、諫早市小野国民学校へ入学した。やがて、隣の小野島集落に居を移したのは、父の勤務先の近くに借家が見つかったからだと思う。農家の茅葺屋根に蛇がいるような家だった。この家で五月に弟が誕生したのだった。

出産は一年生の私にも分かるくらいの難産で、父が介助していた、産婆さんもやってきて無事に父の念願の男の子が生まれたのだ。自分が取り上げた赤ん坊である。父はどんなにうれしかったことか。私は一年生で四人きょうだいになった。

諫早市内にもよく出かけ本明川に架かるめがね橋での写真もある。これ以降戦争激化のためか、我が家は写真どころではなくなり、写真はない。

宇佐へ転居

二年生になる翌年の一九四四（昭和十九）年は地獄の年の始まりだった。父はまたもや一年半ほどで大分県の宇佐海軍航空隊に転勤したのである。航空隊に隣接した宇佐郡川部集落に住み、空襲の恐ろしさも知ることになった。

敵機が航空隊を目がけて襲撃してくるので、頻繁に警戒警報が鳴り響く。グラマン（アメリカの航空機メーカーの会社名で、戦闘機の代名詞）が低空飛行してきて、機銃掃射のパンパンはじけるような激しい音は、怖くて震えたものだ。それなのに敵機が去ると近隣の子どもたちと一緒に、薬きょう拾いに行くしたたかな子どもたちだった。

食べるものも乏しくなって毎日飢えていた。団子汁は出汁がないうえ、小麦粉はざらざらしてまずいものだった。生きるために無理して食べていたと言っていい。水分の多いおじやもよく食べたし、学校へ持っていく弁当は、雑穀やイモ類が多く、おかずは真ん中には梅干が一個の日の丸弁当だった。

このころラジオから流れていたのは「お山の杉の子」。「大きくなって国のため、お役に立って見せまする、見せまする」。「太郎は母のふるさとへ、花子は父のふるさとへ」などという歌詞が耳に聞こえてきたものだ。

航空隊には特攻に行く若者たちに用意された食品があり、父はたまには手に入れることができたので、私たちはキャラメルや飴のおこぼれを口にすることがあり、甘さに感激して「こんな美味しいものはない」と思ったものだった。

学校では高等科の選ばれた少年たちが、予科練に入隊するので、学校中で祝って送り出していた。空襲はいよいよ激しくなり、朝、学校に着いたとたん空襲警報が鳴り、一斉に高学年が引率して帰るということも頻発するようになった。

この年の十月に、また弟が生まれた。上の弟とは年子だった。これで私たちはきょうだい五人になった。当時二年生の私は軍国少女で、「少国民」と呼ばれており、戦争は必ず勝つと信じていた。

初冬のころ、飛行場に近い集落に対して「一斉に避難するように」との通達があり、私たち一家は大家さんの親戚のある安心院《あじむ》へ逃れ、母と子ども五人で厄介になったことがある。自宅に帰ってくる道すがら飛行場を見て驚いた。飛行場の周りに待機していた「零戦戦闘機」が、プラスチックの玩具が溶けたように「グニャ」とした姿になっていたのである。

一九四五（昭和二十）年三月末、両親の故郷・鹿児島県の紫尾から、父方の祖父と若い叔母が、長女の私、次女、三女、一歳の長男を連れにきた。柳ヶ浦駅から夜行列車を乗り継ぎ、鹿児島県の宮之城に午前中に着いてからは、二里の道を歩いて紫尾に向かった。紫尾には幼いとき三〜四回訪れていたが、歩いて行ったのは初めてだった。足が痛かったのは今でも忘れられない。

疎開生活

紫尾での生活では、祖母や叔母たちが大事にしてくれたので、寂しいとは思わなかった。両親がいなかったのに会いたい、恋しいということは不思議となかった。

田舎の日常は初体験で何もかも楽しく、特に田植えは大好きだった。田植えは労働だが私にとっては「遊び」そのものだった。あるとき母の実家から見える苗床の田植えがまさに終わらんとしている風景が目に飛び込んだ。私は昼寝をしており、目覚めたときにはもう間に合わなかった。「どうして、起こしてくれなかったのだ」と、泣きながら大声を上げた。「あんまり張り切って朝から田植えをしたから、疲れていたのだよ。いくら起こしても目が覚めなかったんだ」と、「さなぼり（田植えを終えたお祝い）」の準備をしていた祖母が言った。あのときの残念無念は、今も胸によみがえる。

母の帰省と弟の死

梅雨が明けて少し暑くなったころ、家に帰って木戸を見ると、母が腰を下ろし、谷から吹く風に心地良さそうに汗を拭いていた。

「あ、母ちゃん」と心で叫んだ私。途端に目頭に針を突っ込まれたような痛みが走り、涙があふれ出た。「大好きな母ちゃん、私頑張っていたんだよ」と、母の懐に飛び込んで泣いた。親子の絆を実感した瞬間だった。

それからは母と私たちきょうだい五人は、母の実家の隠居所で生活し始めた。そのころの生活は農村地帯なのに苦しく、特にまだ赤ちゃんだった下の弟は母乳が足りなかったので、私は母に頼まれてよく「もらい乳」をしてまわったものだった。

一九四五（昭和二十）年八月十三日は、三年生の私にとって一生忘れられない日となった。赤ちゃんの弟が下痢で調子が悪いのは知っていた。薬などないので、「げんのしょうこ」を煎じて飲ませたりしていた。その日の深夜に寝ていた私は母の嘆きと、二人の祖母のなだめる声に、ただごとではない雰囲気を感じて身を起こした。

母は長時間泣いていたと思われるほど、泣きはらした顔になっていた。村の老医師がいつ来たのか赤ん坊の傍らにいた。母は二人の祖母が制止するのを聞かず、弟の「まこちゃん」を抱き上げた。喉が「ごろごろ」となるのが聞こえる。「ほら見て、まことが笑った」と母。医師が「ご臨終です」と言ったとき、弟は死んだのである。

私は人間の死んだ姿に接したのは初めてだった。夜が明け、周りの大人たちは葬儀の準備をし始めた。まこちゃんは木の蜜柑箱を棺にして、羽二重のベビー服を着せられて、頬笑んだままの姿で、まるで眠っているようだった。大きくなったらきっと美男になっただろう赤ん坊は生きている人形のようで、私はそこを離れずに顔を見つめ続けて、一日中離れなかった。驚いたのは真夏なのに、「まこと」と言って触ると氷のように冷たい肌と、こちこちに硬くなった体に、今までの「まこと」ではないのだということを思い知らされたのである。生きているように見えているが、もう彼は違う世界のものになったのだと葬儀を終えるころには実感した。

葬儀は八月十四日だった。そして十五日の夕方、母と子ども四人で雑炊を食べているところに、母屋の母方の祖母が喚きながらやってきた。

「ノブ（母の名）、戦争に負けたそうだよ。何たることだ。家の二人の息子はまさか戦死してはいないだろうね。あああ、生きていておくれ」と泣き喚いたのである。

そのとき、「あ、うちの父ちゃんは特攻隊に行ったかもしれない」という思いが胸をよぎった。

戦後の暮らし

父帰る

父が除隊になって帰ってきたのは、敗戦の日から一ヵ月が過ぎたころだった。自力で持てるだけの荷物を担いできた父の姿にびっくりし、「生きていた」とうれしくて内心大喜びの私だった。

間もなく父方の祖父は母屋を私たちに譲り、すぐ裏山に簡単な家を建て移り住んだ。そこには祖父母と父の弟妹たち六人、実家に戻っていた伯母とその子どもたち五人が隠居所に、そして私たち一家六人が母屋に、合わせて十七人が敷地の中に暮らし始めた。汲み取り便所はすぐいっぱいになった。

農業を始めたときの父の脚が、真っ白だったのが目に浮かぶ。毎日田畑で働き、瞬く間に農民の顔になっていった父に驚く私。近隣とのつき合いに慣れるのに時間はかからなかった。

祖父は長男の父を今度こそ跡継ぎにしようとしていたから、さっさと母屋を明け渡したのである。しかし、軍隊の仲間たちは父に何回となく就職に誘った。現金収入のすべも見つける必要があった父だが、それに反対する祖父との諍いは日常的になっていた。父はいい話を、断腸の思いで断らざるを得なかった。

父は戦時中に計画していたように、民間の航空会社への就職を考えていたのだ。こっそり願書を出していたのも知っていた。しかし、ついに諦めて、一家の大黒柱となり、姉の子どもたちが学校を出るまで面倒を見、末の弟の高校進学まで世話したが、祖父との確執は修繕されることなく、ついに分家させられたのである。

父の不幸はもう一つある。「金融緊急措置令」が一九四六(昭和二一)年二月十六日に出され、預金封鎖と新円切り替えが実施されたときに、預金のほとんどが封鎖されて使えなかったのである。インターネットで調べていてわかったのだが、この内容は所帯主三百円、家族一人百円を三月二日までに交換すること。以後無効とする、というものだった。また、十万円を超える資産は、二十五〜九十%の財産税がかけられるというもので、両親はどんなに落胆したことか。何万円貯金していたかどうか知る機会はなかったが、父母が手にしたのは、今までの苦労は全く報われないものだったことがわかる。

これは日本中の庶民が体験したことだ。もし、今、そのようなことが起きたらどうなることか……。

飢餓の苦しみ

保有米以外は供出するという制度が戦時中からあったようだが、父は祖父の制止を振り切って「日本中が飢えているのだから、少しでも供出をしよう」と実行した。十七人の口をどう糊塗するつもりだったかわからないが、それから我が家は常に食べ物で苦労し、子どもたちは飢えて痩せていた。

私たちの集落は四軒の家が庭続きになっていて、垣根などの境がなかった。夏など戸は開けてありお互いの生活の様子は丸見えであったが、見られても平気な関係だった。

我が家は切実に米不足に陥っており、梅干しをなめて水をがぶ飲みしていたものだ。一日の米はわずかしかないので、さつま芋、麦、粟が入ったご飯を一杯ずつしかありつけないときもあった。

翌年の春になるころには、すっかり田舎暮らしが身についてきた。鹿児島弁の生活にすっかり馴染んで、米の飯を「銀しゃり」といい、食べてみたいと願っていた。

そんなとき、近所の庭を通っていたら、それを食べている一家が目に入った。「何で米があるの?」とうらやましかった。同じように供出しても家族数の多いわが家は、早く底をついてしまったのだろうが、そのときは生唾をごくりと飲み込むしかなかった。

朝、ご飯を炊くのは十歳の私の役割になっていた。かまどで一升飯を炊きながら、お釜が吹いてきたのを見計らって、さつま芋を、包丁で手際よく切り落としていく。蓋をして火を囲炉裏にさっと移し、あとは熾火《おきび》で蒸らすとできあがりだ。最初は失敗して焦がすこともあったが、母はそんなとき叱らなかった。毎朝の繰り返しで瞬く間に上達したものだ。

この時代に育った子どもが食べるものはさつま芋ばかりだった。おやつも菓子などないので、常に芋だった。大人になってからはそれだけは食べたくなかった。一生分食べたと思っていた。

春は草を食べる

紫尾の生活は一年が過ぎるころ、どうにか田舎暮らしが身に付いていた。父が軍人だったお陰で戦前の暮らしは豊かだったということが、戦後の貧しい生活の中で痛いほどわかってきた。敗戦の一年前からは日本のほとんどが貧しくなっていたから、急激に貧乏になったわけではなかったが、飢えているのは同じながら、田舎の子どもたちはたくましかった。

春先には新芽が吹き出す。学校の行き帰りに田んぼの土手や道の脇にイタドリやスイバ、スカンポの新芽を見つけると友だちが若々しいその新芽を手折って食べる。まねして食べると酸っぱい。イタドリは新芽のときはいいが、しばらくすると硬くなるので、歯で皮をむいて食べる。

面白かったのはツバナだ。新芽に内包された穂を見つけ出し、しごいて食べると、ほんのり甘いのである。子どもたちに「アマネ」と称される草の根を掘る。白い節の根を噛むと、ほのかに甘いのである。村の子どもたちは生きるすべを知っており、疎開して仲間入りした私に次々と教えてくれた。甘みに飢えていた時代だったので、子どもたちは仲間や年下の子に伝承していたのである。

子ども同士で集団で集落の茅場の丘に、ワラビ採りに出かけた。腰にカゴをぶら下げて、競争しながら採取したものだ。夏に備えてそれらは塩漬けにしたり、乾燥させたり。筍、ゼンマイ、大根なども切干しにしたものだ。

ノビルは毎春採取に出かけた。持ち帰ると丁寧に朽ち葉を除き、洗うのに手間が必要だった。丸い小ぶりの根は酢味噌で食べた。

梅雨の時期は山桃がたわわに実る時期だ。田植えに行った先の森に赤い実がたくさんなっており、まだ中学生や青年団に入っている若い叔母たち、いとこたちと食後やひと休みのときに競って木に登った。あるとき二メートルくらいの枝に体を乗せた途端に落下して、気づいたら落ち葉の積もった地面にしゃがむ格好で着地していたこともある。反射神経のいい子どもだったのである。

また、このころは青梅もたわわに実った。大人の注意など無視して、塩をつけてがりがり食べた。学校も親も「赤痢になるからね。食べたら死ぬよ」と言っていたのに、飢えている子どもには通じなかった。

夏は畑で野菜を食べる

ナス、キュウリ、トマトが実る季節は、畑でもいで、そのまま生で食べていた。

紫尾は山あいの村で、谷川が村を縦に流れていた。清らかな深みには魚が群れて泳いでいたので、男たちは大人も子どもも釣りをし、食卓に供していた。夏休みは田畑の草取りに追われたが、昼食後は集落の子どもたちは我先に泳ぎに出かけたものだ。集落ごとに深い淵があり、そこが遊泳場になっていた。

もぎたてのトマトを持ってくる子がいて、それを投げるとみんなが一斉に泳いで捕りに行く。捕ればトマトがご褒美になる。大体数個を持参していて、なるべく遠くへ投げると、それを目がけて水しぶきを上げて子どもたちが泳ぐ。男の子に負けず、勇敢な女の子も混じっていたものだ。この川は川内川の支流だが、この川に流れ込む支流が何本かあって、サワガニを捕ったりカワニナを探しに行ったりしたものだ。

忘れられない思い出がある。少年団で山に出かけたときのことだ。昼に里の丘陵地帯に出てきたら、畑に黄色の瓜が熟れているのが目に入った。お腹を空かせていた子どもたちは、よその家のものだとわかっていたが、何個もあるので少しもらって食べようと、三個ほどを十数人で分けて食べていた。悪いことをしている認識はあったが、誰も見ていないからいいよと思っていた。

ところが運悪く、鍬を担いだ三十歳くらいの夫婦がやって来て、一瞬みんな凍りついた。

叱られる、と思って身の縮む思いだった。しかし、この夫婦は子どもたちをゆっくり眺めながら、無言で通り過ぎて行ったのである。悪いことはできないものだということを、この夫婦が教えてくれたように思った。

秋は実りの季節

秋が近づいて来ると、一日一日稲穂のようすを窺い、「さあ大丈夫」と見極めて稲刈りをした。通りがかりの人たちが「もう稲刈りかい。ちと早いんじゃないの」とあきれた様子だったのが忘れられない。よく乾かして精米所に持ち込み、「銀シャリ」を食べた。新米の炊きたての美味しいことと言ったらなかった。あの時のうまさに匹敵する米に出会いたい。米について一見識を持ったゆえんである。

茅場には栗が実り、里には柿がたわわに色づいた。渋柿は色づくと木箱に入れて、温泉に一晩漬ける。翌朝は渋が抜けて甘くなっていた。温泉の香りが漂う故郷の味である。

山里の土手には猿梨が熟す。野葡萄は種が多いのが難だったが、アケビ（「ウンべ」と「マウンべ」の二種類があった）は甘くて美味しかった。森には椎の実がどっさり落ちており、毎日でも収穫があった。茅場には野焼きの後に芽吹いた栗が枝に実をつけており、友達、家族、あるいは一人で採りに出かけたものだ。

母は松茸をどっさり採取して町に天秤棒で売りに出かけたが、売り物にならない笠が開いたものなどは家では焼いたり、汁に入れて食していた。松茸の生える場所は内緒にする習わしだったので教えられないと言っていた。母はとうとう、この秘密を墓場まで持っていってしまったほどだ。

雨後には椎茸採りに行く大人に連れられて山奥へ分け入り、面白いように採れたことも思い出す。

一人前に扱われる

家事労働は家族みんなで分担だった。長女の私は、学校から帰ると畑に行って野菜を採り、夕食を作った。夏休みは労働者として、田や畑で農作業を強いられた。

その時代、「サマータイム」という、夏の間時刻を一時間進める制度が実施されていたが、大嫌いだった。朝起きるのもサマータイムで一時間早く起き、暑い中田んぼや芋畑の草取りをしていると、十二時のサイレンが鳴る。ようやくお昼だ、とホッとしていると、母が「あれは十二時じゃない。まだ十一時じゃ。あと一時間働いたら家に帰ろう。それまで静子、気張らんにゃ」と言う。「サマータイムで朝一時間早く起きたじゃない。おかしいよ」と反論すると「この怠け者が。日本の時間はまだ十一時」と涼しい顔。

四年生のとき、母が流産で入院したことがある。父は母の付き添いに行っていたので、私が食事、洗濯、温泉で妹弟の入浴の世話などをしていた。

「東京紫尾会」といって、紫尾出身者が昭和二十年代からつくっている同窓会があるのだが、つい最近の会合で「温泉にきょうだいを連れてきて面倒をよく見ていたので、親孝行な娘だと評判だったのだよ」と先輩の男性に言われ、「ああ、そうだった」と思い出した。私は頑張ったのかもしれないが、実は祖母や叔母たちがかなり手伝ってくれたのだと思う。そのことを私はすっかり忘れていた。何だか恥ずかしかった。

その翌年、五年生の秋に末の妹が生まれた。すぐ下の妹と奪い合うようにして、子守をしたものだ。

家事を担うのは当たり前

学校から帰ったら毎日やることは、まず井戸に行き、水に浸けてあるお釜を洗う、次に土室（土手に掘った横穴の貯蔵庫）に行って芋を取り出す、畑に行って野菜採り、芋と野菜を川の水で洗って帰り、夕食の支度をする。ときには五号升に小麦が入れてあり、升のそばにメモがある。「これを挽いて夕食はだんご汁をつくっておくように」と書いてある。これは大嫌いだった。気の短い私は石臼の穴いっぱいに、小麦を入れて往生したことがある。こうすると、粉ではなく砂利のようなものが砕けて出てきて、使い物にならないのだ。それを拾って挽き直すはめになる。きれいな粉にするにはせいぜい十数粒でないといけない。つまり、粉にしていくのには忍耐を要するのだ。手抜きをしようとすると神様はそれを許さず、倍の時間を要する罰を与えるのである。

早めに下校することが分っているときは、「今日は○○の畑に行って芋畑の草取りをしてきなさい」と指示される。夏草がはびこって、見ただけで嫌になる。暑いし一人での草取りは辛い。最初は「草は根から取ること」を守りながらやっているが、しばらくするといらいらしてきて、目立つ草をむしって終わりにしてしまう。いい加減な仕事は翌日にはばれてしまい、「草が一本でも残っていたら、またやり直しさせるからね」と、叱られて半泣きで畑へ向かう。

麦踏みをしておくように言われるときもある。冬には、麦を踏んでいると体が温まってくる。しかし、畑は広いし麦の畝はまだ半分以上残っている。夕方も近いのでさっさとやって帰ると、翌日大目玉をくらう。「何て怠け者なんだ、あれで踏んだと言えるか。もう一遍やって来い。ぴんぴんと麦が立っていたじゃないか。ちゃんとやらないと、何度でもやり直しだからね」

中学生になっているのに中途半端な私で、思い返しても情けない。叱られて、今度は自分と戦って我慢した。単調な仕事を完璧にしなければ、母に叩かれると言い聞かせて麦を踏むのだった。

昭和二十年代は日本中が貧しかった。戦争は、頼りにしていた息子たちを大勢戦死させて、親たちにとってはむごい仕打ちだった。母方の祖父も、優秀な二十代の息子を二人戦争で失った。祖父は相当に落胆して、三、四年の間に「ども（認知症）」になり始めた。

軍人一家のわが家は、両親の故郷に帰省して再出発を図った。農山村での生活は、農産物が豊作になるよう、種を蒔き、間引きや除草、追肥を行う一方、「子どもを中学までに一人前の働き手に育てる」ことが常識になっていたから、農作業をさせ、家事、ときには子守りも当然きょうだいが担うのが当たり前だったように思う。

小学校の五、六年生のころからは半分大人扱いだ。遊びたい、やりたくないという気持ちに支配されて、中途半端な態度で仕事をすることもあって、どんなに叱咤されていたかしれない。

私の母は、誉めない人だった。次々にあれやれ、これやれと、意地悪されてこき使われていると思っていた。中学生になると、そんな母に反抗するようになり、「せっかく生んでやったのにお前は」と言われると、「生んでと頼んだ覚えはない。勝手に生んだんでしょうが」と口論になったものだ。頭にきた母は囲炉裏端にある薪の一本をつかむ。とっさに私は身をひるがえして縁側へ逃げる。母が殴りかかるときは、縁側から飛び降りて逃げた。母も飛び降りて追いかけてくる。家の木戸の下は田んぼだった。二メートル下の田んぼに飛び降りれば、ここで私は勝つ。母は飛べないのだ。私十二、三歳、母三十三、四歳のときのひとこまだ。

一日も早く中学を卒業して働きに出たい、家を出たいと思っていた。母は大好きであったが、そのころは大嫌いでもあった。

思いがけず、看護学校へ

家が貧乏だったので、進学はかなわない。中学を卒業したら否応なく就職するものと思っていた。紡績工場の試験をたくさん受けたが、選択肢はそれしかなかった。母が若い時に働いていた紡績工場にでも行くか、とぼんやり考えていた。

そんなある日、担任に「校長室へ行きなさい」と言われたのである。首をひねりながら訪ねると、校長先生は「静子さん、あなた看護婦になりませんか」と言う。「えっ？　看護婦ですか？」。看護婦になるために進学するということは学費がかかるということではないか。収入を得るどころかお金がかかるところは選択外だった私は返答につまった。校長先生はさらに言葉を継ぐ。「国立病院が看護学生を募集しています。学費、食事代、部屋代は無料。一ヵ月八百円のお小遣いも支給してくれるそうですよ。二年間勉強して試験に合格したら看護婦の免状がもらえます。これからは女性も手に職をつけておくのが大事な時代になりますから、いい機会ですよ。考えてみて下さい」

両親に話してみると、乗り気で薦めてくれたので受験し、幸い合格した。こうして中学を卒業した私は、看護学生として新たな人生のスタートを切ったのだった。

第二章　看護婦、夜間高校、結婚、そして母親に

青春時代は夢見てた

看護学生の誕生

一九五二（昭和二七）年、私は鹿児島県指宿市の小高い松林の中にある国立鹿児島療養所所属准看護学院に入学した。ここで二年間勉強して卒業すれば、准看護婦として国立病院で働くことになるのだった。

この学校は、厚生省（当時。現厚生労働省）が戦後、看護婦不足を解消しようと開始した准看護婦養成制度の一環で、中学卒業の資格でも入学できるというもので、私は第一回生である。この制度が将来どのようになるか分からない状況の中でスタートしたので、耳慣れない「准看護婦」の意味に父母の方が戸惑っていた、という印象が残っている。

私は看護婦になりたいと思っていたわけではなかった。中学の校長先生に紡績工場に行くより、資格の取れる国立病院の養成所に行くほうが、将来のためにいいと薦められたので、そうだなと思って受験したのである。

しかし父曰く「難関を突破」して入ったはずなのに、勉強は面白くなく、ちっとも身が入らないのには我ながら困ってしまった。まず最初に学ぶ「解剖生理学」の印象が悪く、最初のテストに出た「悉《しつ》か無《む》の法則（筋肉を動かし続け、間断なく刺激を与えると無反応になるという人体の法則）」は今でも忘れることができない。

同級生は十五人。毎日同じことを繰り返しているようなものだった。朝六時起床、掃除の後に「ナイチンゲール誓詞」を唱え、ラジオ体操をして、九時には木造の教室で授業。時には休み時間や放課後に一緒にスポーツなどを楽しんで、九時の「消灯」を合図に全員就寝。とにもかくにもみんな一緒に生活した。就寝後、小声でおしゃべりしていたのを教務主任に発見されて、怒られたこともたびたびあったが、同じ釜の飯を食った仲間というのは、けんかをしたり喜怒哀楽をともに経験したり共感したり、きょうだい以上のつながりをそこで培ったようで、何十年ぶりに再会しても、すぐあの頃に戻って、少女のようになってしまうのである。

美しい自然の中で

指宿は穏やかな海と山の緑に恵まれたところで、美しい風景がごく自然に当たり前のように満ちあふれていた。

病院を取り囲むように、「汐見が森」と呼ばれる松林の丘陵があり、その木立からは美しい錦江湾が一望のもとに眺められた。海を隔てたその向こうに大隅半島が、春はぼんやり、空気の透明な秋から冬の晴れた日はくっきりと、なだらかな山並みを見せていた。

月の美しい夜、友と散歩に行ってこの木立に佇むと、海はまるで幻想的な舞台のように、そこだけスポットライトが当てられた感じで輝いていたものだ。想像たくましい、夢見ることの多い十代の乙女心は、「白鳥の湖」のオデットの舞が見えるような気がしたものである。

卒業後、就職した国立病院は結核療養所であったが、そこにはひとつの社会、コミュニティが形成されていた。生活に最低限必要なものは売店で間に合っていたし、床屋や、鰹の刺身定食など近くの山川港からとれたての新鮮な海の物が食べられる食堂もあった。

婦長は近寄りがたいが、そこに働く看護婦たちは、ほとんど同じ養成校の先輩たちであったので、母親か叔母のような感じがした。しつけや礼儀作法にはうるさかったので、時折煙たいと思ったこともあったが、若い頃に意見してくれる大人がいてくれたということは、今になるとありがたかったと思う。特に若い先輩看護婦たちはまるで姉妹のような関係で、可愛がってもらったり、憧れて影響をたくさん受けたりした。

当時、入院している七百人余りの結核患者は若者も多かった。文学青年や音楽愛好家がいて、詩や俳句、放送劇、レコードコンサートのサークルが病院内にあり、職員も一緒に楽しんでいた。また、編み物や刺繍を見事にこなす手品師のような女性患者もいて、感心して眺めたものだ。

ストマイ、パス、ヒドラジットなどの結核治療薬がない当時は、「大気、安静、栄養療法」という退屈な療法しかなかったが、患者さんたちは体調を気遣いながら、時間を見つけては活動していたのを思い出す。そんな指宿で私はとても大きな影響を受けたと思っている。

十五歳から十九歳までの多感な思春期に、風光明媚な指宿で過ごし、社会人のスタートを切ったわけだが、当時は鹿児島の素晴らしさは目に入らず、時折、この穏やかでのんびりした刺激のない場所で大人になってしまうのは嫌だと苛立ち、都会に憧れている自分がいた。漠然ともっと自分を豊かにしたい、多くのことを知りたい。無知だけど、東京に行けば洗練され、賢くなるのではないかと錯覚していたのである。

上京を決意

田舎は嫌い、都会が好き。鹿児島なんて封建的だし考えも古いし大嫌い。流行は時代遅れだし、進歩的な文化に触れる機会もない。

初めて恋をしたのは十八のときだった。入院患者で文学青年で、「寝ては夢、起きてはうつつ、まぼろしの…」と一日中彼のことばかり思い続け、胸が苦しいくらいだった。ひょんなことから気持ちに行き違いが生まれると、熱烈に燃えていたのが嘘みたいに冷めるのも早く、その落差は天国と地獄のようだった。

皆家族のようで、家にいるかのように安心だった指宿も、噂話などまたたく間に広がったりして煩わしいことも出てきたし、恋にも幻滅を感じて逃げ出したい。かっこよく都会の病院で働いてもみたい。都会の芸術や文化にも触れてもっとセンスのいい刺激を受けてみたい。

勉強もしたい。

ほかの人も結構福岡や大阪、京都、東京などの都会へ出て行っていた。刺激の多い都会に憧れて、私は東京へ出ようと決意して勤め先を探し始めた。でもそこは田舎者で、東京はちと怖いな、指宿のような海の近くがいいと思い、神奈川県平塚市にある病院に履歴書と作文を送り、無事採用されたのだった。

両親は大反対。せっかく国立病院に就職したのに、辞めちゃもったいない。特に母は、鹿児島から出ちゃいかん、としきりに止めた。でも言い出したら聞かない私は、その反対を押し切ったのである。子どもたちには鹿児島から離れてほしくないという親心も振り切って、私は意気揚々、平塚に向かったのだった。

湘南の病院で

そう思ってやってきたのは平塚市の海岸近くにある由緒ある結核療養所だった。海岸に佇むと、つくづく後悔の念にかられて悲しかった。「この海は何だ。まるで砂漠じゃないか。これが素晴らしいという湘南海岸か。指宿の素晴らしい風景の十分の一もありゃしない。文化の香り？　どこにある？　そんなもの」

どっぷり指宿に甘えていた私は、イキがってやってきた平塚に幻滅していた。言葉、仕事、宿舎の生活、人間関係に慣れるまで、生来のおしゃべりはすっかり影をひそめてしまい、「無口なのねぇ」という評判までたったくらいだから、全くお笑い草である。

しかし、慣れるに従って多くの人たちに愛された。何といっても人懐っこい性格ですぐ仲良しになる。好奇心の固まりで野次馬根性旺盛なのである。これ知りたい、やってみたい、あるいは読みたい、見たいとなると即実行してしまう性格の人間である。

指宿の患者さんは一般市民という感じだったが、平塚の患者さんは代議士、落語家、棋士、映画監督や女優など、ミーハーだった私には興味心津々の人々だった。「あの方は参議院議員の○○さん」と聞いて、「へーえ、普通のおじさん」と思い、「あの人ね、女優だったのよ」と言われて見ると、やけに濃い化粧でびっくりしたものだ。

都会では刺激が向こうから勝手にやってきて、いつの間にか影響を与えてくれるものだと思っていたが、それはまるでこちらの勝手な錯覚なんだということに、二〜三ヵ月が過ぎる頃には分かってきた。このままじゃ駄目だ、何かしなくちゃ、という焦りがひたひたと押し寄せてきたとき、きっかけが生まれた。

病院職員の注文で、本屋の配達をしていた学生から、平塚には夜間高校があり、自分も通っているると聞いたのである。私はすぐさま「これだ、

看護師として働いていた21歳のころ

私は行くぞ」と決意した。思ったら即実行の「鉄砲玉」なのである。

夜間高校に入学

昭和三一（一九五六）年の冬、私は夜間高校の校長先生に面会を申し入れ、早速出かけて行くことにした。訪ねて行った「平塚市立商業高校」は、大きな丸太のつっかえ棒で支えられた、相当古い木造二階建ての校舎で、東海道線に沿って建っていた。

いかにも明治生まれという頑固そうな表情のおじさんが校長先生で、私は看護婦として働いていること、勉強したいと思っていることを熱心に話したのだが、その間、迷惑そうな顔つきをしていたのが気になった。話し終わると、いきなり「きみ、いくつ?」と聞かれたので、「十九です」と答えると、「あのねぇ、お嫁に行くこと考えたほうがいいんじゃないの」。私は唖然とした。

しかし、それでも受験の決意は変わらなかった。神奈川県の高校入試は筆記試験がなく、中学時代の成績と内申書で合否が決まるようだった。ただ、面接試験が三ヵ所で行われたのが印象に残っている。私は当時高村光太郎が好きで、「智恵子抄」の「あどけない話」などをそらんじているくらいだったので、「好きな文学」や「好きな作家」などを尋ねられ、生き生きと楽しく答えたのを覚えている。結果はめでたく合格。十九歳の四月、私は平塚市立商業高校普通科に入学した。

楽しく充実した高校生活

戦後十年が経って、日本経済は上向きになりだしていた。が、それでも国民の給料は安く、生活は苦しい状況が続いていた。中学を出たら働くのが当たり前、国民の大半は高校もやっと行かせてもらうという感覚だったので、夜間高校の生徒はみな苦学生だった。市役所の書生、万年筆工場、自動車工場の工員、印刷工、郵便配達夫、自営業の手伝いや店員、魚屋、家具屋、仕立屋、そして看護婦などなど。

その高校は珍しいことに、夜間だけの学校だった。昼間働いて、夜は学校に行くというのはしんどいことと思うかも知れないが、昼間の苦労がすっ飛ぶほど楽しい場所であった。そこには同じ下積みの仲間がいた。仕事で疲れていても、学校に行けば、上下のない分かり合える友達がいたので、できる限り休まず学校だけは行きたいと思っていた。

最初は外来勤務だったので登校しやすかったのだが、やがて病棟勤務となったため三交代勤務をすることもあった。なるべく昼間の勤務か深夜勤務にしてもらい、やむなく準夜勤務（夕方四時から十二時）で欠席することはあっても、それ以外はサボろうと思ったことはない。しばらくぶりに学校に行くときは、自転車をこぐのも歌が出るくらい、うれしかったものである。教室に入ると親しいいつもの仲間がいて、学校帰りは腹ぺこになって、「鶯屋」のラーメンをよく食べたものだ。一杯四十円だったのを思い出す。

女の子とより、男の子と行くことが多かった。クラスメートは五十人、そのうち女子は三人だった。大人の男性にはどういうわけか恐怖心があるのに、同級生はみんな異性を感じさせず、安心してつき合うことができたのである。

それ以外に、夜間高校時代の思い出として残っているのは、今も続いているが、新聞社が主催する「読書感想文コンクール」というのがあったことである。浦松佐美太郎著『たった一人の山』で応募したところ、全国コンクールで入賞したことがあるのだ。

クラスメートと二人で、次の年に先生に薦められてまた応募した。何だか仕方なく書いた私に比べて、一緒に応募したクラスメートの感想文はすばらしいものだった。そして何と総理大臣賞に輝いたのには驚いた。

高校の同級生たちと。2列目の右端が筆者

四年間の夜学生活では、演劇、バレーボール、丹沢の沢登りに夢中になった。そして恋もした。ほのかな恋愛や熱烈な恋愛を三回経験した。

卒業すると同時に同級生と結婚したが、今考えるとこれも無鉄砲な冒険だった。四歳年下で生活力があるとはいえない夫殿であった。結婚生活には何回も危機が訪れたが、「薩摩おごじょ（鹿児島弁でお嬢さん、女性の意）」は頑張って、とうとう別れず乗り切った。現在は夫とは空気のような間柄。お互いが自分自身を生きている。相手に迷惑にならなければ、自由を尊重しあって、充実した毎日を生きているのは、全く幸せなのだと感謝している。

母親が働くなんて

かくも辛きお産の話

一九六二（昭和三七）年一月。陣痛が始まってから何日もかかって生まれた子どもは男の子だった。布袋さまのように頭が長くてびっくりしたが、翌日には半分になり、その翌日には夢のように普通の頭になっていた。

鉗子《かんし》分娩で傷ついたのか、何日もかかった難産のせいか、出産した夜、相当ひどい弛緩出血になって、もう少しで死んでしまうところだった。自分の働く病院で子どもを生んだのはいいが、同僚に迷惑かけちゃいけないという思いが先行して、「何だか出血しているな、でも、もうちょっと様子を見てみよう」と思っているうちに、急激に息苦しくなり、墨汁を流したように目の前の風景が見えなくなっていた。どんなに目を見開いても何も見えず真っ暗なのである。予測だにしなかった事態に慌てふためき、「死ぬかもしれない」という思いが一瞬、頭をよぎった。しかし「死ぬわけにいかない。あたしの赤ちゃんを残して、絶対、死ぬわけにいかないよ」と自分に言い聞かせた。

あの苦しい呼吸は今でも昨日のように覚えている。自分で自分に「頑張れ」「頑張れ」と号令をかけた。肋骨がきしみ、激痛が走る。このまま息を止めたら、どんなに楽になるだろう。息をするのが苦しくて痛い。一息するたび胸がバリバリ、バリバリと音を立ててきしんだ。「ビタカンファー、早く」と、本来なら、注射されたら非常に痛いと云われている強心剤を注射されても、呼吸する胸の痛みに比べると蚊が刺したようなものだった。「血圧、測定できません」と慌てる看護婦の声。血圧上昇剤など次から次へと注射される。効果が出たのか景色が戻ってくるが、呼吸はただの苦しさではない。自分に号令をかけて息を「吸って」「吐いて」と半狂乱になって息をしていた。必死だった。

危篤な症状を聞いて急いで駆けつけた担当医師は驚いたのだろう、蒼白な顔で看護婦に指示し、弛緩出血の原因である子宮にたまった血の固まりを取り除く処置をしたが、その痛さと言ったらない。またもや体中が引き裂かれるような、息が止まるかと思えるくらいの痛みに襲われる。ベッドから落下するくらいの痙攣が全身を襲う。

やがて血液が到着して輸血が始まると、不思議なくらい苦しさが遠のき、症状が落ち着いてきたのには驚いた。よくぞ耐えたねと、自分を誉めてやる。

「あんた、何考えてるの」

当時住んでいた江戸川区の福祉事務所に、赤ん坊を抱いて訪ねていったのは、春になってからだった。大変な難産だったが、もともと丈夫に生まれついていたようで、体重は減ったものの、元気いっぱいだった。

子どもが生まれても生活のために働き続けなければならなかったので、近所の奥さんに、「保育園に入れたらいいよ」「区役所に福祉事務所があるので、行って相談してみたら」と教えられて訪ねて行ったというわけだ。

ところが出てきた男性職員は不快そうな表情で、「あのね、あんた、何考えているの。こんな小さな赤ん坊を預けて働く？　かわいそうでしょう。子どもは母親が育てるんです。そんなの当たり前でしょう。保育園はね、一歳からじゃないと預からないの。さあ、帰りなさい」

剣もほろろな言葉にしばし呆然となったものの、「暮らしの手帖」に、京都で始まった保育ママ制度が東京でも実施され始めたという情報が載っていたのを思い出し、ワラをもつかむ思いで「江戸川区に保育ママさんはいませんか。どうしても働かなくては生きていけないんです。教えてください」と哀願する私。困った母親だという顔つきのまま、その職員はさも仕方なく取り出してきた書類をめくって「えーと、あんたの住んでいる地域には、いないね。みんな遠いや」

結局、勤務先の西船橋の病院の近くでも保育所も保育者も見つからず、とうとう職場復帰できなかった。核家族のはしりだった私たち一家は失業保険で食いつないだ。その後墨田区に転居し、息子が満一歳をなるのを待つように、区の福祉事務所に泣きついて、やっと入園することになったのは公立保育園だった。

さらに運が良かったのは、夜勤のない、昼間だけの仕事が見つかったことだった。冷蔵庫の製造工場の衛生管理者である。どんな仕事内容なのか、皆目分からなかったが、今まで経験したことのない新しい体験ができる仕事らしい。まして当時は結婚退職が当たり前の時代だったのに、子持ちの人間を雇用してくれたことに感謝したし感激した。

一九六〇年代の公立保育園

入園説明を受けるため、約束の時間に保育園を訪問した。保母さんたちは私たち親子を見ながら、口々に無遠慮な感想を言う。

「あら、かわいそうに、まだ小さいわねぇ」

「まだ、おむつしてるんだよね」

「おしゃぶりなんかさせてんの？　汚いじゃない」

若い保母さんたちは率直だ。無知で経験の浅い母親は肩身が狭く、身を縮めて「はあ、はあ」

と聞いているしかなかった。

年かさのベテラン風の保母さんが言った言葉は辛かった。「そんなに預けて働きたいんだったら、乳児院に入れちゃいなさいよ。お母さんだってその方が楽よ」。

当時の乳児院はかわいそうな子どもが入るものだと知っていたので、その言葉は悲しかった。この子を保育園に預けるのだって心配で心配でたまらないのに、できることなら一時も離れたくないのに、ずっと預けっ放しにしなさいなんて、ひどい。

でも、園長先生は、年配のやさしそうな方だった。「来月から連れていらっしゃい。でもね、お母さん、本当は、お母さんが育てるのが当たり前のことなのよ。保育園はお母さんが働かなければ生活できないから、仕方なく預かるところなの。一日も早くお父さんに稼いでもらって、生活できるようになるといいわね」と言われ、本当にそう、と思った。夫は頭のいい人だと信じていたので、彼の能力が認められ、生かされ、会社の中で十分に発揮され、いっぱい仕事ができるようになり、給料も増えてきたらどんなにいいだろう。私は家事、育児を万全にこなして、安心して生活できる。そんな日が来るのだろうかと思いながら、園長先生の言葉に同感していたのだった。

母になった筆者。生後半年の息子と

息子の悲鳴に「ごめんね、ごめんね」

初めて保育園に行った日、一歳になって間もない息子は、今日はどこへお出かけするのかな、と思っていたのかもしれない。最初は、この間一緒に行った保育園に来てにこにこしていた。ところがどうしたことか、見知らぬ人に抱っこされて、母親は「それではよろしくお願いします」と行ってしまうではないか。どうなっているんだ。あっ、ママが行っちゃう。とたんに悲鳴のような泣き声が響き渡った。

「後ろ髪を引かれる」という言葉があるが、息子の泣き声は私の髪の毛をむんずとつかんで「ぐうっ」と引っ張っていた。私も泣きたかった。でも私はやっと見つけた工場の衛生管理者の仕事を捨てるわけにいかない。ごめんね、ごめんねと言いながら私は大塚行きの都電に飛び乗ったのだった。

職務は衛生管理者

衛生管理者の仕事は病院の仕事とは違って、予防的な内容が主な職務であった。年二回の健康診断、特殊健康診断、予防注射などを定期的に行うほか、私の日常的な仕事の一つは、工場内で使用しているシンナーなどの有機溶剤を検知して何かあれば対策を考えること。数値によっては何をどうすれば軽減できるか、会社に働きかけて労働環境を整える、またエアコンのない当時なので防護服を着ている上に高温で熱中症になる塗装工の人たちに、塩分など補給剤を与えるよう段取りするという仕事だった。

さらに、軽いケガの処置、頭痛、腹痛、生理痛の工員に薬を与えたり、時には人生相談に乗ったりということも日常の大切な仕事だった。

暇があると工場を見回った。大きな一枚の鉄板が、三階建てくらいの高さから下りてきたプレスの機械に「ガチャーン」と押しつけられると、あら不思議、冷蔵庫の扉になっている。鉄板は大きさと工程箇所によって、それぞれ胴体になったり頭になったりしながら、やがて塗装工場に流れていく。そこの工程を経て出てくる時は見事に真っ白に変身し、ピカピカに輝いて、まったく別人のような表情ですましている。何分か前はくすんだ鉄板だったなんて想像もつかないくらいである。

いくつかの場所からさまざまな部品、プラスチックの型や断熱材、モーターやコンプレッサーがラインに乗って、あるいはぶら下がって集まってくる。それらが順々に合体し、エアードリルで「ジャーッ」「ジャーッ」とくっつけられると、新品の冷蔵庫の完成だ。

その後、ラインの上に乗って梱包の過程に入っていくのだが、熟練したトンカチさばきも軽やかに、箱入り冷蔵庫が完成する。そのまま流れて最後は倉庫へ山積みされていく、というのが、この工場であった。

集団の中で育つ子ども

最初は大泣きした息子だったが、やがて保育園に慣れて楽しそうだった。若い保母さんたちは小さい息子を奪い合うように可愛がってくれ、時には「バザーで十円で買ったの」と真新しいセーターをプレゼントしてくれたりした。

私が勤める工場は朝八時が始業だったこともあって、家を出るのは早く、毎朝保育園に連れて行くのは夫、夕方迎えに行くのは私の役割だった。当時は送り迎えはお母さんがするのは当たり前、という時代だったので、若いお父さんは結構、保母さんたちに評価されていた。「まあ君（息子の愛称）のパパの爪の垢を煎じて飲ませたいよ。ほかのお父さんに」。

しかし、保育園は「必要悪」には変わりなく、夕方五時過ぎに保育園に駆け込むと「早く早く、遅いよ、お母さん」と保母さんは帰り支度をし、地団駄踏んで待っていた。本当なら「先生、ありがとうございました」とお礼を言うべきなのに、「すみません、すみません」とぺこぺこ謝ってばかり。たった一人待っている息子には、「ごめんね、ごめんね」というのが口癖のようになっていた。

衛生管理者に専任されていた私は、月に一度、上野の池ノ端にある労働基準監督署に「労働災害状況報告」を提出することになっており、その時は上司が「不帰社でよろしい」と言ってくれるので、いつもより早く保育園にお迎えに行くことができた。

ある日、出先から保育園に直行すると、ほかの子どもたちに混じって一番ちびの息子が遊んでいる姿が目に入った。入園当初「ママッ」「ママー」と激しく泣いていたのに、目の前の息子は友達と何やら話したり、笑ったりしながら、積み木で楽しそうに遊んでいる。そのとき「あれっ」と思ったのと同時に、「保育園というところは、子どもにとって実はいいところなのではないか」と感じたのだった。

母親に気づくと彼は、体全体でうれしさを表し、走って胸に飛び込んできた。担当の先生がにこにこしながら「お母さん、見ててね」とレコードをかけると、少し照れながら何と息子がやりだすではないか。「ポッポッポッポッポー、鳩ポッポー」で始まる鳩ぽっぽ体操だったということが分かるのは保育者になってからだった。

保育園というのは仕方なく預かるところだと園長先生は言っていたが、もしかしたら、子どもにとって何かいい影響を与えているのではないだろうか。

第三章　「保育」との出会い

私立の保育園に転園

ボロ園舎の保育園で……

夫の仕事の都合で、墨田区から世田谷区の等々力に転居することになった。息子は三歳になっていた。私の仕事はそのままだったので、しばらくは遠距離通勤だった。これは母子にとって相当つらかった。

朝六時前の電車に乗るために息子と一緒に家を出て、私鉄、地下鉄、都電と乗り継ぎ、途中、息子の通う公立保育園に預けると、八時の出勤時間に遅れないように、まるでマラソンしているように台東区山谷の会社目指してひた走っていた。

息子にとって、一歳の時から生活していた公立保育園は、まるで「第二のお家」のようになっていて、クラスの友だちは「きょうだい」のようだった。でも息子も私も毎日二時間以上、往復で五時間近くもかけて通うのは無理があった。

等々力駅前の玉川福祉事務所に電話を入れ、近くに公立の保育園があるかどうか聞いてみると、「全然ないね、公立は。私立ならひとつあるけど」とのこと。駅の近くに公的機関があるのは誠に便利である。福祉事務所に早速入所の申請書を提出し、ひとつだけあるという私立保育園に申し込んで、さて、今度の保育園は一体どんな保育園なのかしら、と訪ねて行ってみた。これが、ナオミ保育園との出会いである。

そこは、呆気にとられるほどのボロ園舎だった。それまでにいた公立の保育園はゆったりした広さがあり、園舎も小ぎれいだったので、この園舎を見た途端、悲しくなった。こんなところに可愛いわが子を預けなきゃならない私は、なんて悪い母親なのだろう。

「事務所はどこでしょうか」と尋ね、教えられた場所に行くと、ドアのベニヤ板に緑色のペンキが塗られていて、それがはげかかっていた。「ほんとにここかしら、物置みたいな感じだな」と半信半疑で、思わずノックもしないで開けてみると、一人の女性が、窓のないごちゃごちゃと物の置いてある裸電球の暗い部屋で机に向かっているところだった。いきなり開けたのでびっくりされた表情が今でも目に浮かぶ。「あっ、ごめんなさい」と慌てて閉めて帰ってきてしまった。

こんなに古い、汚いその保育園に、気の向かないまま入園することになって憂うつだった。でも、ここしかないというのだから仕方がない。

園長先生の言葉に衝撃

入園式に行くと、狭い園庭に大人も子どもも大勢ひしめいていた。知り合い同士なのか和気あいあいとしていて、いかにも仲間同士というかたまりもある。受付で保母さんたちが「十周年の記念誌は、一冊五百円でーす」と売っていたりして、今までの保育園とはまるで違う雰囲気だ。

式が始まるころにはもっと増え、子どもも大人も多いこと多いこと、今までいた保育園は百人にも満たない園児数だったと思うが、この保育園はその倍はいるんじゃないだろうか。だから大人の数も多く八十平方メートルほどのホールがはちきれそうだった。しかし、どうしたことか、みんな明るい感じがするのはなぜだろう。

園長先生が現われた時、うわぁ、と思った。お年寄りがこんなに美しいとは。白髪を紫色に染めた女性を見たのは初めてだった。ふくよかでにこやかで、おしゃれな印象の菊田澄江先生が語りかけた言葉は、私の一生を変えたと言ってもいいかもしれない。

「お母さんたち、保育のことは安心して私たちに任せてね。女性だって人間、能力があるのよ。女が自立するためには、しっかり働くことが大事なのよ。頑張って働いてね」。

私は一瞬、耳を疑った。びっくり仰天、目から鱗が落ちた、いや、いきなり頬っぺたをひっぱたかれたようなショックを受けたと言ったほうが当たっているかもしれない。

こんな言葉がこの世に存在していたなんて、知らなかった。初めて聞く言葉だった。三年間、公立の保育園にいる間、いつも後ろめたい思いで子どもを預けて、一度だって共働きを励まし、支えてもらったという思いをしたことがなかった私にとって、そんな価値観がこの世にあるなんて知らなかったのである。

もう一つ驚いたことは、日本で初めて病児保育スタートのニュースが掲示板に張り出されてあったことだった。結婚し子どもを生み、頼る者とていない核家族の共働きにとって、きちんと仕事を全うするには、保育園があればいいというだけではなく、病児保育が必要であること、そして、みんなが安心して働き続けるために、親同士が力を合わせ成功させていこうと呼びかけていた。一九六五（昭和四十）年四月のことだった。

等々力から山谷の会社に遠距離通勤するのは、いかに元気印の私としても無理だったし、勤務時間と保育時間が合わない状況だったので、仕事にも慣れ居心地が良く気に入っていた工場の衛生管理職は泣く泣く退職した。しばらくは失業保険をもらいながら職探し。病院勤務は夜勤があるし、夫は会社を変わって等々力に引っ越した途端、送り迎えに協力してくれなくなってしまい、どうにか昼間の職場がないものかと思っていたら、職業安定所で自動車販売会社の健康管理部で看護婦を募集していると紹介された。子持ちの私じゃ無理かもしれないけど落ちてもともと受けたところ、数日後、採用になったと通知があって驚いた。

本社は品川区の高輪にあったが、私が配属されたのは車検場のある横浜市の綱島工場で、そこは納車する前に新車をテストするところだった。一時間ほどで通えるので、うれしかった。

分級への参加

一九六五（昭和四十）年五月、当時開園したばかりの「こどもの国」への遠足に母親の私も一緒に行った。保育園に子どもを預けるようになって初めての経験で、私も子どものようにうれしかった。この保育園で毎年行われている親子遠足だった。二百人の子どもとその親の大連隊で、東急田園都市線でにぎやかに出かけたことを今でも懐かしく思い出す。

先生たちより率先して親の何人かが「ゆり組のお母さんたちはこちらから行きますよ」とか、「みんな輪になってここでお昼にしましょう」とか、リードしている。お弁当を食べながら、年度の父母会、父母会の学習会、講演会の予定などが話されていて、初めて参加した私はその積極性に戸惑うことばかりだった。

「山田さん、分級にぜひ来て下さい」と言われ、「あの……」とまごつく間に、一人のお母さんがてきぱきと説明をしてくれる。「分級」とはクラス懇談会のことを言うそうで、保育園の親はみんな働いているので夜行われていること、その間も子どもの保育をしているから誰でも参加しようと思えばできるのよと話してくれたのである。

私は今まで自慢じゃないが、公立保育園の「母の会」にただの一度も参加したことはなかった。役員などは暇があって、好きな人がやればいい、と思っていた。それに、そこでは昼間に会合が行われていたので、私のようにフルタイムで働く人間は全く関係がなかったのだ。

しかし、夜に懇談会が実施されると聞いて、では出かけてみるかとのんきに出かけた私は、三十人ほどのお母さんの中にお父さんも混じっているのにびっくりした。懇談会で分かったのは、どうやらここの四歳児クラスは四十人くらいおり、担任の保母さんは一人でてんてこ舞いの様子で大変だということ。ガリ刷りのカリキュラムなるものが配られたので見てみると、一年間の保育について書いてあり、それについて父母がみんなで話し合うということだった。また、父母の会の年間予定などが議題になるといった具合だった。理解力に乏しい私は、自由に語り合う父母集団についていけず、一言も口をきかず黙って聞いているだけだった。

私にとって保育園は、子どもをただ預かってもらっているだけでありがたいところで、保育内容や保育環境、保育条件などについて考えるなど、及びもつかないことだった。まして父母会などは私にとって全く関係ないくらいに思っていたので、ここの保育園はすごい保育園だと、無知蒙昧な私は強いインパクトを与えられたのだった。

安心感に感動

定員のほかに四十~五十人は余計に子どもたちがいて、全部で二百人くらい園児がいるのではないかと、素人にも分かるくらい人数の多い保育園だった。園舎は古い上に狭く、設備も十分とは言えない、そんな保育園なのに不思議にうれしい気持ちで子どもを預けられるのはなぜだろう。夕方お迎えに行くと、園庭には大勢の子どもたちが芋の子を洗うがごとくで、わが子は、と探すとチャボと遊んでいたり、あるいは太鼓橋にぶら下がっている。保母さんたちもまだほとんど残っていて「お帰りなさい」と声をかけてくれる。私も「すみません」なんて言わないで、「先生、お世話になりました。ありがとうございました」と感謝の言葉を言い、「さ、帰ろう。今日は何して遊んだの？」と、子どもを促し帰途に着く。親同士が働く仲間として、保育園や子どもを通してつながっている喜び、心強さが感じられて、それが安心のもとになっていたのだろうと思う。

父母の会では、保育園不足の時代に「自分の子どもは入園できて良かった」というのではなく、「ポストの数ほど保育所を」と、入園を待っている人たちのための署名活動に積極的に取り組んだり、始まったばかりの病児保育のために世田谷区に助成の請願を出したりしていた。夕方などお母さんたちがあちこちで井戸端会議をしている光景もあって、その内容も人の噂話などでなく、誰々さんが私立学校の教諭で妊娠したのを理由にクビを言い渡された、許せないので運動するから応援してほしいとか、病児保育の資金を得るために洗剤販売をしたいとか、そういう話なのである。

最初の戸惑いの時期が過ぎて保育園の生活に親も子も慣れてきたが、積極的に活躍する父母の会の役員や、病児保育推進委員会、世田谷保育問題協議会委員などに対して、「よくやるなぁ」「好きじゃないとできないわね」、それに「頭も良くなくちゃあできそうもないし、私には無理なこと」と、印刷物は熱心に読むけれど、とても自分が役員をやる器でないことがわかっていた。心情的には協力したいと思っていたので、洗濯用洗剤などはお店では買わず、いつも病児保育推進委員会で取り扱っているものを利用したり、古新聞紙を貯めては保育園に持っていき、少しでもお金になるように協力は惜しまなかった。

妊娠したら退職か？

会社初の産休取得

せっかく就職したのに私はとんでもない失敗をしてしまった。あんな辛い苦しい思いをしたのだから、二度と子どもは生むまいと思っていたのに、妊娠してしまったのである。いい仕事に巡り合ったのに、何というヘマなことになってしまったのか、我ながら情けなかった。会社では若くてピチピチした女の子ばかりが多く、「女性は職場の花的存在」で、結婚退職が通例になっていた。子持ちの私が採用になったのは、幸運だったのである。そんな私が二度も一流会社に就職できたのに、また仕事を辞めなくてはならないことを思うと、痛烈に残念だった。

しかし、せめて産休に入るまでは頑張って働こうと決意して、本社に行った折りに、医者でもある部長に子どもができたこと、残念だが辞めざるをえないことを伝えた。

その後、会社の都合で綱島の医務室は閉鎖されることになり、私は本社勤務に異動となった。綱島工場では庶務課に属し、医務室に一人で詰めていたが、新しく配属された本社の健康管理室は部長のほか看護婦や事務員もいて、にぎやかで活気があった。診療が毎日行われており、薬も処方されていた。健康診断、予防注射などの季節には、東京中の営業所巡りで忙しかった。都内ばかりでなく三多摩の営業所にも、社用車であちこち出かけられるのは、自分が住んでいる場所の周辺しか知らない私には、楽しいことだった。

ある日、同僚の若い独身の看護婦と、いつものようにご飯を食べながらおしゃべりしていた時のことだ。「山田さんは赤ちゃんが生まれたらもうお家にいるんでしょう」と言うので、「ううん、実はまた仕事を見つけて働くのよ。仕事はずっと続けなくちゃ、やっていけないのよ」とそんな話になった。

世間話みたいな話だったのだが、午後の診療準備をしていると、「先生、山田さんは赤ちゃんが生まれるので辞めると言っていたけど、その後も働かなくちゃいけないんですって」と私のことを話しているのが聞こえた。(あら、何でまたすぐ先生に言うの)と、少し恥ずかしい思いをしていると、部長が「ちょっと厚生課に行ってくるよ」と出ていった。

しばらくして戻ってきた部長がわざわざやって来て、「山田さん、子どもが生まれても働きなさい。今ね、厚生課に相談に行って交渉してきたから」と、そう言うのだ。「この会社始まって以来の産休になるそうだよ」とも付け加えた。

女の赤ちゃんが生まれる

息子が保育園の年長組になった年の秋に娘が生まれた。

出産の前に、「前はどんなお産でしたか」と担当の医師に聞かれて一瞬ぎょっとし、不安になっていた。今度、前と同じような状態になったら死ぬかもしれない。今回は予定日が過ぎてもなかなか生まれる気配がなかったので、促進剤や器具を使ってお産を促しても陣痛が起こらず、前に傷めたところから出血しだしたりして、帝王切開で生むことになった。私は遺書を書いた。

しかし、今度は麻酔のために出産の痛みも感動もなく、気がついたらベッドの上だった。「女の子でしたよ。よかったね」と言われた時、「男でもよかったのに」と負け惜しみを言ったが、内心やったぁ、とうれしかった。

私はやはり健康に生まれついているらしく、大手術をした後なのに、六週間の産後休暇を取っただけで職場復帰した。どうしても働き続けなければならなかった私は、息子の入っている保育園にそれこそ懇願して、生後一ヵ月半に満たない赤ん坊の娘を定員外の自由契約児として入園させてもらうことができたのだ。どんなにうれしく感激したか。今も一生忘れられないありがたい思い出となっている。

役員をやりたい

一九六八（昭和四三）年春、新しい年度が始まった。息子は小学一年生になり、私の可愛い赤ちゃんは、四ヵ月間の自由契約児から措置児になることができた。私の給料から保育料を払うと、残りはわずかで経済的には心もとなかったので、措置児になって保育料が安くなったことは、どんなにうれしく、助かった、ありがたいという思いをしたことか。

新年度の分級で父母の会の役員選出があったが、私は自ら役員を申し出た。何だかわからないけれど、「やらなきゃ申し訳ない」という思いがあった。しかし手を挙げたものの、さて何をするのか分からず、役員会に初めて出席したら「広報係をやってください」と言われた。父母の会が発行する会報の仕事である。

役員になって最初にした仕事は、印刷されたバラバラの会報をページ順に並べ、冊子にするという作業だった。みんな子連れでにぎやかだったが、同じ働く仲間の連帯感で気持ちがよかった。みんなそれぞれ違う職場にいたので、いろいろな出来事や体験を話し合ったり、時には相談に乗ってもらったり、聞いてもらったり。それだけで気持ちがすっきりして元気になるという、活力を与えられる場になっていた。

そのうちベテランの先輩役員に、企画、編集、割り付け、校正などを少しずつ教えられ、気がついたら「割り付け」の楽しさにはまっていた。忙しかったけれど充実感を与えられる場になっていたのである。

次の年、この委員会に遠山由紀子さんという人が加わった。同じクラスに子どもを入園させたお母さんである。夜の委員会に彼女が都合で欠席するときは、代わりに夫の洋一さんがやってきたのを思い出す。黙ってにこにこしている人で、「この人何している人かしら、どこかの会社の技術工でもしているのかしらね」と思っていたが、この人が後に全国私立保育園連盟の常任理事として活躍し、私も広報部長として共に活動することになるとは、この時は思いもしなかった。

親も育てる保育園

公立から私立の保育園に移って本当に良かった。そしてもう一人子どもが生まれたのも良かった。息子だけだったら、保育園はただの通過機関に過ぎなくて、私自身も保育園に心底惚れることはなかったと思う。

ここの保育園は親という人間の育ちを信じてくれていた。つたない未熟な親たちを助け励まして、本当の意味で支えてくれた園だった。

私のように親も親戚も身近におらず子どもを抱えて働く若い母親たちに、それぞれの子育てをやさしく見つめ、大切なことを伝えたり気づかせたり、田舎の地域社会のように生き方を支えてくれた。ともすれば自分一人が苦労してばかりいると思いがちな現実の中で、みんな同じだよ、ということを教えてくれたし、子どもを媒体にして、社会が広がり、人生が増幅されることを教えてくれたのである。保育園が具体的に何をどうしたわけではないけれど、保育園の持つ多様な何かが私を豊かにしてくれたのだと思っている。

園長先生のおおらかさ、温かさ、保母さんたちの頑張りと厳しいけれど子どもに寄せるやさしさ、それと何と言っても父母の仲間たちが私を変え、育ててくれたのだ。すなわち、保育園を取り巻く多くの人々によって、私自身が保育されたと言っても過言ではない。保育園というところは、親をも大きく変えてしまうくらいの力を持っているのだということを体験したのである。

筆者の人生を変えた？ ナオミ保育園の菊田園長先生

第四章　ひょんなことから保育園勤務

主婦から保育者に

念願の主婦になる

念願の公団住宅に入居することになり、世田谷から町田市に転居したのは一九七〇（昭和四五）年のことだった。その年、私の末の妹が世田谷区に保育者として勤務するため同居し、少し援助をしてくれていたので、私はやっと念願の専業主婦になったのである。

うれしかった。こんな気楽でゆったりした毎日があったなんて、信じられなかった。ここには職場の人間関係の辛さもない。保育園と職場と家庭の三点をマラソン選手よろしく走り回らなくてもいいのだ。二歳の娘を相手に過ごし、合間を見ては、掃除したり洗濯したり。たまに長男の小学校の父母会に出かけたり、夫に頼まれた用をすることはあるが、後は全く自由なのである。夕方になると娘とお手々つないでスーパーに行き、のんびり買物をする。「しあわせだなぁ」とつくづく思ったのである。

しかし、である。この暮らしを一カ月、二カ月と続けていくうちに、ふと、「私は何のために生きているのか」という小さな疑問が生まれたのである。毎日同じ変わり映えのしない、平凡な繰り返しの連続なのである。

家族は母親が家にいて、居心地が良くて満足だったことだろう。毎日掃除、洗濯、炊事、買物をし、子どもの相手をする。暇を見ては子どものセーターを編み、洋服を縫い、ワイシャツにアイロンをかけて一日が暮れる。私はこうして年を取って一生を終えるのだろうか。家族のためだけに生きて、私は何のために生きるの！

保育園でボランティア

そのとき団地内で保育園の建設が始まった。団地入居時にはできていなかったので、共働きの方々はさぞ困ったことだろう。聞くところによると、すでに集会所で設置者が先行して自主保育を始めているという話であった。それを聞いて、「そうだ、今まで保育園にいっぱいお世話になったから、保育園のお役に立つようなことをしよう、掃除、洗濯、草むしり、何でもいい、ボランティアをさせてもらおう」と思い立ったのである。私は二、三日考えた末、わが家近くの集会所で始まっていた保育園の経営者に会いに行った。

園長先生は五十代半ばの女性で、幼児教育のベテランらしく、風格もあり冗舌だった。幼稚園を経営されていることや、保育園もやりたいと希望を持っていたのでこの団地の保育園計画に参加したこと、市から許可が下りたので目下建築中であることなどを話して下さった。

「ところでなぜ、ここで働きたいの」と聞かれたので「実は……」と自分の今の思いを伝えたのだった。言い終わるとすかさず「そんな人、いらないのよね」とそっけない返事。

そうだよね。主婦が退屈だからって、そうは問屋が卸さないよね。私は甘かった。家に閉じこもって社会とのつながりがなくて、淋しかっただけだ。仕方ないよね。

「あなたは今まで何していたの？　保母さん？」と突き放した後に、もう一度私の方に話題が返ってきたので、うれしかった。以前は看護婦をしていたこと、若い時代は病院で働いたが子どもが生まれてからは、大きな会社で衛生管理者をしていたことを伝えた途端、「あら、看護婦さん、あなた、保育園で働きませんか。看護婦さんがほしいのよ、実はねぇ、申請の時は看護婦さんが必要だから書類は揃えて出したけど、その人はお医者さんの奥さんで働いてくれそうもないの、あなた、来てくれると助かるわ」

「えっ、正式にですか。ちょっと待って下さい。家族に相談してみます。それでいいですか」

「ええ、いいですよ。保育園はまだ建ちませんのであわてなくてもいいから、考えてまた来て下さい」

そんなつもりではなかった。やっと手にした専業主婦を手放すことに躊躇する自分。ゆったりのんびりした暮らしに未練を持つ自分。でも、せっかくだからやってみてもいいかな。家族は反対するよな。それにしても、瓢箪から駒が出たようだった。

夫に相談すると、私の末の妹もその頃一緒に住んでいたし、子どもが大きくなればお金もかかるし、ということで賛成してくれた。そうして、園舎が完成すると同時に私は草笛保育園の看護婦として働くことになったのだ。娘も同じ保育園に入所が決まり、何より安心だった。

この保育園は朝七時から夕方七時までの長時間保育をする保育園で、私は朝の早番専門の職員として朝七時から午後二時半までの勤務をするよう言われたのだった。昼間の勤務か夕方までの勤務かの選択肢もあったけれど、主婦業もきちんとやりたいという思いもあって、低血圧で朝がやや弱いのだけど、早番勤務を選んだのだった。

こりゃ職選びを失敗したかも……

雇用を伝えられたとき、看護師は保育要員としてクラスの保育に入ることが当然と思っていたが、勤務についた途端、私は「しまった！」と思った。〇歳、一歳児十五人ほどを三人の大人で見るのだが、初めての集団保育に慣れない子どもたちは必死で抵抗し、泣き叫ぶのである。わが子一人にてんてこ舞いしていたくらいなのに、大勢の子どもたちを慣れない素人が面倒見るのだから、そこには異次元の世界が展開されていた。

それでも子沢山の時代に生まれ育ち、母親の経験もあったので、一人を背にもう一人を抱きかかえ、もう一つの手でトントンと眠らせ、おむつを代えミルクを飲ませ、「嫌よ。ママがいいの」とはね返されながら離乳食を与えるなど、身のまわりの世話に追いまくられた。初めての勤務が終わった時、「こりゃ、ひどいところに来てしまった、私には向かない、とてもじゃないけど、務まらない」と正直思った。

疲れ果てて寝ていると、子どもたちの泣き声が耳の奥から聞こえる。遠慮会釈のない泣き声が耳にこびりついて離れない。明日、行こうか行くまいか、どうしたものだろう。たったの一日で辞めるのかお前は、みっともないなぁ。それは恥だな。女がすたるなあ。

一晩中逡巡して私は翌朝七時には保育園に行き、一番乗りのきよえちゃんを待った。「テンテ、オアヨウ」とお母さんに連れられてやってきた彼女を引き受け、お母さんに「行ってらっしゃい」をした時、あ、昔、私もこうして保母さんに預けて働いていたんだと、あの頃の私と二重写しのように見えて、思わず「お母さん頑張って働いてね」と口走っていたのだった。

私の「慣らし保育」が終わっていた

仕事が終わったときも夜寝るときも、そして朝目覚めたときも「ああ辞めたい、行きたくない。どうしよう、どうしよう」と考えていたのに、二週間ほどしたある朝のこと目が覚めたら、何と子どもたちのことを思っている自分に気がついた。「さっちゃん」が朝来るなり、にこにこして飛びついてくるようになっていたし、昨日は「りえちゃん」をブランコに乗せて揺らしていたら、「テンテ」って言って、にこっとしてくれた表情が何とも可愛かった。「さあ、早く保育園に行かなくちゃ」とウキウキしている私。子ど

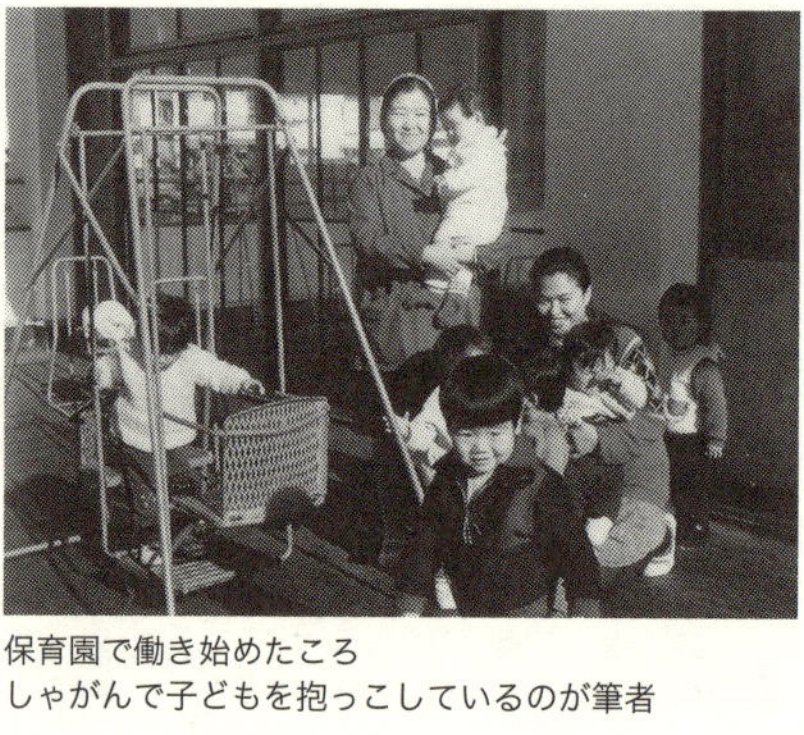

保育園で働き始めたころ
しゃがんで子どもを抱っこしているのが筆者

もが園に慣れるのと同じように、私自身の「慣れ保育（慣らし保育）」も、この時終わっていたのである。

大きな赤ちゃんの英治ちゃんが大きな太い声で泣いて、抱いてやるとうれしそうで、その笑顔が独特で可愛い。ベッドで指ばかり吸っていた剛士くんに毎日声をかけているうち慣れてきて、おいで、とそばに行ったら喜んで手を出してくれたときのうれしさなどなど、わが子という自己中心的な子どもの関わりしかなかった私にとって、子どもがこんなに可愛いものだということを知らされたのは大発見だった。子どもは私を保育の虜にし始めていた。

天職を得た私

保母に目覚める

当時、資格を持っていた保母さんは少なく、保育園を支えていたのは無資格の保母さんたちだった。その人たちは全員保母試験を受けるために勉強していた。

最初は大変だなぁと傍観していたが、やがて、「そうだ、私もやってみよう」と思うようになっていた。保育園に預けていた時は自分の子ども中心に考えていればよかったけれど、保育園で働いていると保育のことを知らないでは済まされない。看護職といっても病院と違って、毎日の保育を通して肌で赤ちゃんの健康管理をする現場で働いているので、現実は保育者と何ら変わりがない。自分のつたない子育て経験だけで保育をすることが、保育園で働く者としていいはずがない。こんなに素晴らしい保育という仕事にめぐり合って、毎日が充実し始めていた私は、「保育」を学ばなければならないと思った。それが高じてきて、園長先生にお願いに行ったのである。

すると、「あなたは看護婦の資格を持って働いているのだから、何も無理して勉強する必要はないんじゃない。それに、あなたまで講習だ、試験だって出て行かれたら保育する人がいなくなる」と言われた。

それは当然だなと自分でも思った。確かにみんなが受験に行くと、当然保育園は手薄になる。しかし、仲間たちは東京都で受験すると聞いているので、それなら私は神奈川県で受けることにしよう。日程がずれているので大丈夫だろうと、受験を決めたのである。

保母試験に挑戦

そんなわけで、神奈川県で講習を受け勉強をするようになった。資格取得が目的でない、どちらかといえば保育を学びたいということが一番の理由で、みんなにもそう言っていたので、気持ちが楽だった。

今までいろいろと受験経験はあるけれど、こんなに熱中して勉強したことはなかった。教科書には、子どものことが具体的に科学的に説得力を持って書かれており、今まで漠然としていたことが自分の中で理論化されていく喜びがあった。特に児童の発達心理についての記述は、なるほどと納得させてくれるものがあって、私はのめりこんでしまった。

家族には夜九時に就寝してもらい、理解と協力を得て勉強に取り組んだ。ダイニングテーブルを机代わりに二時間くらいのつもりが、あるとき気がつくと夜が明けていたこともあった。こんなに夢中になったことはなかったので、我ながら驚いた。

試験の日の朝、張り切っていたのか間違えて、一時間以上も早く会場の京浜女子大学に着いて、受験人数が少ないのじゃないかと勘違いしたのも思い出に残っている。

試験は難しく、手応えは半分くらい。解答用紙はすべて埋めたけれど、全然自信のない科目が二つあった。児童心理学と保育実習だった。これは次の機会にみっちりやろうと帰りの電車の中で自分に言い聞かせた。特にピアノは自己流で練習しており、バイエル八十番を弾くよう指示されたのに弾けなかったので、痛切にそう思っていた。

ピアノの実技試験の情景は今もありありと脳裏に浮かぶ。自分で選曲した童謡はとてもうまく弾けたが、次はバイエルだ。しっかり弾こうとどきどきしていると「さあ、これを弾いて」、パッと教則本が開かれた。

「あ、八十番。すみません、それ、全然弾いたことありません」

「あら、そうなの、この曲は何調ですか」

「二長調です」

「じゃさっき弾いた童謡は、何調でしたか」

「同じ二長調です」

「そうね、では『めだかの学校』を歌いながら弾けますか」

「はい、弾けます」

頑張って弾きながら歌ったが、バイエルが弾けなかったのは事実である。次の試験までに弾けるようになって、無事合格できるよう、習いに行こうと決意していた。

何と「合格！」

一ヵ月余り経った頃、試験の結果が通知された。何科目受かっただろう、と封を切って見てみると「全科目合格」と書いてある。まさか！　まさか！

本当に信じられなかった。何かの間違いじゃなかろうか。

しかし、これは夢でなく現実だった。うれしい現実。今までいくつかの試験を受けてきたが、こんなにうれしい合格はなかった。私は天職を得た、と感じ、未来に向かって一筋の光が目の前に走ったように思った。

反面不安でもあった。保育については実力がない。児童心理や保育実習も自分の中では全然クリアされていない。一回の試験で全科目合格したが、私は勉強が足りないと思っていた。

保育園の仲間たちも驚き、「おめでとう、すごいね。よくやったね」と喜んでくれた。でも受験した仲間は、「困るのよね、一度なんかで合格されちゃうと。私たちがまるで馬鹿みたいじゃないの」という声もあった。でも私は、「合格はしたかもしれないけれど、自分の課題は『みんなにとっていい保育とは』ということだ、勉強はこれからが肝心なのだ」と肝に銘じたのだった。看護婦として保育園の中で何をしていかなければならないか、そして保育者としてどんな保育をし、働くお母さんたちに保育者としてどんなことをこれからすべきなのかをじっと見すえて実行していかねばならない、そんな思いが胸を去来していた。

保育園で働いた一年目は初めての経験ばかりだったが、私の考えや意見を実現して下さった園長先生、きっと生意気で出しゃばりだったろうと冷や汗の出る思いがするが、保育者になる機会を与え、育てていただいたと感謝している。

子育ての仲間

保育園で働きながら、お母さんたちとは、同じ子育てをする仲間なのだ、お互いに伝え合いながら保育を媒介に、共に子育てし合える関係をつくりたい、と思っていた。つい昨日までは私も預ける側だった。保育園や保母さんたち、お母さんたちに励まされて安心して働くことができた。今度は私がお母さんたちに安心を与え、励ます番だ。

お母さんたちが安心する保育というのはどんな保育か。私の経験から言うと、子どもの保育園での生活を伝えるということにほかならない。

子どもがどんなふうに過ごしているのか、保母さんたちが子どもをどう見てくれているのか、そして愛してくれているのか。それを親は知りたいのである。

連絡帳は親と園とを結びつける一番大切なものである。生活の流れの中でよく食べ、よく遊び、よく寝たか。健康状態や機嫌はどうだったか。そして子どもの表情などを個別に伝え合う。

自分が親同士の連帯感の中で支えられ育てられたことが多かったので、それは私の保育観の土台になっていた。それを「クラスだより」でつなげられたらと思って、発行したりした。同じ子育てし合う親同士が、子育てをキーワードに共感し合えるいい関係ができたら、どんなにいいだろう。それを保育者が媒介できたらと考えたのである。

今から三十年ほど前はガリ版刷りだった。お母さんたちは喜んでくれ、毎号を楽しみにしてくれたので、それを励みに発行し続けた。年度の終わりには父母と協力して「親どり、保母どり、ひよこさん」という小冊子を発行することができて、とても充実感があった。

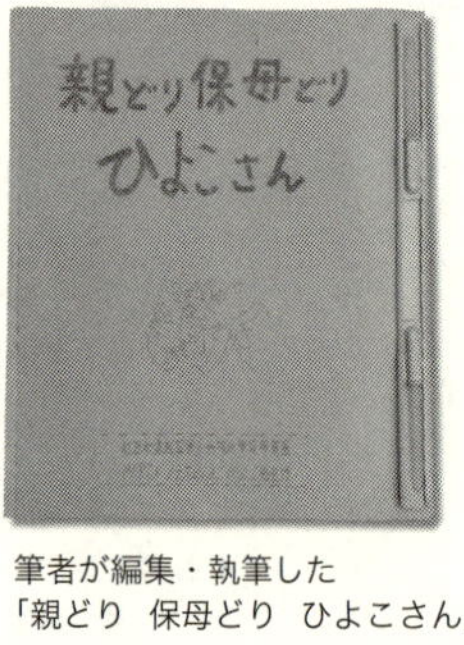

筆者が編集・執筆した
「親どり　保母どり　ひよこさん」

新しい園づくりにアドバイス

同じ町田市の鶴川団地に新しく保育園ができることになり、私の働いていた保育園に関係者が見えて、相談されている姿を時々見かけることがあった。書類の作成や書き方について相談や指導を受けているとのことだった。

ある日のこと、「図面を現場の方に見てもらい、アドバイスをお願いしたいと頼まれたので、山田先生、見てやってください」と園長先生に頼まれた。

その日はいつも来ている小柄な男性と年配の立派な紳士が一緒だった。どうやら鶴川団地に三歳未満児三十名の小規模保育園ができるらしい。図面を見ていて可愛い保育園だな、と思った。保育園で働いたこの一年間は、三年分くらい充実した経験をさせてもらっていたので、「こうだったらいいのにな」と感じたことを具体的に、「赤ちゃんの部屋に沐浴台が必要ですね」「沐浴台のスペースの上にタオル入れ用の戸棚があると便利ですよ」「一歳児室になぜトイレがないのですか。子どもも保母も大変困ります。絶対つくるべきですよ」など、保育者として思ったことをはっきり言った。

主任保母なんてとんでもない！

こうして意見を言わせてもらって話し合いが終わり、さて、娘を保育室に迎えに行って帰ろう、としているところへ園長先生に呼び戻された。お客様は帰られた後だったが、園長先生は「あのお二人は、あなたを新しい保育園の主任保母に欲しいとおっしゃっているの」と言うのである。

「どうしますか」と聞かれ、（なんて馬鹿なことを！）とびっくり仰天してしまった。（何てことを言うんだろう。とんでもない、恐ろしい）と感じて、お断りしたのは当然である。

しかし、園長先生やご子息の主事先生は「先生、大丈夫、あなたならできます。行きなさい」と勧めるのである。保母の資格を取って数ヵ月しか経っていないのに、でも園長先生はさらに言うのである。

「あなたも主任になっていい年頃なんですよ、やってごらんなさい」と背中を押し、さらにはいとも簡単に「〇、一、二歳児の小さい保育園だし、あなたは看護婦さんの経験も、社会人としてもお母さんとしても経験があるのだから、小規模の保育園にふさわしい人だと思います。大丈夫！　できるわよ」。

ここまで言われては、仕方がない、行くしかないと思った。行きたくないのに行かされる。私は園長先生に「先生、出向扱いにしてください。娘があと二年したら小学生です。その時は新しい保育園を辞めて帰って来ますから、また働かせてくださいませんか」とせめてものお願いをしたのである。

こうして、気が進まないまま仕方なく、新しい保育園に就職することになった。

第五章　小規模保育園「鶴川桔梗保育園」の創立

新米主任保母の誕生

素朴な保育園の始まり

一九七二（昭和四七）年三月十五日。心細い思いで私は鶴川に通い始めた。保育園は建設途中で屋根があるだけ、周りは原っぱだった。私は隣接する病院の中の一室を与えられて、一人で保育園の開設準備を始めた。

保育所最低基準に示される設備、備品などのリスト作りや事務用品の購入など、素人に近い、保母資格取りたての私が必死の思いでやるのである。

何も知らずにやって来た私は、設置者が福島県郡山市にある財団法人の大病院であること、一室を与えられているこの病院は付属病院であることが分かったが、大きな組織の一員という認識はなかった。一人で黙々資料を読み、什器備品をリストアップし、事務用品などを買ったりして過ごしていた。園長先生以下保母たちが郡山から赴任してきたのは四月になってからである。

みんな素朴で子ども好きの人たちばかりだった。園長先生はクリスチャンで、法人の副理事長（理事長夫人）とは幼なじみ。「ぜひ、お願い」と頼まれたのだと言っていた。四人の保母たちは福島県のあちこちから来た人たちで、浜通り（福島県東部）、中通り（福島県中央部。阿武隈地方）、会津地方と出身地もバラエティーに富んでいて、福島県について全くの無知だった私にはすべてが新鮮で面白く、言葉の味わいがいいなと思い、みんなのおしゃべりを聞くのが楽しかったものだ。

建設工事が遅れ、四月開園の予定が六月に延びたため、この間に園長、主任保母、保母など保育園創立時の六人のメンバーで、どんな保育をしていこうかと語り合ったことは本当に良かったと思っている。園長先生も保母も独身で、子どもがいて共働きを続けてきたのは私一人だった。母親がどんな思いで保育園に子どもを預けているか、そして保育園は何をしなければならないか。装飾にするあじさいを色紙で折りながら、昼ご飯を食べながら、親の思いを受けとめて保育していこうという、素朴な柱ができていったのだった。

赤ちゃんの保育が始まった

鶴川団地の入居が始まって三年、やっと念願の保育園、「鶴川桔梗保育園」が出来上がり、いよいよ保育が始まることになった。住民たちは早く設置してほしいと、相当運動をした

三歳未満児の保育園としてスタートした鶴川桔梗保育園

そうである。公団との約束で三年以内に設置しないと土地を返却する約束になっていたため、大急ぎで誕生にこぎつけた保育園だった。

念願の〇歳児から預かる小規模保育園の入園式が、木の香も芳しく、六月一日に行われた。四月に生まれた産休明けほやほやの子も三人いて、いかにも「赤ちゃんの保育園」という感じである。

入園説明会で、「お母さん、私たち一所懸命保育していきます。お互い何でも連絡帳で伝え合い、一緒に子育ていきましょうね」「お母さんが安心して働けるように、子どもさんが病気しないよう、なるべく薄着で丈夫な子どもにしていこうと思っています」と、保育方針を伝え、お祝いにビニールカバーの大学ノートを一人ひとりにプレゼントしたのだった。

私たちは朝は明るく「おはよう」「お母さん行ってらっしゃい」とあいさつを交わし、夕方は「お帰りなさい」と元気よく迎えて、その日の様子を伝え合うのだった。

連絡帳で信頼関係づくり

私自身、子どもを預ける親として保育園を信頼することになったのは、生後四十日に満たないわが子を預けて働くことになったときである。迎えに行って手にした連絡帳に一日の様子が丁寧に書かれていて感動したのを忘れることができない。

入園式の日にプレゼントされた大学ノートに、保育者が書く連絡帳は親たちに好評で、職場から飛んで帰ってくるなり、まず何よりも先に連絡帳を読んでいる姿があった。ああ、昔の私と一緒だ！

園と家庭が子どもの一日を丸ごと伝え合い、協力し合って、共に子育てしていくところから、「ききょうの保育」が始まった、と思っている。

福島弁で保育？

保育が少しずつ軌道に乗り出した頃、ちょっと気がかりだったのは、保育者の言葉だった。最初は標準語で頑張っていたが、やがて気心が知れてくると「ゆうきちゃんてば、笑うと目がなくなるべ、めんげぇったらないよ」「みきちゃんたらよ、おれのほうさ見たとたん、鼻鳴らすんだ。甘えてよ、まるでおれのこと、親って思ってんでねえかと思っちまう。まったくうれしいったらねえのよ」と福島弁丸出しになってきた。仲間同士で仕事しながら「ほらほらうたちゃん、このゴミ一緒に投げてけろ（捨ててきて）」「先生てば、タオルほろった（落ちた）べした。持ってきたがんね」など。

桔梗保育園の第１回の卒園生たちと。左端が筆者

主任保母の私はお母さんたちの反応が少し心配になっていた。東京のインテリの子どもを福島弁で保育するとどうなる？　親はなんて言うだろうかと。

ある時、大学で教えているお母さんに、「あのう、お子さんの言葉、訛っていませんか」と恐るおそる聞いてみた。そうしたら「先生、ここの保育園に帰ってくるとほんとにホッとする。どのクラスの保母さんも『お母さん、今日ね健ちゃんがね』ってうちの子のことを話してくれるのよ。みんな子どものことを可愛がってくれているとうれしくなるし、それにこんな家庭的な保育園はないですよ」と言ってくれて、反対に私の方が驚いたのだった。

父母と一緒に考えた特例保育

当時の保育時間は一日八時間が原則で、朝は八時三十分、夕方は四時三十分までとされており、前後一時間の特例保育は定員の一割と決められていた。子育ては母親の役割、保育園は働かないと生活できない人たちが利用するというのが常識で、「必要悪」と思っている人が多かったが、時代の変化とともに、公務員や学校の先生、看護婦などの女性たちが、子どもを持ちながら働くケースが増えていた。

東京都では特例保育制度が当時の美濃部亮吉知事によって実施され始めていたが、保育を取り巻く状況がそれを善しとしたわけではなく、お母さんたちの要求が高まってきて、仕方なく時間延長をすることになった制度だったように思う。赤ちゃんを預けて働く女性は、家計を支え助けるために働かざるを得ない人と、高学歴でフルタイムで働く専門職の人が多くなっていて、団地の中に誕生したわが園も、祖父母など育児を支える人がいない核家族で、特例保育の希望者が半数近くいた。さらに当時から特例保育時間でも間に合わず、二重保育で切り抜けている人もいたくらいである。

特例保育はフルタイムで働く親にとって、絶対必要な保育制度なのだが、定員の一割が対象といわれていた時代、私立保育園の多くは、時間外の保育料を徴収して対応していた。私たちの園は園児三十人の小規模保育所だから、一割といえば「定員は三人」。しかし、希望者はすでに十人前後で、朝七時半から保母とパートの二人で、夕方は園長と主任が一日おきに交替でパートと一緒に特例保育していたのである。最初の年は特に問題なく過ぎたのだが、二年目に入って驚いたのは、希望者が倍増したことだった。

当時、「早番」「遅番」の勤務は時間外勤務で対応していたので（園長、主任はサービス残業）、これをずっと続けたら職員が疲労してしまう。だから、次の年から職員採用の時に、保母二人を早出・遅出専門の職員として雇用し、特例パート保母と二人体制で保育をすることにした。

しかし、二十人ほどの三歳未満児を保育するのに、二人の職員では手が足りず、五時になっても見兼ねて帰れない職員が出ていたのである。園長も「山田先生、どうしよう、困ったわねぇ」と言うし、保育者も「主任先生、もう限界です。赤ちゃんのベッドの柵の上に二歳の子どもちゃんが登って立ち上がったり、そこから跳んだりするんです。こわい」「〇歳から三歳までみんな一緒では心配」などの声がだんだん大きくなってきた。

そこで園長と話し合い、相談して、「お母さんたちに父母会を作ってもらおう」「そこを通してお互い意見交換したり、何かある時は話をそこに持っていって伝えたり、相談したりしよう」「特例保育の子ども人数をどうするかを、そこに相談しよう」ということにしたのである。

特例希望者全員、受け入れる

早速、二歳児クラスのお母さんの一人に働きかけた。その時私たちは、「特例保育のお子さんを二人の職員で見るには十人くらいが限度です。みなさんはそれぞれ切実な職場状況なので、あなたはいいとか、ダメとか、園は決められません。どうしましょうか。クジにしますか。それともジャンケンにしますか」と持ちかけた。父母会はすぐ結成され、瞬く間に自分たちで対策を考えてきた。

それは何と「希望者全員受け入れて下さい」、そして「特例パート保母をもう一人雇用して下さい。ただし賃金は利用者が割勘で負担します」というものであった。

そんなことが許されるのかどうかわからなかったが、現実に困っているのだ。もちろんそれを了承したのは言うまでもない。その結果、〇、一、二歳児のそれぞれのクラスに保育者が一人張り付いて、特例保育をすることができるようになったのである。

当時、希望者全員に特例保育の枠を広げてしまうという考え方は、社会的に受けとめられてなかったと言っても過言ではない。子どもを長い時間、親から離して施設で預かることは決して良くないことだ、という風潮だった。「三歳までは母の手で」という三歳神話を強調する本が出ていたし、長時間保育を頼む母親は母親失格のような言い方さえされていた時代であった。

しかし、働くお母さんたちにとって特例保育は、安心して働くことのできる大きな条件の一つである。それを父母と一緒に、私たちはクリアしたのである。

今度は無理矢理園長に

楽しかった主任時代

創立して三年後の一九七五（昭和五十）年、私は鶴川桔梗保育園の園長になった。初代の園長先生が、難病であるベーチェット病の持病の悪化で、法人本部の企業内保育所に転勤となったためである。

主任保母を務めた三年間は、毎日新鮮で楽しかったが、半面戸惑うこと、苦しいことも多かった。主任保母とは名ばかりで、つくづく能力がない、自信がない。そこで私はみんなの「下女」になったつもりで身を粉にして働いた。掃除、洗濯、草むしり、花壇の手入れ、調理室の手伝い。外見は大胆そうに見えるのだが、実際の私は気が小さくて、いつも人に批判されるのではないかと恐かった。それを気取られまいとあちこち気配りしてくるくる働いていた。

保育園で働いたことはもちろん、管理職になったのも初めてという純真な初代の園長先生は、決断できないことも多かったので、「主任さん、やって」と私に任せる。保育者の間に入って、園長でもないのに方針を出さなければならず、苦しかった。それだけではない。隣接する同じ法人の病院は保育園を企業内保育所のように思っていて、子どものいる看護婦を募集することもあったので、定員外に入園させないと頑張る園長先生との間で板挟みになるのも辛かった。寝ても醒めても私の頭は保育園のことで支配されており、お陰でストレスのため十キロも体重が減ってしまった。

主任時代。０歳クラスを担当

園長先生も苦労されていた。持病のベーチェット病がどんどん悪化していたのである。

園長に任命するという内示を受けたときは、困ったと思った。「そんな器じゃない。どうして三八歳の保育経験のない私にやれというの？」。でも副理事長に「あなたがやるしかないのよ。頼みますよ」と言われて、断ることもできず、ドキドキして身の縮む思いだった。

三歳で卒園生とは……

その頃から切実な問題になり始めていたのは、三歳の卒園に達した子どもの問題だった。「はい、あなたの子どもは卒園でおしまい。希望の転園先に優先的に措置しません」という切実な問題が横たわっていたことである。

当初は希望する保育園に転園できるはずだったので安心していたのだが、受け皿不足もあり、毎年一人、二人の子どもが入所から洩れてしまうようになっていたのである。

三歳未満児の保育園にとって、卒園式は、涙のない笑顔いっぱいの楽しい雰囲気の中で行われた。幼い子どもたちは「卒園」の意味がまだ理解できないので、何やらいい洋服を着せられ、親も先生も「おめでとう」と言い合ってうれしそうだし、自分が主人公という雰囲気で、気分がいい。つい調子に乗って、はしゃいだりおどけたりしても、みんなにこにこしている。

参列して下さる病院の事務長さんや、福祉事務所の係長、ケース・ワーカーは、「ききょうの卒園式は可愛くて楽しいね。大人も子どももみんなにこにこして、涙がない卒園式はここだけじゃないの」とよく言われたものだ。

しかし、親にしてみれば、三歳で「卒園」しても、その後も引き続き保育をしてくれないと困るのである。当然ながら、皆近くの公立保育園を希望していたが、しかし福祉事務所は、「転園は保証できない」と言うのである。しかも「三歳であっても卒園は卒園だからそこでおしまい」「ききょうの子どもはそこを卒園したのだから、保育継続を優先はしない。一般公募と同じ」「運がよけりゃ入れる。落ちる子もいる」と言うので、「そりゃ、おかしい。ききょうの子だけ不公平じゃないか。何とかならないのだろうか」と考えさせられることになった。

一番困るのは、職業を持って働き続けようとしている親である。卒園させる園にとっても、預ける場所がない親の切実な気持ちがわかるし、泣きつかれもして同情するから、必死に保育継続をお願いすることになる。たった一人の子どもが落ちても一緒に困り果ててしまうのである。最終的には送り迎えを誰かに頼んで幼稚園に入園させるか、近隣の私立保育園の園長に泣きついて定員外入所をさせてもらうかしか方法がなかった。これで救われたこともたびたびある。

残る親たちも人ごとではなかった。明日はわが子が……と思うとじっとしていられない。行政に措置継続を何回も訴え働きかけた。ある時は市の担当者にわざわざ来ていただいて、措置継続要求集会を病院のホール（医局）を借りて開催したものだ。しかし、全員保育継続をしてほしいという要求は、受け皿不足があって解決しなかった。

障害のある子どもが仲間入り

家庭的で親と共に子育てし合う小さな保育園は、障害のある子どもの保育もするようになった。ある日、一歳の子どもを連れたお母さんが訪ねてきた。生まれつき重度の難聴のため、日本聾学校の幼稚部に通っているのだが、近くの保育園で子どもと遊ばせてもらったらどうか、と言われたと言って訪ねてきた。

「どうしてもこの子が不憫で、私が過保護になっていると言われ、『保育園の集団に入れてもらって、一緒に遊ばせてもらえないかしらね。お願いしてごらんなさい』と言われて来てみました」

それを聞いていとも簡単に「お天気のいい日にはほとんど園庭で遊んでいますので、お母さんと毎日いらっしゃい。一緒に遊びましょ」と引き受けたのだった。「保育料は」と聞かれたが、「一緒に遊ぶだけですからご心配なさらなくていいですよ」と、それはお断りした。

それから雨の日と家の都合がある時以外は、毎日保育園に通ってきた。一年近く経った頃に保育者たちは、親と子を離して保育した方がいい、と言うようになってきた。お母さんと一緒だと、彼がカップに砂を入れて型抜きをしていると、見ていられなくてお母さんが取ってやってしまう。仲間の中で見よう見まねでパンツを履こうとしているとお母さんがさっさと履かせてしまう。せっかく自立に向けての意欲があっても、みんなより一歩遅れがちな姿につい手が出るのである。一方、保育園の子どもたちは遊びの時間が終わると、「あっくん、どうして帰るの」と聞くようになっていた。彼だけどうして帰っちゃうのだろう。

ちょうどその頃（一九七三年）、町田市に、当時としては先駆的な「障害児保育制度」ができていた。お母さんと相談したところ、ご自分でもそうしたいと思っていたとのことで、措置児になったのだった。そのようなケースが毎年続くようになって、日本聾唖学校の勧めで、一歳から難聴の子どもを次々と受け入れるようになっていった。

増設運動の展開

父母会は三歳で卒園する子ども全員の入所運動を展開することにした。三歳以上の保育園施設を増設してほしいという要求である。今までは町田市に向けての運動だったが、今度は保育園の経営母体である法人に向けてである。

しかし法人は、「今は病院経営が難しい時期であり、園舎建設の費用は法人では負担できない状況で、要望には応じられない」と回答してきた。父母会はシュンとなった。法人の理解が得られないとなると、どうしたらいいのだ。

創立して間もない頃に、父母会は法人に向けて「病児保育をして下さい」と要望して、もちろん丁重に断られたことがある。

一九七六（昭和五一）年の父母会は、今度は「問題は保育園不足なんだ」「よく周りを見ると保育園と病院の間にある畑に、園舎が出来るのじゃないだろうか」と方針を転換したのだ。父母たちは、この方針が出た途端に精力的になった。町田市当局に何回も足を運んで「もし法人が増設するとしたら、市は予算的な保障をしてくれますか」、そして法人理事会に向けては「ぜひ増設してください」「産休明けからの保育、障害児保育など実施しているいい保育園です。お願いします」。そして地域にも呼びかけて署名活動に取り組み始めたのである。

能天気な私は、法人の上司に「親の要望を受け入れて、ぜひ増設してほしい」などと言って、こっぴどく怒られた。「お前さんは何を勘違いしているのだ。理事長でもない、使用されている人間なのに、勝手なことを言うんじゃない」。

いやぁ、びっくりしたと同時に、いかに世間知らずであったかと、怖くなった。以後は父母たちの活動を水面下で支える「黒子」になることにした。

しかし赤ちゃんや一歳、二歳という幼子を抱えて働き、ただでさえ忙しい父母たちだったが、一致団結して運動に取り組んだのである。夏の暑い盛りに幼い子をオンブして団地の広場で署名集めをしていたあの姿は、今でも脳裏にくっきりと焼きついて離れない。周辺の町内会も協力してくれて、集まった署名は二八八三所帯となり、いかに要望が強いかを市当局も認識すると共に、法人へも強く働きかけることになったのである。

そしてついに、その年の法人の緊急理事会で、町田市や父母会の要望を受けて、次年度（一九七七年度）に増設工事をする運びとなったのだった。

うれしかった。運動が実って就学前までの保育園になるのだ。手のかかる赤ちゃんから二歳まで、親と共に手塩にかけて子育てしてきた私たちは、辛い思いで泣く泣く「ハイ、さよなら」しなくて済むのだ。お母さんたちと職員たちと一緒に喜びと感動に浸ったのだった。

第六章　異年齢保育と病気明け保育

「異年齢保育って、一体何？」

「異年齢保育」との出会い

赤ちゃんから二歳まで、三十人の家庭的な保育をしていた私たちにとって、三歳以上の子どもについてはどうしたらいいかが悩みだった。特に園長として、三歳以上の保育が始まる一年半前には方針を打ち出す責任があるのに、未熟で経験不足の私にあるのは、劣等感だけだった。

当時の私は、あちこちの研究会に出ては、全身を耳にして理論や実践を聞いていた。四十歳になっていたが、園長になって間のない私は、恥ずかしいくらい幼児教育について無知だった。参加した会では一言も聞き漏らさないぞ、とばかり目を爛々と輝かせて聞いていた。保育に関することは何でも知りたかった。

そして今から二十五年ほど前になるが、ある研究会の例会で、川崎市立の保育園で取り組んでいた「縦割り保育」の実践を聞いたとき、神の啓示に触れたように「ききょうの幼児保育はこれだ！」と思ったのである。

幼児の定員は三歳十二名、四歳十三名、五歳十四名の三十九名が増員されることになったのだが、国が定めた職員の基準配置は三歳が二十対一、四、五歳は三十対一で、三歳以上全員に対し、職員数は一・六人である。ということは二人しかいないということだ。

増設される保育室はホール兼用の広い部屋と、小さな保育室の二つがあるだけ。どんな保育をどうしていったらいいんだろう、と悩んでいた矢先だった。子どもの人数が少ない、同年齢保育が成り立たない現実があったから、異年齢保育の実践に出会って「これだ」と結びついたのである。

地域の異年齢の子どもの中で、たくさんの実体験を通して育った私は、「縦割り保育」の実践報告を聞いて、幼児教育で大切なことは「教える」「指導する」のではなく、子ども自身が体験することが重要なのだと教えられ、感心したのだった。

「幼児教育は素人に任せられない」

新しい園舎が出来上がるまでの間、無理矢理、半ば強引に、実践発表をした川崎市の公立保育園に幼児クラスを担当するであろう保母たちを三日ずつ実習させてもらい、父母にも三歳以上は異年齢保育を実施する旨を伝えて、一九七八（昭和五三）年、増設成った保育園で新しい保育が始まった。

自分たちの願いが運動によってとうとう叶った父母の喜び、また私たち職員は、今までの「ききょうの保育」が法人にも市にも認められ、支援されて増設工事が完了し、法人理事長からも「おめでとう。よかったね。頑張ってね」とうれしい言葉をもらって、感動したものだ。毎週日曜日には、大工さんたちへのお茶出しを当番でやってくれた職員たち、ほんとにありがとう。「さあ、これから新たな思いで一緒にいい保育づくりをしていこう」と誓い合ったのを思い出す。

それと同時に、増設運動に力を注いだあるお父さんが言った言葉も忘れない。増設工事中のある日、こう言ったのだった。

「園長、三歳未満児の保育は家庭的で、親たちは満足していたが、これからはそうはいかないよ。ききょうの職員は幼児教育については素人だからね。教育の専門家の多い親たちは黙ってはいないよ」。

私は一瞬わが耳を疑った。同時に頭がクラクラッとし、周りの風景が一瞬歪んで見えた。確かに、ききょうの父母たちは大卒で専門職、インテリが多いのだが、実は私たちをそんな風に見ていたのか。

続けて彼は、「保育に問題があったら、われわれは指摘するからね」とも言ったのである。幼児教育については無知だと自覚していたはずなのに、面と向かって本当のことを言われた時、私は自分の立場を忘れ、体が震えるくらい激怒していた。腹の底から思い切りわめきたかった。「何言ってるんですか、同じじゃだめなんですか?」と言い返したこのやりとりを聞いていた職員が振り返って見ていたので、お互い声高になっていたに違いない。それをやっと我慢して言った。

「私たちの保育を見ていて問題があったら言ってちょうだい。私たちは頑張るしかない。見ていてお父さん」。そして半泣きになりながら、逃げるようにそこを離れたのだった。

異年齢保育の開始に向けて

私たちの幼児保育元年は、一九七八（昭和五三）年である。

三歳児はそのまま持ち上がりだったが、四、五歳児は新入園児であった。うれしかったのは、一度二歳児クラスを卒園した子どもたちの何人かが、戻ってきてくれたことである。

まず初めに、「異年齢保育をします」と方針を出して、園だより、クラスだよりで説明した。そして親たちにはどんな保育を希望しているかアンケートを実施して、考えや期待を調べた。皆自分の教育観を持っており、園の方針に納得できていない人、アンケートをとって親の意見を聞く姿勢を信頼しているという人、「おやりなさい」と励ましてくれる人、昔の私のように保育のことはお任せ、わが子が楽しく保育園で過ごしてくれること、そして親が安心して働ければそれでいいのよ、と様々で、みんながこぞって反対しているのではないことがわかったのだった。

反対する親たちの心配は、わが子たちが無理して五歳児と生活すると背伸びしたり、逆に三歳児に引きずられて就学前の五歳児が退行現象を起こしたりするのではないか、三、四、五歳児たちはそれぞれ発達課題があるのに一緒にしていいのか、ということであった。「園を貸してください。これからの保育について検討をします」と、親だけで話し合いをすることもたびたびだった。

どうしていいかわからないのは職員も同じだった。養成校でも学んだことはないし、保育実習でも経験していない。「異年齢保育」ということは今まで聞いたこともないのである。

経験の乏しい園長の私は異年齢保育について、何か書かれた本はないかとワラをもつかむ思いで図書館に行き、必死になって探したのだった。確か守屋光雄氏の本だったと思うのだが、その中に「異年齢保育」について書いてあるのが目にとまった。讃岐幸治という方の文章が引用されており、私はそこに釘づけになるほど、強く惹かれたのである。

「年上の子どもは年下の子どもに対してコントロールや保護の役割を取り、知識や技能の伝授者として年少者をいたわり、世話をし、いろいろと遊びを工夫して遊びを楽しませなければならない。このことは年上の子どもに責任を自覚させることになる。また、年下の子どもを通して自分の成長を自覚することができる。この自覚が年少児を扱うときに大切な道徳心を育てる」

「年少児から見ると、年長児は体力的にも知力的にも道徳的にも魅力ある存在で、それは『手の届きうる能力』で『頑張ったらできるぞ』という奮発心を起こすことになる」

「一般に選択の自由が許されるとき子どもは二〜三歳年長の子どもを遊び相手にして遊び

たがるので、『ほんの少し年長』の子どもは年下の子どもに対して『手の届きうる野心』を提供する。年少児は年長児に対して、自分も参加する値打ちがあると思われたいために努力する。その努力は、たいていの場合報われるし、苦痛でなくむしろ楽しいのである」

四月に新しく入園してきた子どもたちの様子も把握できた七月、この文章を使って私は親向けに冊子を作り、異年齢保育の実施に向けての集会で必死に説明した。内容は次のようなものだった。一日の生活と遊びは「異年齢」で、発達にふさわしい課業は「同年齢」で取り組む。そして連絡帳や通信で伝え合いをしていく。

対話集会では、異年齢保育によって予測される生活、子どもの姿を精一杯伝え、最後には「やらせてください。保育についてはこれからもどんどん伝えていきます。もし異年齢保育が子どもにとって悪いとなったら、やめます。おかしいと感じるところがあったら、直接言ってください。連絡帳に書いてくださってもいいです。お願いします」と頭を下げた。百パーセント賛成は得られないままの、見切り発車だった。

新しく採用した職員には川崎市の公立保育園に、再び無理なお願いをして実習させてもらい、何回も職員会議で検討し合って、いよいよ実施にこぎつけたのである。

「保育参加してみませんか」

いよいよ異年齢保育が始まった。目の前の子ども相手に、私たちは手探りで必死に保育をし始めた。その日の子どもの様子を連絡帳でせっせと親に伝え、集団の姿はグループ通信で伝えていった。

親の反応が心配だった。三歳以上の保育は、学校と同じ同年齢教育のイメージが定着していたので、連絡帳に何が書かれているか、どんな批判や指摘が寄せられるか、担当保育者と一緒に毎日ビクビクしていたと言っても過言ではない。雨あられの如く、悪くいえば「いちゃもん」がつけられる。怖いけど覚悟していたのである。

しかし、どうしたことかいつまでたっても苦情のようなものはなかった。個別には連絡帳、園だより、グループ通信で子どもたちの活動やその姿が伝えられるのを、親たちは楽しみにし、新しい保育実践に関心を寄せ、共感してくれるようになった。

当時の職員たちは、頼りにならない園長のもと、自分たちが保育の最前線で保育を創りださなければならない。また親一人ひとりに丁寧に伝えるために、知恵を絞り、労力を費やさなければならなかったのである。あの時代に、今日のきょうの保育の土台づくりをしてくれた人たちを私は一生忘れない。

少しずつ、異年齢保育が軌道に乗りかかった秋に、父母たちに「保育参加」を呼びかけた。文字で伝え合うだけでなく、保育を常に明らかにしていくために、「保育参観」ではなく、あえて「保育参加」にしたのには理由があった。

そもそも、私は授業参観が嫌いで、嘘っぽいといつも思っていた。先生も生徒も演じている。本当の姿ではない、授業参観ごっこをやっているようなものだと。それに、何よりも実際に保育を見てほしかったのである。子どもたちの生活、遊びの様子や集団の育ち合いの姿、保育者が子どもとどう関わっているのかを見て、感じたことや思いを聞きたかったのである。

親に「保育参加をしませんか」と呼びかけたとき、一様に「えっ、親が保育を見ていいのですか」と、目を丸くしてびっくりされたのにはこちらが驚いたのを思い出す。

各年齢ごとに二週間ほどの期間を設け、希望の日を募って、時には人数の調整をしてもらいながら、一日に一人、二人の親に、半日または一日来てもらい、一緒に過ごしてもらうのである。

その年度（一九七八年度）からは、赤ちゃんを含めて全員の園児を対象に保育参加をすることにした。ある日のこと一歳児の親が保育参加していたはずなのに、途中でいなくなったので探したら、お兄ちゃんの幼児クラスにいたのである。彼女は幼稚園教諭だったが、同じ幼児教育者として経験していない「異年齢保育」に関心があったのだ。今更のようにこの取り組みに関心が寄せられ、注目されているのを感じたものだった。

異年齢クラスの保育参加初体験の親たちは一様に感心していた。退行現象を起こすと騒いでいた人たちが、小さい子たちにやさしく接し、お兄ちゃん・お姉ちゃんの表情をして生活しているわが子の、家では見せない頼もしさを見て感動していた。小さい子の親は、年上の子に世話をしてもらい、時には甘えている様子を見て、こうした「きょうだい」のような関係の中で、大切な体験をしているのではないかと感じていた。もしかしたら、子どもたちの生活にとって今まで置き忘れていた何かが異年齢保育の中にあることを、実感し始めていたのかも知れない。

男性保育者が仲間入り

三歳未満児の小規模保育所時代から、「男性保育者を採用したい」と思っていた。あちこちで男性保育者が出現し始めていたし、それにこれからの時代は男女が共に子育てに関わることが大事だと考えていたからである。

紹介する人があって面接してみたら、素直でやさしそうなので採用しようと思い、履歴書と採用許可願の書類を法人の病院事務長に見せると、必ず前歴照会をするということになっていた。女性の保育者の場合はしないのに、男性になると警戒するのはどうしてなのか。

例えば、今は産休や病休代替保育者として公立保育園で働いているのだけれど、正職員として働きたい男性保育者がいて、面接してみると好青年だなあ、やさしいお兄ちゃんになってくれそうだなあ、保育が大好きな人なんだなあ。私は採用したいなと思っている。ところが事務長はその人の経歴を見て、ずっと前に働いていた職場に問い合わせる。しばらくすると返事が返ってきて、遅刻ばかりで勤務態度が悪い、組合活動では中心人物だったなどと書いてある。それを見たら、法人としては採用できないという結論になる。私が採用したくてもできないのは当然だ。残念、あきらめざるを得ないといったことが何回かあった。

異年齢が始まった一九七八（昭和五三）年の暮れ、町田市内に住む車椅子の人たちのユニーク・パーティーに参加した折、都立の養護学校の教師を目指しているという大学生を紹介された。しかし、最終試験で駄目だったようで幼稚園教諭の免許しかないけれど、保育園で働く希望も持っているという。

たまたま空きがあったこともあって、四月に前歴のない彼が初めての男性保育者として仲間入りすることになった。まるで女子校に少年のような可愛い青年がやってきたかの如く、職員は大いに戸惑った。若い保母さんは「キャー、私を見た」と自意識過剰になるし、調理のおばちゃんたちは息子みたいに可愛がる。子どもたちはまるでお兄ちゃんのように遊んでもらって大喜びだった。

ある時、あれっと思ったのは、女ばかりの職場に影響されたのか、いつの間にか彼が女言葉で話をしていることだった。「いくわよ」「そうじゃないわよ」「やってみたらいいのよ」と。こりゃいけない。

そこで、かつてナオミ保育園に子どもを預けていた父母仲間だった遠山洋一さんが、多摩市で保育園を経営しており、男性が何人もいるのを知っていたので頼み込んで、「三日ほど研修していらっしゃい」と送り込んだのだった。

その後、何日もしないうちに、今度は向こうの男性保育者が研修にやってきた。まるで交換留学だ。「あのね、おもしろい名前の保育園から来た先生よ」と園名を教えると、子どもたちは言いにくいらしく「バブバブ先生だあ」と大騒ぎ。わが園の男性保育者と違って背も高く、個性的な彼は、ほかの保育者とも親しくなったし、子どもたちとすっかり仲良しになって帰っていった。

翌年、彼は「ききょうで保育をしたい」と希望して仲間入りしたのだが、彼の印象は子どもたちにも強く残っていたようで、入園式で父母や子どもたちに恒例の職員紹介をすると「あっ、バブバブだ」「バブちゃんだ」と大喜びだった。

男性保育者が二人になると、不思議なことに、もとから居た彼の方の女言葉が消えていた。みんなじゃないだろうが、わが園の男性保育者は、周りの女性たちに順応してしまうところがあったので、このまま女みたいな男じゃ困る、男の先生は一人じゃ駄目だ、二人になってよかった、と胸を撫で下ろしたのだった。

保育に点数をつける「団塊の世代」の親たち

一九八〇（昭和五五）年から一九八五（昭和六〇）年にかけては、団塊の世代の人たちが親になり、「親の層が変わった」と感じた時代である。

男女同権は当たり前、夫と民主的に対等に役割を担い合い、仕事も家事、育児も共同でやるべきである、という世代。しかし、学生時代に結婚して共働きの新婚時代までは民主的な夫婦関係が成立していたように見えても、いざ子どもが生まれ保育園に預けて仕事を続けるとなると、頭では分かっていても男女不平等な旧態以前の姿勢が幅をきかせているのが現実で、夫婦関係を築くのも苦労が多かった。

同時に保育園に対して自分の考えをどんどん前面に出してくるようになった時代である。どんな考えでどんな保育を「ききょう」はしていくのか、私たちは親に伝え、協力してもらいながら保育内容を園ぐるみで検討し、実践を積み重ねていった。保育参加の感想、運動会やおたのしみ会（生活発表会）を催した後に寄せられる連絡帳には、わが子の成長を喜ぶ素朴なものから、「これが親の言うことか」と思うくらいに、客観的で的確な評論を下す親もいるのが「ききょうの特徴」と言っていい。

大きな行事を行うためにはまず、昨年の反省点を踏まえて職員会議で話し合う。各クラスの出しものについては、なぜ、どんな目的で行うのか、それぞれが意見を出し合って検討していく。行事担当の職員から成る実行委員会はそれを受けて全体企画を明確にして「実行委員会だより」で父母にも知らせていくのである。

わが子がクラスの行事にどのように参加し、練習過程でどう変化しているのかは「クラス通信」で、個別には連絡帳に書いて伝えていたので、親たちは自分も行事に参加している感覚だったのではないだろうか。親は胸をときめかせて当日を迎えることになる。そして行事が終わった後は、一斉に連絡帳で感想が寄せられるのが圧巻なのである。

素朴な微笑ましい感想が多いのだが、数人の親は各クラスの評価を交えて書いてくる。赤ちゃんから年長までの保育者の能力評価も含め、点数をつける親がいるので、すごいと思った。たとえば、「三歳の劇は遊びの要素が大部分なのに、民話は高度でむつかしいのではないか」「集団の発達課題は少し感じられたが、劇を通してクリアされているようには見えない」「創作劇はいいけれど、ねらいやテーマがわからなかった。七十点」「A先生は素晴らしい。この保育園に預けていることに誇りと自信を持った。それを目標にB先生（自分の子の担任）も頑張りなさい」といった具合である。

時には夕方早く迎えに来た親が練習風景を見て、「担任が多動で落ち着かない子どもに振り回されている。方針をぐらつかせないこと」と指摘したこともあった。

数年間はこのような状況が続いたが、親のこのような感想や指摘は、「ききょうの保育」がまだまだ未熟なものなのだということを痛烈に伝えていて、毎年落ち込んだ。

しかし、五、六年経ったころの連絡帳には、「発達や発達課題がきちんと押さえられてきて、学校の同僚にも『運動会のリズム表現をぜひ見学して』と誘って連れてきました」「満足、言うことなし」、おたのしみ会のときは「総合活動としてとらえた時、美術、造形、音楽、集団がかなり高いレベルにある。職員の指導力も素晴らしい。九八点」「子どもたちが自分の役をきちんとこなして、感動しました。百点」などと書かれてあった。

忌憚のない評価を下す親に、保育者は、決して心穏やかではなかった時もある。しかし、文句や嫌味を言っているのではなかったから、園長の私は、「来年こそは不足の保育を満たすよう、みんなで切磋琢磨して頑張ろう」と言い、誓い合ったのである。そう言われた保育者たちが、非常にうれしそうな表情をしていたのを思い出す。

病気明け保育の模索

子どもが病気になった時

核家族で、専門職で働くお母さんたちが年々増加していく。私たちの保育園は、病気の子どもについてどうしたらいいか、親と考え始めていた。

保育の内容や質などに関心を持ち、自分の要求も堂々と前面に出し、何かことがあれば行動することも辞さない親集団だから、母親も男性と同じ土俵で社会人として仕事をこなしていくのは当然と考えていた。家事、育児、保育園の送り迎えは、夫と対等平等に分担し合うべきだ。しかし現実は母親に厳しく、キャリアの多いわが園の母親たちは「男女平等の確立」に苦労していた。

子どもが保育園に入園できて喜んでいたのも束の間、子どもが病気になることはよくあること。当時は母親が仕事を休んで看護するのが「当然」だった。子どものために遅刻、早退、突然の休暇取得、あるいは欠勤せざるを得ない状況で、職場では責任を全うしない厄介者と言われることも多かった。

社会状況は専門職、フルタイムの共働きが当たり前になりつつあったけれど、一方で子育ての責任はまだまだ母親が担うのが当たり前であった。戦後に生まれ男女平等の教育を受けて育った当時の母親たちは「おかしいじゃないか」と声を上げ始めていた。

子どもが病気の時は母親がまず休むことが多いが、責任のある仕事をしていると長く休んでいられない。休みが続けばクビになるという場合も多々あったものだ。対等な関係づくりをしている人たちは、ジャンケンで子どもを看るのを決めるとか、実家の親を呼ぶとか、夜中に車をぶっ飛ばして東北の実家に預けてきたとか、などの話もよく聞いたものだ。

しかし、具合があまり良くない子どもが無理して保育園に来て、それが感染力のある病気だったら広がってしまうことがある。保育園が「病気の巣になっている」「ちゃんと治ってから来てほしい」「お陰でしなくてすむ病気までするはめになる」という場合もあるのは、どこの保育園でも抱えている問題だった。

そんな状況の中、一九八一(昭和五六)年から一九八二(昭和五七)年にかけて、園と父母会は、病気明け保育について模索を始めたのである。

病児保育を学び始める

まず、私と父母会役員の何人かは、昔お世話になった、私にとって「足を向けて寝られない」と思っている世田谷区のナオミ保育園にお願いをして、「病児保育」の見学に出かけることにした。園長先生にじかにお話をうかがい、実際に病児保育室を見学し、現場の保育者の話も聞きたいと思ったのである。

すでに第三章でも触れたように、このナオミ保育園で病児保育の取り組みが始まったばかりの一九六六（昭和四一）年、私は園児の親だった。父母会と園とで検討を重ね、嘱託医の理解と協力を得て、日本で初めての「病児保育」が園の近くの医院の一室で始まったばかりだった。

それまでは自分の生んだ子を保育園に預けて働くということは、必要悪であり当時の常識では、「母親が生んで育てるのは当たり前」であったから、「病児保育」が始まったと聞いて、「何だって？」と驚いたと同時に、いたく感動したのを昨日のことのように覚えている。

その後、最初は病院で行っていたのを園内で病児保育するようになってからは、朝夕の送り迎えのときに時々垣間見ていたが、幸いそこを利用することはなかった。子どもは親孝行なことに丈夫だったし、私自身、出身地である鹿児島の封建的な考えを引きずっていて、「病気の子どもは自分で見なくちゃ」と有給休暇と欠勤で切り抜けていたのである。

子どもを入園させて二年ほど経った頃、私は父母会の役員をやるようになり、園長先生とも親しくお話ができるようになっていた。

こんなことがあった。ある朝のこと、「山田さん、今日お休み取ると言っていたけど、お願いがあるの。保母さんが病気になってしまって、病児保育の子どもを見る者がいないので、すまないけど、やってくれないかしら。助けて」と園長先生に懇願されたのである。大好きな園長先生のお願いだ、よっしゃ、とばかり「にわか保母」になり、子どもたちのお世話をした経験がある。不思議なことにあのとき、わが子以外の子どもを可愛いと感じたのには、我ながら「意外」だったのを、よく覚えている。

あれから十五年経って、転職して同業者になって、尊敬する大先輩に教えを乞いに訪ねている。

私たちの関心は、病児保育を誰がどう運営しているのか、一日に何人の子どもを預かっているのか、保育者の人数は、親の負担はどうなっているかなどなど、たくさんあった。それにひとつひとつ丁寧に答えていただいた。公的補助金を世田谷区は全く出していなかった。園がいくらかの補助をしたが、ほとんどは父母たちが全員で共済費を拠出していること、それだけでは人件費、経常費は賄えなくて、各家庭に肌着、靴下、洗剤などの日用品を、日常的に販売して資金の足しにしているということだった。

その後、ききょうでも実施に向けて精力的に取り組みが始まった。父母会の役員さんが意見を集約したり、「病児保育について考える」をテーマにシンポジウムを開催したりした。

シンポジウムでは、三歳未満児の保育園時代から病児保育が懸案であったことを当時の父母会長に語ってもらった。また、パネリストの一人として、仕事を辞めて自宅を開放し「病気明け保育」を実施していたという女性にも参加していただいた。自身も働く母親だったというこの方のことは、稲城市から転園してきたお母さんから聞いたのだった。自分もたびたび利用して、どんなに助かったか知れなかったという。

父母会の役員会は、ナオミ保育園での見学の内容を詳しく報告し、実施するのだったら全員で助け合う共済制度を採用して取り組みたい、と方向性を示した。雰囲気は盛り上がり、みんなでやろうという空気がつくられつつあった。

「病気明け保育」の挫折

父母会の役員会で「病気明け保育」の検討が始まった。まだまだ病気の子どもを預けて働くことに抵抗感がある時代だったので、全員が賛同してくれるかどうか、そして、もう一つの気がかりは、一体誰が責任を持って実施するのかだった。

父母会としては、園にやってほしいと思っていただろう。が、私は「無理だ」と思った。園には保育室の余裕が全然ない。園長は雇われている立場の弱い人間だ。出る杭は打たれる。ましてや社会的なコンセンサスも財政的な裏付けも皆無である。だから「私はやりたくてもできません。お母さんたちがやってください」「でも将来、そんな時期が来たら、そのときは園が引き受けますから」と話した。父母は園長の立場や置かれた状況をよくわかっていたので、自分たちでやろうと覚悟して取り掛かったのである。

私は所属する法人に、「病児保育の動き」について伝えた。事務長は「とんでもないことだ。親は何を考えているんだ。子どもが病気の時ぐらい親が見なくて誰が見る」と怒ったように言い、それは予想通りの反応だったので、やっぱり園がやるわけにいかないと改めて実感したのだった。

おおかたの父母は、財政的なことを考えると共済制度で父母同士が支え合わなければ成り立たないことはわかっている。一方、稲城の方のお話にあった「病気明け保育」の家庭的な保育のあり方にも同感していた。

それからというもの父母会は何回も検討を重ね、苦労の末「保育ママさんによる共済制」の議案を示し、臨時父母総会にかけることにしたのである。一九八三（昭和五八）年のことであった。

思いがけず関心も高く、臨時父母総会は参加者も多かったが、大変だった。会長がお母さんからお父さんに交代していたことが影響していたのかどうか、意外と父親たちも多く出席していた。案を作った役員たちはこの画期的な取り組みに多くが賛成してくれると期待していたのだが、しかし、まるで理解のない旧態依然の父親と、仕事を持つ進歩的な母親とのバトルになってしまったのである。

取り組み案は事前に知らせていたし、意見をもらい、みんなが賛成をしていたはずだった。考え方、方法の模索、検討状況を逐次伝え、意見を出し合って、父母会が同じ姿勢で目的に向かって進んでいると思い、役員の方たちは意気揚揚と総会にかけたのである。それが簡単ではなかったのである。

ネックの一つは共済制度。「家にはお祖母ちゃんがいて面倒を見てくれるので、利用するつもりはない。何で五千円もの共済金を出させるのか」という意見もあった。もう一つは「子どもが病気のときに面倒を見るのは母親の役目だ」というお父さんたちの考え方である。

「何言っているんですか。私たちは社会人として責任を持って働いているんですよ」「母親がやるべきだ、なんておかしいじゃないですか。父親だって家事育児の分担をして、子どもが病気の時も分担して面倒を見るべきですよ」

結局、臨時総会で成立するはずだった「病気明け保育」の議案は、問題点噴出で否決された形で終わってしまったのである。

がっかり。でも……会員制の導入

役員会は最大限の力を発揮して「これでよし」とばかり、自信を持って提案した議案が、何人かの反対者によって不成立となり、意気消沈して、もう立ち上がれないかもしれないと思った。「ああ、この計画は駄目になってしまったんだ」と、私も心底、こんなにがっかりしたことはない。役員さんは私以上に力が抜けている様子で表情もしばらくは沈んで見えた。

しかし、彼女たちは再び動き出した。数ヵ月後、「何のために努力してきたのよ。水の泡に帰してしまうのはもったいない。初心にかえって、もう一度考え直そう」と検討することになったのである。なぜ病気明け保育が必要なのかに向き合うとともに、核家族であること、共働きのあり方、助け合いのあり方やその方法をとらえ直したのである。

そして次の年度の総会で提案したのは、「会員制による病気明け保育制度」であった。自分たちの理想は「共済制度」だったが、「共同して支え合う精神」の理想に酔っていたかもしれない。現実は無理があるということを痛いほどわかった父母たちは、それでも同じ働く者同士であり、子育てし合う仲間として、やっぱり助け合いたかったのである。検討の末に活路を見いだしたのが、「会員制」であった。

これは文句のつけようのない方法であった。切実な人たちだけがつくるのだし、それ以外の人々に何の負担をかけるわけでなかったので、すんなり承認された。有志だけの会が存在することになって、一見、父母会と関係ないようなものだが、父母会としては長年検討し続けてきた経緯があったし、将来的には子どもを持って働き続けるためには、必要になってくる制度であると考え、父母会の中に実行委員会として位置づけて、全体で推進していくことになった。

町田市議会への請願運動

善意の保育ママさんによって始まった「病気明け保育」制度が、「病気明け保育実行委員会」として正式に発足したのは、次の父母会長になったお母さんが核になり、推進の原動力になったからである。中学校の先生だった彼女は、卒業生の母親たちに主旨を説明して協力を求め、保育ママを引き受けて欲しいと口説いたのである。子どもの担任だった先生に信頼を寄せていた母親たちは、「主婦の私たちがお役に立てるのだったら」と三人ほどが保育ママを申し出てくれたのである。

保育ママさんたちには、貴重な時間を保育に当ててもらうわけだから、実行委員会はそれなりの時間給を支払っていた。委員会の運営は毎月の会費のほか、賛助会費で運営されていたが、利用者は一回利用するたびに相当の負担を強いられていたと言ってもいい。しかし、専門職で働いている人たちはこの制度に助けられていた。

六年後の一九九〇（平成二）年のことだった。父母会、実行委員会が中心になり、町田市議会に請願をすることになった。当時の市の担当課や市議会の議員さんたちはこの請願について、何のことか理解できなかったのではないだろうか。子どもを生んで育てるのは親の役割であり、病気の時は母親が仕事を休んで面倒を見るのが当然だ、と考えていただろうし、議員の常識では考えられない「病気明け保育」の請願が出てくるなんて、違和感さえ感じたことだろう。

審議が開催される日は父母も職員も一緒になって、傍聴に出かけた。前の審議が延びたりすると、何時間も待った上に深夜になり、別の日に延期されたりもした。しかし、延期になった審議にまたもや三十人ほどが傍聴に詰めかけたので、市議会議員の方も驚かれたことだろう。一度は「継続審議」になったが、次の議会の時にちょうど国から病児保育推進をうたった「エンゼルプラン」が打ち出され、狛江市に「病児保育」が医院併設で誕生していたことが官報で出されており、父母がコピーして議員に配っていたことや、鶴川桔梗保育園からの傍聴数の多さのせいもあったのか、無事採択されたのである。やっともう一つの安心ができることになったのだが、父母会が運営するので、できるだけ支援していこうと思ったことだった。

第七章　保育が変わるとき

以前の「ツーツー、カーカー」保育は通用しない

どうしてみんな辞めるの！

創立からちょうど十年経った一九八三（昭和五八）年の三月、大変なことになった。保育者の半数が辞めることになってしまったのである。

新しくできる保育園の主任にと請われて、ある一人のベテランの保育者を出すことになった。すぐ移るのだったらよかったのだが、一年以上も先の話で、その間にどうしてそうなったのかわからないのだが、保育者同士の人間関係がきしみだしていた。ベテランの保育者についていくか、行かないかという話が水面下で進行していたのである。

毎年秋になると、全職員に「勤務継続報告」を提出してもらっているのだが、「一人が栄転、移動するだけ」と思っていた私は、「来年度以降、勤務継続をいたします」に七人、「本年度末で退職します」に六人という数字を見て、奈落の底に突き落されたようなショックを受けた。例年退職者はせいぜい一人、めったにないことだが多くて三人が限度で、それ以上ということはなかった。それなのに、何と退職者が六人！　その多さが信じられなかった。「ああ、何てことなの。どうしてこうなるの！」と、泣き叫びたかった。

私は今までみんなのことを「仲間」だと思っていた。一緒に保育づくりをしてきた「同志」だとも思って、信頼しきっていた。私の落ち込みは相当なものになり、眠れない夜が続いた。六人の中には、転出する職員について行きたいという保育者もいた。そこの園長先生だってどんなに迷惑だったたか。当時の私立保育園会長にも間に入ってもらって、主任になる職員と二人の保育者を採用してもらうということで、収拾していただいたのである。

加えて、特段の理由もないのに辞めたいという職員が一人いた。「どうして辞めるの、何故なの。ほかに就職するの？　そうじゃなかったら、理由を言ってほしい。私にいけないところがあったら言ってほしいの。だから辞めないでいてほしい」と懇願した。

父母会は、半数の職員が退職すると聞いて驚きはしたが、なぜ、どうしてと追及はしなかった。「いい先生が残っているじゃないですか。新しい体制に期待しています。気落ちしないで、みんなで頑張って下さい」と反対に励まされたのである。

しかし、秋以降の職員会議は今思い起こしても鳥肌が立つ。辞める職員たちが団結して、次年度以降の保育はもちろん、人事について質問する。次の年の保育、人事など、彼女たちにはもう関係ないはずなのに、職務分担表や園長、主任の役割表にクレームをつけるのである。地獄のようだった。

私は知らなかった。内実は職員が二派に分かれていたのである。園長の私にとっては針のむしろだった。そして年度末、残った職員たちは精一杯の思い、誠意を持って、転出する保育者を含め七人の送別会を行った。私は嫌な思いを払拭するような気持ちで、一人ひとりとの楽しかった日々を思い浮かべながら、七つの記念品の花瓶を買い求めた。

送別会はお互いの感慨、思い出など、いろんな思いが入り交じった、泣きじゃくりの送別会になった。残った者たちも複雑だった。長年の仲間との別れ、淋しさ、悔しさ、そしてこれからの不安。何とも言えない思いと同時に、長かった辛い半年間がようやく終わったのである。

私は自分に言い聞かせた。「さあ、第一巻の終了。これから新規巻き直しだぞ」と。くよくよとは、この日に決別した。

一からやり直し

新しく仲間入りした七人は、新卒者だけでなく経験者も男性も含まれていた。全員が希望に燃えて輝いていた。残った保育者たちは、自分たちも落胆したろうに、傷ついて落ち込んでいる園長を励まし、新しい仲間たちを喜んで迎えてくれたのだった。

新しい職員は、大勢の応募者の中から採用になったということもあり、いい表情で懸命に「ききょうの保育」に慣れようと頑張っていた。やる気がひしひしと伝わって、私たちの方が追い立てられているような感じだった。

新人ではあるけれど、すでに年長の保育者がある日、「ききょうの保育って何ですか」と聞いてきた。私は半分得意になって、「ききょうでは、職員会議が最高決議機関なので、職員会議録を読んでみて」と渡したのである。ところが数日して彼女は言った。「読んでみたけど、さっぱりわかりませんでした。会議はしているけれど、やりっぱなしですね」。

びっくりした。わからないとは。今までは職員集団は「ツー」といえば「カー」であった。行事についての会議で「こうしよう」と決め、終われば「子どもが生き生きしていたし、親も喜んでくれてよかった、よかった」でおしまい。次の年は、大きく内容を変えるわけでなく、去年とほぼ同じだったから、指摘や反省があっても総括をきちんとしたり、次期への申し送りをしたりなどは必要なかった。「ツー」といえば「カー」だったからだ。だから、第三者が読んでわかるように意識した、具体的な記録になっていなかった。

自分たちとしては会議をして、自分たちなりにまとめたり、書いたりしていたつもりだったが、他者には伝わらないものであり、書いたものが何一つ整理されておらず、結果的に何もまとめられていなかったのだということがわかった。よくも「読んでみて下さい」と言ったものだと、我ながら恥ずかしかった。私たちの保育がどんなものだったか、初めて気づかされたのである。

みんなで作ったおもちゃ収納庫

大幅に職員が入れ替わったことがきっかけになって、さまざまなことに取り組み始めた。最初は人間関係もぎこちなかったし、新しく主任保母を配置して園長との役割分担を明確にし、お互いにどう保育をしていくか模索していた時期だった。

その年の夏のこと、懸案であった園庭の玩具整理棚を作ることになった。今までにも問題になったことがあったが、意見が真っ二つに分かれていてできなかったのである。玩具が大型ワゴンに一緒くたに入れられているので、子どもは自分のほしい、例えば黄色のスコップが出てくるまで、ほかの玩具を放り出す。「バケツ、ジョウロ、型抜きなどを区分けして、一目瞭然にしたらどうか。物を大事にする心を育てるのは、日常の保育の中で収納をどうするか、用意しておくことじゃないか。できたら棚を作るなどして、子どもの目線で整理したらどうか」という意見。もう一方は、「たくさんの玩具の中から、目的の物が出て来たときのあの喜びに満ちた子どもの表情を知らないの。子どもを整理整頓され管理されたところで育てるのは反対。雑多だからこそ、大きな喜びがあるのよ」という意見。

しかし、新しい職員の一人が「どうして園庭玩具が一緒に入れてあるのですか。なぜ子どもが取り出しやすく整理していないのですか」と会議で質問したことがきっかけとなって、今度は全員が一致して、長年の懸案をどうにかしようということになったのである。

そこでなじみの木工製作所に、幅一八〇センチメートル、奥行き九〇センチメートルの整理棚（小屋）を作ってもらうとしたら、どれくらいの予算が必要か、はじき出してもらったところ、十五〜六万円するという。これは高い。保育予算では難しいということがわかった。そこで思い出したのが創立のころ、おむつ交換台が必要だったのだがいくら探してもいいものが見つからず、日曜大工が趣味だった職員のご主人に頼んで、私の設計で二台作ってもらったことがある。

そういうものは購入するか、外注するものだと長い間思っていた。保育者が自分たちで考え作るという認識はなかったし、作れるということも考えたことがなかったのである。ところがやる気満々の職員集団は、「自分たちで作れないかしら」ということになった。そこで手分けして、ある職員は家族や友人に建築関係者がいる、といって作り方を聞き出し、ある人は材木屋に相談して材料や値段を調べ、ついでに建材店で砂、コンクリートの量や配合割合を調べてきた。

どんなものを作ることにしたかというと、園庭に小屋をつくり、そこに棚をつけ、カップ、バケツ、ジョウロ、スコップ、型抜きをそれぞれのカゴに入れて、取り出しやすいように一目瞭然にしておく。片付けるときも子どもに見える。

手づくりの収納庫が後ろに見える

まるで仲間集めのように区分けして片付けが楽しい。子どもの目線に立ち、子どもの気持ちになって作る収納庫である。

多くの職員が辞めていき、まるで取り残されたようだった職員は、新しい仲間と一緒になって、子どもに対する思いを結集させた。それが玩具収納庫だったのである。

保育の見直しが始まる

それ以来、さまざまなことに取り組むことになった。保育をみんなで見直していこう、という勢いがあった。保育とは何か。子どもにとって私たち保育者は何をすべきか。あまりにわからないことが多過ぎて愕然としたのも事実である。十年一日の如く「今日の続きはまた明日」とばかり、のんびり同じ保育を繰り返してきたが、心機一転、保育を変革していく転換期に来ていると感じていた。

しかし、全員がそれを感じていたかとなると難しい問題だった。変革するには相当のエネルギーが必要である。それを推し進めていくためには、何より園長と主任が中心になって、問題意識を普遍化し、全体の問題として会議に提供して、一つひとつとことん話し合い整理していけるかどうかである。

今、自分たちの保育にとって身近な問題から、それを検討していこう、ただ、「これは大事なことだから」と、職員に問題意識がないことを無理に取り上げないようにした。新しい職員との人間関係づくりに必死な時期でもある。そういう意味で力を合わせて園庭の玩具収納庫を作ったことは、われわれは「保育づくりをし合う仲間」という認識を与えてくれたように思った。

その年の園内研修は、昭和五十年代半ばから取り組んでいる「和太鼓」と、「食事」を中心に展開された。そのほか、わが園の保育の特色である「異年齢保育」を伝えること、0歳児、一歳児のお部屋にある「柵」についても話し合っていった。

子どもの安全を守るためにという大義名分で設置されている柵は、考えてみると大人の都合が優先しているのではないか。柵がなければ保育できないのだろうか。動物のように飼育小屋に囲って保育していて、果たしていいのだろうか。何回も話し合いを重ね、私たちは柵を撤去することにし、さらに保育の工夫が始まったのだった。

「保育づくり」は自分が問われる

「どうして噛みつくの」

出直しを誓って一年が過ぎた。次の年の四月下旬に、一歳児クラスを担当した若手職員たちが「一歳児は噛みつきが多くて困っている。どうして噛むのか原因を探りたい。もしかしたら、私たちの保育に原因があるのではないでしょうか」と言ってきた。今までも噛む子はいた。あっという間に噛んでしまうので、保育者の悩みだった。噛まれた子の親は「ちゃんと子どもを見ていたんですか？」と連絡帳に書いてくるし、毎年一歳児クラスで問題になっていた。

「一歳児にも噛む子がいるので、共同で研究したい。夕方園を貸してくださいませんか」「できれば夏の研究集会に持っていき、レポートにまとめて発表できたらと思っている」と言うのである。「保育に問題があるのではないか」と、問題を自分たちの保育に返してとらえ直そうとしている姿勢に、新鮮な驚きを感じたのと同時に、どんな研究結果が出てくるのか強い関心を持ったものである。

「慣らし保育は誰のためにあるの」

一方、〇歳児の職員は「慣らし保育は誰のためにあるのですか」と聞いてきた。私は「今までおうちで生活していた赤ちゃんたちに、保育園の生活に慣れてもらうためよ。新しい生活や環境、園のデイリープログラム、見知らぬ私たち保育者に慣れてもらうためよ」と今まで当たり前としていたことを話した。すると「それでいいんでしょうか。ということは、赤ちゃんに努力をさせて、園に慣れろということですよね。一人ひとりを大事に受容するところから保育を始める、といっているのですから、私たちの方が子どもたちの生活やリズムを受けとめて、慣れていかなければならないのではないでしょうか」。

「赤ちゃんに私たちが慣れるってどういうこと?」と、聞いた私に「二週間分の生活記録を記入してもらって、入園のときに持って来てもらう。それを読み取る。園のデイリープログラムに慣らすのではなく、一人ひとりの子どもの生活パターンを把握し、受けとめて、園でそれを引き継いでいく。一人ひとりの生活リズムを受けとめることで、丁寧に子どもにかかわることができると思う」。

何という素晴らしい視点で職員たちが保育を考え出そうとしていることか。今まで園の生活に慣らすために「慣らし保育がある」と思っていた常識が大きく覆されて、私は彼女たちから教えられる思いだった。「園を使うのはもちろんOKですよ。やってごらんなさい」「どんなまとめになるか後で教えてね」と驚きながら答えたのだった。

「環境」の視点

「噛みつきについて保育を考える」と、「〇歳児のスタート」の二本のレポートは、一九八四(昭和五九)年の夏に行われた全国保育合同研究集会(合研)で発表した。

このレポートはいみじくも共通項を持っていた。それは「環境」という視点である。

当時はまだ「健康」「自然」「社会」「言語」「音楽リズム」「絵画製作」の六領域の時代だったので、保育現場で「環境」という視点はなかった。環境について保育者たちは「物的な環境」と「人的な環境」の二つに整理していた。「人的な環境」という言い方に少し違和感を感じたが、私たち保育者も子どもにとっては環境なのだという内容を見た時、そうだ、と思ったのだった。

彼女たちは保育する人、観察する人を決め、交替で観察していった。私たちは以前から「子どもたちが主人公の保育園」をうたいながら、実際は保育の中で「指示、命令、禁止、否定、強制」の言葉を乱発していたのを観察メモは多数記録していた。

例えば、十人の一歳児が保育者と一緒に遊んでいる場面で、ときには玩具の奪い合いが起こる。そして一瞬にして噛んで泣かせて奪ってしまうことがある。保育者はすぐ飛んで行き「どうしたの、何で噛むの、痛いじゃないの」と強く叱り、噛まれた子に「痛いねぇ、かわいそうに噛まれちゃったねぇ、ごめんね」と対応している。

観察記録をひもといてみると、原因は噛んだ子だけが悪いわけではない場合がある。その子の持っていたボールを、もう一人が取ってしまう。「いやだ、これぼくが使っていたの」とばかり取り返す。しかしその子は力づくで無理やり取ろうとするので、とっさに噛みついて抵抗したのである。

保育者は結果だけを見て、「噛む子は悪い子」にしてしまいがちである。噛んだ子にとっては、自分が持っていたボールなのに、噛まれた子が横取りしようとした。悪いのはあの子じゃないか。叱られた子どもは当然釈然としない。「ウワーン」と噛まれた子より、大声で泣いて悔しがることになる。

多くの子どもたちがどんな場面で噛むか、なぜ噛むのか、を具体的に観察してまとめたレポートは、今までにない画期的な提言をしていたのである。

実践の中身

○歳、一歳児クラスの保育をどうとらえ直したか。今まで良しとしていた保育を、「環境」に視点を当てて改めて見直してみると、驚くほどあれもこれもと課題がいくつも出てくるのだった。

たとえば、子どもにとって適切な玩具や、集団に見合う数とは何だろうか。数が足りないから奪い合い、けんかになる。

遊んだ後の片づけを叱咤激励して促している保育者は、子どもから見たらどんな存在なのだろう。ブロックをつなげて次へ発展させようとしているのに、「さあ、片づけの時間よ」とせっかくつくったロボットなり車なりを、その一言で中断させ、「こわして片づけなさい」と指示をしている。

では子どもが自分の目線で、自由に玩具を取り出し、遊ぶ環境にしていくには、どうしたらいいのだろう。遊んだ後、お片づけをどうしたら楽しいものにできるのだろうか。

また保育室の動線については意識して考えたこともなかったが、一つの部屋で子ども集団が生活し遊ぶとき、静的な遊びと動的な遊びをどう保障できるのか。「いただきます」「ごちそうさま」を当たり前のように一斉にさせていていいのか。

午前中から眠い子もいるのにお昼寝（午睡）の時間は決まっている。

それらを一つひとつたぐり寄せ、子どもに視点を置いて見直していくということは、とことん話し合いを積み重ねていくということである。

そのひとつの実践として、〇歳児の部屋はベッドをなくしてスペースを広くし、代わりにベッドコーナーを設置することにした。一つの保育室で、食、寝、遊をどう確保するかを見極めるために工夫したのである。大人同士の連携は白板にメモで伝えるようにし、子どもの頭上で大声で伝え合うことはやめることにした。子どもにとって快適な生活をどうつくるかという試行錯誤の実践をし始めたのである。

ベッドコーナーを設置して、食・寝・遊のスペースを確保

赤ちゃんの映画

もう一つ見直しを深めるきっかけになったものがある。

「『赤ちゃんの心を育てる』という保育学生向きの映画を作りたいので、撮影させてもらっていいでしょうか」と訪ねてきた方は、今までも教育映画を撮っていたという方で、ある人曰く「一部では著名な人」ということだった。物見高い私は面白そうと思い、「子どもたちがここにはたくさんいるのですよ。ただ特別なことはしていませんし、ごく普通の生活をしているので、それでよろしかったら、どうぞ」と簡単に承諾したのだった。

保育者の養成校の要望で作成することになったというその映画は、一九八四（昭和五九）年の七月に、一ヵ月かけて、毎日でなく断続的に撮影された。

「ヨーイ・スタート」と撮影するのかと想像していたが、監督兼撮影者の六十近い男性はまるで私が八ミリ映画を撮るのと同じ感じで、十六ミリのカメラを回していたので、職員はそのカメラを意識することなく、「今日は撮影に来ているんだ」と惑わされずに、いつものように仕事をすることができた。

撮影が終わり、編集の段階で初めて映像を見させてもらったが、子どもたちのしぐさが可愛いのと、表情豊かな日常がそのまんま映し出されていて、とてもうれしかった。

しかしこの映画は子どもを映しているのと同時に、実は保育が映し出されていたのである。担当していた職員たちは「自分たちはいい保育をしている」と思っていたが、映像は正直に、ラフで雑なところをそのまま映していたのである。

園全体で保育を変える

「環境」という視点を持ったことで、〇歳から就学前までの保育を見直すことになった。まず数年かけて、年間カリキュラムの検討に取り組んだ。

個性豊かな保育者集団は、課題意識を持って意欲的に立ち向かう元気印もいれば、「今まで問題がなかったのに、何で見直しをしなければならないの？　平穏無事に過ぎているのはいいことじゃない」という人もいた。

確かに、児童票（個人の経過記録）を書くのも大変なのに、会議のたびに「散歩」「食事」「着脱」「睡眠」「排泄」「言語」「造形」「音楽」「体育」「仕事」などなど、次から次へとまとめを書かされるし、しかも自分の保育観をえぐり出されるような会議になる傾向だったので、のんびりした人にとっては苛酷な課題が次々と押し寄せる。特に書くことが苦手な職員には気の重い職場になってしまったのではないだろうか。

保育観、子ども観は会議で改めて話し合ってみると、人それぞれであった。「鉄は熱い内に打つべし」という人は、「偏食のない子どもに育てるのは、保育者の役割である。それを実行するためには、保育者はその子のために信念を持って向かうべきだ」と言ってはばからない。一方で、「いや、それは強制である。食事は本来楽しくあるべきだ。嫌なものは無理して食べさせなくていいじゃないか」という意見の人もいる。

無意識に保育をしていると、時には「なぜ？」と問いつめられて腹を立てたり、涙ぐんだりすることもある。けれども、一つひとつ話し合って、みんなで積み上げていった。

保育現場の実践を全員で共有し、出版社から原稿依頼が来たり、いろいろな研究会から実践発表の依頼が来て取り組んでいるうちに、大きなチャンスが与えられた。一九八七（昭和六二年）年に、小学館の保育雑誌「幼児と保育」に一年間カリキュラムを連載することになったのである。保育者全員が関わっての作業は、一人ひとり力量の差はあったにしろ、みんなでもう一度保育を確認し合い、学ぶ機会にもなり、これが園の財産になっていったと思っている。

さらに一九九〇（平成二）年、自分たちの保育を集大成するような形で、『保育が変わるとき』（ひとなる書房刊）が出版されることになった。保育指針が今までの六領域から、「健康」「人間関係」「環境」「ことば」「表現」に改訂されたときだったので、この本は保育関係者に注目されたのである。

前向きで意欲的な職員たち、そして近くの保育短大の諏訪きぬ先生にたくさんのご指導を受けながらの数年があって、この一冊が完成したのだ。私自身はまだまだ力不足なのに身に余る思いがしたものである。そして当時の父母会が出版記念パーティーを開いてくれたことも忘れられない思い出である。

筆者らの保育の集大成
「保育が変わるとき」

第八章　保育園の危機

保育園がつぶれる？

敷地売却の噂

創立から二十年を経て、私たちの保育園は、地域の一員としてすっかり定着していた。団地の真ん中の赤い屋根。大きなけやきが園庭いっぱいに緑の枝を広げている保育園。毎年赤ちゃんたちが入園し、大きく育って地域の小学生になっていく。近隣の住民や商店街の人々の中には卒園生もいたので、行事など好意的に受けとめてくれる雰囲気があった。

園の特徴になってきた太鼓の活動は、「団地まつり」と連携し、地域の子どもたちのために太鼓指導を依頼されるようになって、そこから太鼓好きが生まれたりしていたし、イベントなどでも演奏を依頼されたりして、地域との協力や連携が良好な関係になっていた。

保育園と地域はこうして仲間同士のようになっていたが、ただ心配なことが一つあった。時々、園の周りをメジャーを持って測っている人がいる。「何しているのですか？」と声をかけると慌てて立ち去っていくのである。

保育園ができて六年後に増設運動が成功し、三歳未満児から就学前までの保育になったばかりの頃、法人の病院の幹部に「補助金で建てた保育園は何年やればいいのかねぇ」と言われたことがある。「どうしてですか？　やめたいのですか？」と、若かった私は相手がドキッとするような発言をしてしまったことを思い出した。

思えば、あの時からずっと私の心にはトゲが刺さったままだった。走り回って測っている人たちを見かけると、あの時の悪い予感が現実になろうとしていると感じた。地域でも噂されるようになり、病院が売却されるそうだ、とささやかれていた。

法人に出向いたときは顔見知りの部課長に、あるいは鶴川に幹部が見えられたときにも、「売却されるって本当ですか」と尋ねずにはいられなかった。すると誰もが異口同音に答えた。「保育園は問題がないのでやめません。そんな話は出ていないので安心していてください」。この言葉を聞いて私はすっかり信じ、胸を撫で下ろしていたのである。

保育園が危ない！

「病院は三月をもって廃止し、取り壊します。職員は全員退職していただきます」

病院長以下役職員と一緒に園長の私も呼ばれて、都内のホテルの日本料理店に出向いたのは、一九九〇（平成二）年十月二十二日のことだった。そこで法人のトップに、こう宣言されたのである。

そこに至るまでの経緯が縷々と説明された。

売却先は建設会社で、新しく病院とマンションを建設し経営することになっている。現在ある病院は三月で廃止と決定したという話であった。

病院関係者は全然発言しないで黙って聞いている。法人本部から出向している人が多いし、赤字続きで廃止はやむを得ないという雰囲気が以前からあった。話を聞きながら私は、保育園は順調だし運営は別だし、病院と保育園が一緒だという理解を、実は全く持っていなかったのである。

設置者である財団法人太田綜合病院は福島では有名な法人だったが、認可保育園であったため法人会計とは独立していた。園の運営は、法人の理事長から園長に代行するよう委任されていたのである。

「廃止します」と言われて、「やむを得ないと思います」「仕方がありません」と理解を示す人たちの中で、「保育園はどうなるのでしょうか」と聞いてみた。「えっ、保育園?!」と言って絶句した法人トップの表情がそこにあったのにびっくりした。病院と保育園は別ではなかったのだ。

私は勇気を奮って発言した。「保育園は簡単にやめられないのではないでしょうか。入園している子どもがいます。どうするのですか。預けて安心して働いている親がいます。その方たちに何と説明するのですか」「三月に建物を取り壊すとなると、子どもたちはどうなりますか」と。

法人トップは困った表情だった。「新しい病院とマンションのオーナーに頼んで何とかする」という意向を示されたが、私はさらに言わずにはいられなかった。

「現在保育園を経営できるのは、社会福祉法人ということになっていますが、その方たちは法人格はお持ちなのですか」「町田市当局に保育園を売るとか移管するということを、事前に相談されましたか」「認可保育園はこちらの都合で簡単にやめるわけにいかないのではないかと思います。今いる赤ちゃんたちが卒園するまでの六年間は、保育園は責任がありす」などなどである。

最後にトップからは、「保育園経営については継続したい。法人を信じてほしい。そしてこの件は役職員の胸だけに留めておき、法人が具体的にアクションを起こすまで箝口令を敷く。ほかの職員には絶対口外しないこと」と指示されたのである。

私は一人だけ、いっぱい意見を言ってしまったと反省した。でも言わなかったら後悔したに違いない。その一方で、「首を洗っておかなければ」と、帰りの電車の中で覚悟した。

「保育園がなくなるって本当ですか？」

当時は、バブルがはじけたばかりで、好景気・高金利の社会が急に崩れていったときだった。敷地売却は、難航しているようだった。ネックは保育園であると私も思った。法人の立場になってみればよくわかる。認可保育園であったばかりに簡単にやめられない。時間だけは容赦なく経過していき、土地の値段はどんどん下がっていく。

もともと保育園経営は、利益の出ない事業である。だから廃止したいのに自由にならない、全く厄介で困った存在なのである。

病院、保育園の土地売却が住民に発表されたのは、予定より大幅に遅れて、ホテルで廃止を告げられてから一年半後のことだった。「地域に医療機関が増加し、初期の目的は達成されたので退却することになった」と説明された。「売却先はスーパーだそうだ」などの噂が地域に飛び交っていた。心配した親から「保育園がなくなるって本当ですか？」と聞きに来るようになった。

団地自治会や地域住民は早速、「病院・保育園廃止反対」の請願署名に取り組み町田市議会に提出した。保育園の父母会は団地住民が多いので、自治会と綿密に連携しており、積極的に情報交換をしていた。

請願が審議されだしたとき、傍聴に行った自治会の人が、「この委員会は病院のことだけを審議するところで、保育園のことは全然話題にされていない。保育園の父母会は市長宛てに要望書を持参して陳情した方がいい」というアドバイスをしてくれたそうで、父母会は急遽、三者会議を立ち上げたのである。三者とは父母会、父母OB会、そして職員会である。園長の私はこの三者会議に距離を置いたが、居ても立ってもいられなかった。

親は保育園がなくなると働けないので困る。職員は職を失い生活できなくなる。保育園の廃止は、親にとっても職員にとっても「絶対反対」であった。

「評判が悪く定員割れしている」とか、「保育内容に問題がある」とか、「経営状態が悪い」わけではない。「ぜひ入園させたい」という待機者が何人もいると言われているのに、なぜ廃園しなければならないか。団地ができるときに公団から保育園用地を購入したのだったら、法人は責任を持って続けるべきだというのが、三者会議の言い分であった。

一九九二（平成四）年八月二十四日、三者会議は署名簿を付けて、「現在地にききょう（鶴川桔梗）保育園を存続させてください」という要望書を市長に提出することになった。参加したのは父母会とOB会、そして職員会の三十五人だった。私も目立たないところに同席した。市長は、みんなを見渡し「随分大勢で来ましたねぇ。どうしたのですか」と戸惑っていた。父母、OBたちは次々に発言した。「私の子どもはもう社会人です。創立のときに子どもを保育していただき、本当に助かりました。保育園が危ないと聞いて、居ても立ってもいられなくてやってきました。保育園を廃園にしないでください。お願いします」「子どもにとって何が大事か考え、働く親を支えている保育園です。働く親たちにとってなくてはならない保育園です。絶対残してください」など、訴える親たちに市長も驚かれた様子だった。

町田市長宛てに要望書を作成するとき、実は父母会長、OB会長が私のところにやってきて、署名捺印を依頼してきたのである。職員会では職員が代表になっていたが、園長の署名を希望していると私は悟った。このとき、「職員に署名捺印させることは、法人に対して挑戦状を叩きつけることになる。署名した職員が問題になるに違いない。ここは私が署名捺印するしかない」と決意したのであった。

私は「クビになって当然」と覚悟した。後日このことが知れて上司から電話がきた。「なぜ署名した！」。相当の叱責を受けたのは言うまでもない。私は今までの経緯と事情を説明した。「あそこに署名するのは父母会長、OB会長ときたら、次に求められるのは園長の署名じゃないですか。だから署名しました。覚悟の上のことです」。

しかし、待っていたが処分はされなかった。

要望書が「請願」扱いに

町田市長に面会しお願いしたあと、今度は地域選出議員の市議会議長に、要望書が効果的に扱われるようにと必死にお願いした。議長は目を通すと「この要望書は保育園が存続するかどうか、大変重要な内容を含んでいるので請願扱いにしましょう」と言ったのである。「ええっ、本当ですか」と一同驚き、感激した。

秋の市議会社会文教委員会で審議が開かれたとき、議員さんたちがかなり戸惑っていたのが印象に残っている。法人といえども実際は個人が経営しているようなものだった。公立保育園でもないのに、なんで市議会で審議するのか、理解できないという顔つきだった。しかし、傍聴に詰めかけた父母、OB、職員の数の多さも作用したのか、「継続審議」となったのだった。

その後、いくつかの動きがあった。一つは議員さんたちがどんな保育をしているのだろう、と視察に見えられたことだ。保育室や子どもの様子を見、保育のことや運営状況などについて私も質問された。保育園の沿革、今までの保育の経過、そして「園長としては今度のことをどう考えているのか」も聞かれた。私は、「働く人たちにとってどんな保育が必要かを考えて今まで保育づくりをしてきました。父母やOBの方たちをはじめ、地域の皆さんが存続してほしいと言ってくださり、こんなうれしいことはありません」「決定するのは法人で、園長としては地域のために存続を願っていますが、最終的には法人の決定に従いたい」と答えた。

もう一つ、忘れてならないのは、父母会長の力である。父母会の中には数は少ないが法人本部に乗り込んで、座り込みを辞さないという、過激な発言をする人がいないわけではなかったが、会長が保育園存続のために何が大事で、それをどう働きかけるか、客観的に交通整理をして進めていったことが大きい。会長がことあるごとに会報を出し、会合の様子、進捗状況、今後の方向など、みんなが共有し合えたので一つにまとまることができたのである。

それと同時に、横浜弁護士会の弁護士さんが力になってくれたことも大きかった。父母の一人が、学生時代の友人であるその方に協力を呼びかけてくれたのだ。さすが弁護士！ と感嘆するくらい、アドバイスは的を得ていて、どんなに支えられたか知れない。

一九九二（平成四）年十二月十一日の社会文教委員会では、委員の半数以上が「存続すべきだ」と挙手し、十二月十八日、町田市議会本会議において、採択されたのである。後日、送られてきた文書には「一　件名　鶴川桔梗保育園について　一　議決結果　採択　一　理由　陳情の趣旨に添うよう努力されたい」と書かれていた。みんなで感動を味わったあの日が今も脳裏に浮かぶ。

「保育園設置、絶対反対」

保育園の行方

町田市議会で「現在地に保育園を存続して下さい」という陳情が採択されことは、親や職員はもちろん、地域の人たちも喜んでくれた出来事だった。卒園生の父母、商店会の方たちに出会うと「よかったねぇ」と口々に言ってくれたし、法人の個人的に親しい友人、知人たちも、「保育園だけでも残れることになって、本当によかったねぇ。おめでとう」と言ってくれて、そのたびにうれしさを噛みしめていた。

病院は、入院病棟は閉鎖されたが、外来はその後も診療を続けていた。

「来年三月をもって閉鎖します」と突然言われてショックを受けてから二年ほどが経過していたが、保育園は請願が採択されたこともあって、安心して保育に専念することができた。

ずっとこの状態が永遠に続くとさえ思われた。

しかし、土地売却は難航しているようだった。それは認可保育園が存在していたからではないか。土地は欲しいが余計な事業が条件になっていたら、不動産業者が尻込みするのは当然だ。利益を得る目的で投資をするのであって、儲けに足を引っ張るような邪魔なものがくっついている。それが保育園だったのである。法人が苦労しているのは推察できたが、私たちには皆目情報がなく心配だった。

しばらくすると、巷ではまた噂が飛び交うようになってきた。「保育園はここにいられなくなって越すそうだ」とか、「移転する場所はあそこだ」「ここだ」と、まことしやかな話も届くようになった。

一体どうなっているのだろう。法人も市も現在地に残れると太鼓判だったのに、何か大きな変化が起きたらしいと感じた。我慢できなくて、市や法人に聞いても、どちらも確かなことは「知らぬ、存ぜぬ」で答えてくれない。私は園長なのに何も知らず、人に聞かれても答えられない。不安は募るばかりで、毎晩疲れて眠いのに、ドキドキして眠れず、不眠症になったりした。

心配した職員がたまりかねて、「園長、保育園はどうなっているんですか！」と迫られると、開き直るしかなかった。「あなたねぇ。物事を悪い方にばかり考えちゃ駄目よ。こんなドラマチックで変化に富んだ面白い体験のできる保育園なんて、そうざらにはないわよ。あなたの心配はよく分かります。でもねえ、私たちの法人は百年も歴史のある、いわば医療の老舗中の老舗のような立派な法人よ。決して悪いようにはしません。どうなるか楽しみに待ちましょう」と、明るく落ち込まず元気に職員を励まし、安心させるように振る舞った。実際は自分自身に言い聞かせ、自分を鼓舞し、奮い立たせるためでもあった。

保育園の移転が決定

「新しく移転改築する場所が決まった」という話を、町田市の部課長から正式に伝えられたのは一九九三（平成五）年九月だった。請願が採択されてから一年近くが経っていた。

法人からも連絡が来て、移転先のご近所にあいさつ回りをするのだという。「ああ、そうですか。ご苦労様です」と返事をしたら、「他人事じゃなく、今度は園長も一緒に行くのですよ」と言われたので、ちょっと戸惑った。今まで表立った行動をするということは禁止に等しかったので、事態が変わってきたのを感じさせられた。

十月十七日、法人の総務課長、市の担当課長、そして私の三人でご近所にあいさつに回ることになった。その前日に総務課長から「根回しをしておくように」とのことだったので、町内会長のところに伺い、保育園が移転してくることを話した。会長は「家の前にあるこの広い畑は、いずれ何かが建つと思っていたわ」といい、理解のある表情だった。私は安心して、「明日ご近所に伺いますが、会長さんには力になっていただきたい」とお願いをしておいたのだった。

そして翌日、保育園が隣接するご近所に、法人が用意した福島の手土産を持ってあいさつして回った。ご近所の方は誰も異論、反論はなく、中には「理事長さんのことをよく知っていますよ。同県人だし素晴らしい方で、尊敬しています」と、言ってくださる年配の方もいらっしゃって、うれしかった。町内会長さんは親切に、「近所でないけど、町内の有力者にもあいさつした方がいいわよ」とアドバイスをしてくださった。私たち三人は「みんないい人たちでよかったねぇ」と言い合い、一安心してあいさつ回りを終えたのだった。

青天の霹靂

「園長先生、電話が入っていますよ」と、受話器を取った私は唖然となった。茫然自失とはこのことか。突然雷にでも打たれたように立ち尽くし、頭が真っ白になってしまった。

電話の相手は会長さんだった。昨日の声とは全然違う。語気も荒い。「園長先生。近所の人たちが保育園が来るなんてとんでもないことだと、相当怒っていますよ。迷惑な話だと。誰がここに保育園をつくれと希望したか。事前に町内会に相談に来るべきなのに、突然主人が留守の家にあいさつに来るなんて、人を馬鹿にしているにもほどがある。全員が反対していますよ」と言うのである。

「信じられない」「何ということなの」。昨日は友好的な印象だったのに、別人のようだった。

まさに青天の霹靂というのはこういうことなのだろうか。

鶴川団地に保育園が設立されて二十数年、地域の方々の保育ニーズに応え、父母と一緒にみんなで保育内容を高め、安心して共働きができるよう職員とともに懸命にやってきた。産休明けからの乳児保育、障害児保育、延長保育、病気明け保育など、先駆的な保育にも取り組んで、それなりに評価されていると自負していたし、地域社会も理解していると信じていた。それなのに「迷惑施設！」。この言葉は衝撃だった。

「いい保育をしている」し、「自分たちの保育は利用者に喜ばれている」と思っていたが、それは利用している人たちだけの話で、関係のない一般の人々には、全然理解されていない上、「うるさい迷惑施設なんだ！」と言われ思わず涙が流れた。

「さよなら　愛する赤い屋根の保育園よ」

移転改築のあいさつに行ってから、何も進まず一年ほどが経っていた。揉めていたからである。その間、町田市と地域の反対運動の方々は、何回となく話し合いをしているようであったが、園長には全く知らされず、聞いても「あなたには関係ない」と言われていたので、蚊帳の外であった。

一九九四（平成六）年十月、やっとめどがついたようで、法人の説明によると、病院の解体工事は十二月から実施されるが、保育園は卒園式までは現在地で保育を継続する。三月下旬には一キロメートルほど離れた場所に仮園舎ができる。新園舎が完成して、新しい場所での保育が開始されるのは、一九九六（平成八）年春という、明るい希望に満ちた話だった。ところがである。暮れに急遽事態が急展開し、年が明けたらできるだけ早く仮園舎を作るので、一月中に移転してほしいと告げられたのである。何たることか。

卒園までは今のところで過ごせるという話だったので、二月には生活発表会の「おたのしみ会」を予定していた。それなのに、新年を迎えたばかりのある日、建築現場の責任者もやって来て「保育園を三分の一ほど取り壊したいんですよ」と言う。とんでもないことである。子どもが生活している場を一部とはいえ、ブルドーザーで壊すことになるなんて許せるはずがない。

しかし、相手のあることだから折り合いをつけなければならない。急遽、職員に事情を説明した。その結果「おたのしみ会」を繰り上げて実施するから、それまで待ってほしい。その行事だけは是非ともやらせてほしい、とお願いした。職員たちは行事が繰り上がったことによって、子どもたちに無理に教え込んだり、年長の子たちを追い込むようなことにならぬよう、相当の配慮をしながら、赤い屋根の保育園最後の「おたのしみ会」に取り組んだのだった。

そのときの園だよりで「おたのしみ会」について、次のように伝えている。

「二月四日（土）の『おたのしみ会』は、二十三年間保育を続けてきたこの地で行う最後の行事となります。ご存知のように仮園舎への移転の日程が予定よりはるかに早まってしまいましたので、子どもたちへの取り組みや準備が十分整わないところもありました。いつもでしたら事前に、十分遊びながら創り上げていくのですが、本音を言うともう少し時間が欲しかった。しかし、切り替えの早い私たちは日程が変更になるとわかったときから、即、取りかかりました。『おたのしみ会』は生活発表会と認識し、親御さんと共にお子さんの成長を喜び合う日と位置づけて、取り組んでいますが、今年もおたのしみに」。

それから八年近く経った時、改めて旧園舎最後の「おたのしみ会」のビデオを見てみたが、年齢にふさわしい素晴らしい内容に仕上がっていた。職員、子どもが一体となって、創り上げている。画面から親たちの笑い声、どよめき、喜びがひしひしと伝わってくる。特に、「太鼓よ響け」という民話劇に取り組んだ年長児の姿に、今更ながら感動してしまった。

旧園舎最後のおたのしみ会「太鼓よ響け」

仮園舎へ引っ越す

仮園舎建設も急ピッチで進められていた。「園だより」では仮園舎の進捗状況を次のように書いている。

「目下仮園舎はフローリングを張る作業、電気工事、壁の作業等々、目の色変えて取り組んでいます。引っ越しは『おたのしみ会』の終わった次の週の十一、十二日の連休に行います」。

おたのしみ会が終わると連日時間を忘れて、引っ越し準備を行った。旧園舎はしばらく建設会社の事務所にするということで、その中の一室は園の倉庫として使えることになっていたので、すぐ使用しない物は預かってもらい、当面必要な書類、保育関係用品、玩具類、鍋釜食器類を段ボールに詰め、生活に必要な家具、戸棚を先に運ぶことにした。通常の保育の傍ら、クラス別にガムテープで色分け、搬出の段取り、役割分担を五日間でやり遂げて、父母、OBの応援を受けてあたふたと引っ越し当日を迎えることになった。

仮園舎は多摩丘陵の面影が残っている森の中にあり、隣は白洲正子邸。クヌギやけやき、ナラ、ブナ、樫の大木が生い茂っており、鳥のさえずりが聞こえていた。窓から竹林が風にそよいでいるのが見え、何とも言えない風流な、今までの団地群に囲まれた生活環境とは大違いの豊かな自然に恵まれた場所に仮園舎は出来ていたのである。

第九章　本当に保育園はできるのか？

森の中の保育園

仮園舎の悲喜こもごも

普通、仮園舎に半年もいれば、新しい園舎が出来上がるものである。ところがなかなか着工の日がやってこない。

仮園舎に引っ越してきたのは真冬の二月だった。あれから半年が過ぎ夏になったが、予定された土地はそのままになっている。本当に園舎はできるのだろうか。不安が胸をよぎることもたびたびだった。

仮園舎はプレハブ造りで、小高い丘陵の上に建っていた。春など小鳥のさえずりの聞こえる自然豊かな森と、さやさやとさわやかな緑の竹林に囲まれ、南は空が大きく広く開けていたので、見晴らしがとても良かった。春は新緑と山桜の綺麗な多摩丘陵の風景も眺められて、仮園舎にはもったいないくらい、ぜいたくな場所だった。

仮園舎にて。緑に囲まれた園庭で水の神様に扮した筆者

大人から見たら「本園舎がここに建ってもよかったかもねぇ」と言い合うくらいである。園舎は逆コの字型に建てられており、その内側が園庭だったので、保育室も子どもたちの様子もとてもよく見えるのだった。

仮園舎といっても、法人は最低基準通りの平方メートル数を確保し、私たちの要求を受け入れて便利につくってくれたので、ありがたいと思った。

今までの環境と違って近くに川が流れ、鯉や鴨がいる。向かいに見える小高い森に神社があり、その周りは素晴らしい田畑の広がる里山だったので、散歩にはもってこいの自然の豊かな場所であった。「住めば都」という言葉が実感され、こんなにいい環境の中でこれからも保育ができたら、どんなにいいだろうと思ったものである。

ここで私たちは団地の中の赤い屋根の保育園と全く環境の違う仮園舎の保育実践を体験したのである。子どもにとっての園舎や環境はどうあるべきなのか、またとない貴重な経験をさせてもらったと思っている。

記録類を泣く泣く処分

仮園舎は保育室をつくるスペースしかなかったので、倉庫や書庫に当たるものはつくれない。旧園舎は、しばらくマンションの建設現場の事務所として使われるので、当面使用しない器材や保育用品書類などの園の財産を、もと「ゆり組」の部屋いっぱいに詰め込んで、新園舎が完成するまで預かってもらえることになってホッとした。お陰で旧園舎に大分残してくることができた。

しかし、引っ越してやっと仮園舎に慣れたころ、現場監督から「都から法人に保育園の建物を撤去し、更地にしたという証明を出せという指示が来た。というわけで大至急、旧園舎を取り壊すことになったから荷物を全部すぐ引き上げてくれ」と言ってきたのである。

さあ、大変なことになった。さあ、どうする？

みんなで頭を寄せて考え、すぐ行動に移した。保育は最少人数を確保して実施しながら、ほかの職員はそぼ降る小雪の舞う寒い中、トラックや自家用車やリヤカーを使って、狭い裏庭に角材や板切れ、古材などで手作りした棚に荷物を運び入れた。棚の屋根や壁、あるいは囲いは青いビニールシートやベニヤ板で覆い、日除け雨除けとした。必要なときにはすぐ取り出せるよう、出入口にも風雨が入りこまない工夫がされており、それは一見稚拙に見えて、合理的で見事な出来映えであった。

主任をはじめ、ベテラン保育者の行動力に、そしてその結集力には感嘆した。そのとき私は思った。保育園に自分たちが雇われ、仕事をさせられている、と考える人は一人もいないのではないかと。そう思えるほど、自分たちの問題として主体的に考え行動したのだ。ありがたく感動した。

法人の関係者も、ききょう保育園のアイデア、結集力、そして行動力に舌を巻いた。女性の多い職場なのに男顔負けの構造物を作ってしまうのだから。

しかし残念だったのは、それまでに残していた創立当初からの「園だより」「クラスだより」「児童票」「父母会関係の通信」などを処分してしまったことである。どうしても残しておきたかったものもある。しかし、収納場所がない。何年も経っているからと、設立当初の古い児童票から処分し、それでも納まらず捨てざるを得なかったが、今になってみると、せめて「園だより」「父母会だより」は残しておきたかった。返す返すも残念なことをしたと、今でも臍を噛む思いである。

見え過ぎる保育

仮園舎では、園児の様子がよく見えるというので、送り迎えに来る父母にも好評だった。保育園の子どもたちが生活し遊んでいる姿が、今までになくよく見える。大人同士は子どもたちを知るいい機会になり、お互いに育ちを共有してあって、共育ての関係が深まっていく、と考えていた。

微笑ましい場面や遊んでいる子どもの姿に触れる機会が増加したので、成長の姿に感動する場面もたくさんあった。幼児クラスの親たちが赤ちゃんクラスの子に「みえちゃん、歩けるようになったのねぇ」「二歳のりっちゃんは、お姉ちゃんたちとよくままごとしてうれしそうね」などと話す姿がよく見かけられた。

ところが、子どもたちの中には、落ち着きがなくなったり、荒れたりする子が続出した。それまでそんなことはなかったのに、四歳の男の子がおもちゃのブロックを投げ、それがほかの子に当たって泣かせてしまったり、ちょっとのことで「なんだよ」と蹴ったり、叩いたりのけんかになる。元気いっぱいだけど落ち着きがない、でも正義感の強いてっちゃんは、家来のようにくっついて遊んでいる連くんと高い塀を簡単によじ登って、園外に逃げだすことが度重なった。最初はなぜなのか分からなかった。どうしてこんないい環境で、みんなに見守られてるのに、不安定になってしまうのだろう。

声に出せない子どもの叫び

大人の側から環境を見ていた私は、発想を変えて子どもの方から見たら一体どうなんだろう、とふと思った。発想を転換した途端、私は、はた！　と膝を叩いたのである。

子どもたちは保育者にも親にも全部見られている、と。

赤ちゃんの部屋から、幼児の子どもたちの様子が丸見えである。送り迎えの親たちは常に子どもを観察している。「ゆうきくんのこと大好き。結婚しようね」と抱き合っている四歳児を見てびっくりして大騒ぎする親。「もぐりこみコーナーで、ぼーっとしているたえちゃんを、放っておいていいんですか」と意見する赤ちゃんクラスの職員。

大人が自然に恵まれたいい環境だと思っている仮園舎は、子どもにとってはやることなすこと大人に見られ、大人たちはそういうつもりは全然ないのに、結果的に管理している状況になっていて、子どもたちは息苦しくなっていたのではないか。

新園舎について父母や職員にアンケートをとると、「仮園舎のように全体が見える園舎をつくってください」という回答が多かったが、私は子どもたちの生活を大人から、全部は見えないようにしようと思ったのである。

地元からの激しい反対

地元との話し合いに参加

移転先の町内会に「鶴川桔梗保育園移転問題特別検討委員会」が設立されて活動が開始したのは、町田市の担当課長と法人の課長、そして私の三人であいさつ回りをした直後である。何回となく会合が持たれたのだが、園長は責任の取れない「雇われ」であり、相手にされなかった。

保育園用地は市が無償貸与することになっていたので、運動の矛先は市に向けられていた。担当部課長はもちろん、助役まで対応に苦労しておられると漏れ聞いて、心を痛めたものだ。担当課長が朝早くから、ある時は夕方に送り迎えの駐車台数を調査していたり、あるときは新園舎が設置される道路の通行量をチェックしていたりする姿を見て、申し訳ないなという気持ちだった。

でも私にできることは、市から「車で送迎する親たちの利用ルート調査」の依頼が来れば調べて回答する、長年取り組んでいる和太鼓の練習回数やその内容について問い合わせがあれば資料を作成して回答するくらいだった。

仮園舎に引っ越して八ヵ月後の一九九五（平成七）年九月十七日に、初めて園長にも検討委員会に出席を求められ、私は私の一存で主任保母を同道して出席した。どうして園長が呼ばれたかというと、保育園に関する事柄が問題に上がってきたからである、という説明であった。

初めて参加してみたら担当部長、課長のほか、地元選出の市議会議員二名、町内会長、検討委員会関係者五名、そして私たち二名の十二名だった。委員長さんのあいさつでは、お互い腹蔵なく語り合って、解決のめどを立てていきたいという趣旨のことを述べられた。

問題点は何か

出席してみてすぐ分かったのは、市と地元との関係は相当険悪なんだなということだった。両者の態度と言葉遣いの落差で、それを感じたのだった。

町田市の部長、課長の非常に配慮した丁寧な話し方に対して、地元の方々は全く違っていたからである。私は今までこのような会合に遭遇したことがなかったので、かなりの驚きであった。今までに何十回となく会合を重ねてこられた両者の思いは、平行線ですれ違ってばかりいるようだった。

園長に「出て来い」と言う理由は、保育園が何を考え、どんな保育をしていこうとしているのかを知りたいということではなく、「私たちの要求を知ってほしいのよ。どんなに迷惑を被ることになるか聞いてほしいの。できたらね、保育園を建てるのはやめてほしいのよ」ということだった。自分たちの閑静な住宅街に、不必要な保育園が移転してくることで、静かな生活環境が破壊される。車の送迎によって排気ガス、騒音、交通事故が生じる危険性が予測される。子どもたちの声はうるさい。園の和太鼓は禁止、もしくは建物に完全防音工事をして、窓は防音サッシ、ペアガラスを使用のこと。保育活動で使用するスピーカーなどの禁止……。

建物をどう造るかにも関心が寄せられていた。

隣接するのは六メートルの道路で、園舎は角地なのたが、日照権の関係で、建物のグランドレベル（敷地地盤面の平均の高さ）をできるだけ下げる・下げられないという問題になっていて、何も知らない私は驚くばかりだった。迷惑な園舎は見たくない、子どもの声を聞きたくない、周りは高い塀で取り囲んでほしいなどなど、そのときに出される要求にどう応えるかというかの段階に来ていたのである。

また、働く母親に対して、「生んで育てるのは母親の役割なのに、子どもを他人に預けて働くなんて」と、激しい批判があった。親の労働支援や子育て支援の時代であること、園が懸命に取り組んできていることを説明すると、「保育園は率先して、子捨てや育児放棄に手を貸している。だから必要性はない」などと言い返された。

今までの人生で初めてのことだった。全く違う考えの人たちが声を荒げて叫んでいる。立場が違うと、物の見方考え方が全く違うのだ、ということを知る、貴重な機会になったのであった。

具体的で緻密な要求

保育園の移転改築に対して、何回も町内会の保育問題特別検討委員会から問題提起がされ、そのたびに会合が召集され出席した。町田市の担当者、園長の私、そして、そのたびに福島県の郡山から法人の役職者も大急ぎでやって来た。

難しい問題が一つひとつ話し合われた。後半になると建築物に対する具体的な疑問や要求が出てきたので、建築業者も同席することになったが、意見がすんなり一致することはなかった。業者の言葉に委員の一人が席を蹴って立って出ていこうとして、険悪な状況になったり、「まあ、まあ」と取りなす人がいたりした。思いがけない質問が飛び出すと、業者の方が慌てたりしながら、それでも一生懸命回答に努めていったので、少しずつ方向が見え始めてきた。会合は夜に行われ、時には深夜になることもたびたびだった。

園舎建築に対する要望、意見はたくさんあったが、三つに絞られていた。「交通問題」「騒音問題」「保育園施設が具備すべき条件」である。

具体的な内容としては次のようになる。

車での送迎の場合は路上駐車は禁止する。駐車場を設置すること。地元住民、通学路の安全の確保のためである。そして送迎の父母には、車道を一方通行にするルールを徹底させる。

騒音問題については車のスピード、排気ガス問題。空ぶかし禁止と停車中のエンジン停止を義務とする。そのほかの騒音については、親子による会話など、声による騒音に注意。集団における子どもの声は何ホーンか。和太鼓を叩く音はどの程度の騒音になるのか。防音サッシ、ペアガラスでそれはどの程度効果を上げることができるのか。近隣のお宅に音が届く時、どの程度まで下がっているか、具体的に説明してほしい。何なら風洞実験をしてほしい。

これに対し、設計者はそれぞれの音源に対して、「各保育室から音源透過損失、距離減衰算定」を作成し説明した。

園舎の建て方についてどうするか。L字型か、コの字型のどちらにするか。どこにグランドレベルを置くか。

このように要求は専門的で具体的であり、私は「へーえ」と感心させられていた。地元の方は専門的なことまでよくご存じで、法律についても専門家のようで、市や建築の専門家を右往左往させている。感情的になるだけでなく理路整然と、具体的に何のために、何をどうすべきか、いきなり聞いてくる。答えにまごついたり、もし間違うと大変なことになるから、答える側は丁寧になり、時には答えを先送りしなければならない。喧嘩腰になったらおしまいである。

検討委員会のメンバーは決して若い人はいなかったが、びっくりするほどみんな元気いっぱいで、会合が楽しそうに見えた。

検討委員会は「園長先生、あなたが憎くて言っているのではないのですよ。老人福祉の施設ならいざ知らず、必要もない保育園がやってくることが問題なんだ。できるとなったら立派な施設を造るためにとことん要求する」と言い、「保育内容まで口を挟むつもりはありませんよ」と明言していた。

話し合っているときは、「心外だ」と思うこともたびたびあったが、大した問題でなければ黙っていることにしていた。しかしあるとき、「どうして太鼓をやり続けるの。そんなのやめちゃいなさいよ。何で保育園で太鼓なんかやるのよ。預かっていればいいんでしょう、保育に必要ないじゃないの」と言われると黙っていられず、「太鼓は保育活動の柱の一つです。二十年ほど前から保育の一環として、職員も子どもたちも取り組み、卒園生の太鼓教室が発展して、地域に太鼓集団が育つくらいになっています。長年大事にしてきた『ききょうの保育の柱』なのです。やめるつもりはありません。それをやめたら、私は今までの保育を自分で否定することになります。私は生きていけません」。委員長はそれに対してそれきり口を出さなかった。

こうして重ねた保育園の建設に関する話し合いは「鶴川桔梗保育園移転計画に関する協定書」として作成され、やっとめどが立ち、町内会長と市長が署名捺印して成立したのだった。一九九五（平成七）年十月のことだった。

第十章　問題を乗り越えて保育園づくり

やっと工事にこぎつける

「移転改築工事に関する協定書」の出現

さあ、これですんなり工事が始まると思っていたら、そうはいかなかった。今度は先の「移転改築計画に関する協定書」より条文の多い、「移転改築工事に関する協定書」を検討することになったのである。一九九五（平成七）年度の予算を使い、工事を施工しなければならないのに、もうじき十二月だというのに見通しが立たず、工事開始は先延ばし状態であった。

この内容を目にしたときは「すごい！」と思った。綿密過ぎるほどの地元との取り決めごとが書いてある。建設業者は大変だなあ、と思った。日曜・祭日は工事は休むこと。工事の時間は朝八時半から六時までとする。夜間は行えない。

工事責任者は困った表情であった。工期が極端に短いうえに、準備や片付け時間に各三〇分以上かかるので、実際に工事ができる一日の時間が少なくて泣きたいくらいだ、と。

この工事に関する協定書には、工程表、工事計画を示し変更する場合は事前に協議をするという条項もあったので、何回会合したかわからないくらいである。

年度末が終わる四月まで三ヵ月しかない。できるのだろうか。素人の私は首をひねるばかりだった。この協定書は一九九五年の十二月二十七日付けで、町田市長、町内会長、法人理事長、建設業者の四者が署名捺印し交換した。

一九九六（平成八）年一月六日、それこそ新年早々に、移転先の町内会に向けて説明会が行われたが、やっと起工式を執り行ったのは一月二十五日であった。今年度中に新園舎は完成しないのは明らかだ。しかも、実際に本格的に工事が開始したのは三月に入ってからであった。

工事中も何回か緊急会合が召集された。「協定で決めたことを業者が約束を破っているから」という理由が多かった。「日曜日に作業員が来ていた」とか、「業者がついでがあったからと資財を搬入してきた」など。

とにかく完成予定の七月まで半年もない状況であったから、おしまいの方では内装工事など期間に間に合わせるため、約束破りで夜間にもやる羽目になってしまったのである。

私たちが希望する園づくり

保育園の移転改築が確実になった時、法人が設計者を紹介してくれた。四十過ぎの真面目そうな方であった。その方はマンションや個人住宅を中心に設計していたということだったが、理事長は新しく保育園を建てるのだから、長年の「ききょうの保育実践」を認め、「園長の思い、考え方を設計の中に取り入れて、設計図を描き上げるように」と指示してくださったのである。その言葉を聞いて、感激し感謝の気持ちでいっぱいになった。

「赤い屋根の保育園」時代には、各年齢の子どもは一つの部屋で遊び、食べ、寝るという生活だった。そうした条件の中で、私たちは工夫に工夫を重ね、みんなで何度も検討し、実践してはまた検討して、その重要性を保育の中に位置づけ、取り組んできた育ちと環境の実績を、新しい受け皿にも生かせないかと念願した。その実績とは、

●「物的環境、人的環境」や「食・遊・寝」をどう保障した生活づくりができるか
●保育者と子どもの生活動線をどう整理して、少しでも快適に生活できるようにしていくか

などである。

それならば、新しい園舎に何をどのように配置していくか、職員はどんな保育を望み考えているのか、そしてわが子のため園のため、頑張って存続運動をしてきた保護者はどんな保育園を望んでいるのかについても、聞いたり相談したりした。私自身が実践から学んできた保育者なのだが、その実績を全く違う新しい建物にどう具現するか、暗中模索していた。

そんな思いを持って設計者の彼と一緒に、特色のある個性的な保育園や、新しい考え方でできたという評判の保育園を見学に出かけていった。道中、私は創立のときから「ききょうの保育づくり」に関わってきた歴史、積み重ねてきた保育の中身、工夫した環境や保育を精力的に伝えていった。

保育園は子どもたちにとって生活の場であるが、そこで働く職員にとっても、働きやすいというだけでなく、自分の個性や能力が発揮できるようにしたい。子どもたちだって保育者

が生き生きしていたら楽しいに決まっている。

私は昔、子どもを預ける母親の一人だったが、当時を思い出してみると、保育園に望むのはまず、「労働時間と通勤時間」を保育時間として保障してほしいということだった（これはわが園ではとうに実現している）。そして「安心感」である。ぐずでのろまで、手のかかるわが子の個性をやさしく見守ってほしい、そう念願していた。

そして地域と保育園との関わりについても、長い間気にかかっていた。今まで保育園は保育園を利用する人たちだけのものになっており、一般の人は我関せずの施設だった。ほとんどの人は保育園と幼稚園の違いを知らないか、保育園は未だに貧乏な家庭が対象だと思っている人も多かった。乳児保育に対しても、「必要悪」という考え方は根底から払拭されていない。だから「保育園は開かれているのよ」と言っても、地域の人々との意識がかけ離れていて、ちっとも開かれていないのが実情だった。

保育園のあり方についても疑問だった。今まではどこの保育園も羊羹を切ったように保育室が並び、赤ちゃんから年長児まで同年齢ごとに保育することがほとんどで、「先生」と呼ばれる保育者が保育を主導していた。自分たちの保育計画、伝承されてきた定期的な行事計画、一斉指導に声を枯らして、叱咤激励して従わせるのが「保育」だった。しかし、それでいいのだろうか。

保育所の建築にしても、最低基準が最高基準になっている場合が多かった。児童福祉法が成立した時代から何十年も経って、日本人の生活は飛躍的に豊かになり、2LDKや3LDKの冷暖房完備の生活がごく普通になっているのに、保育所の設置基準は従前のままで、今の時代にはそぐわなくなっている。

こうした思い、現状や課題を、新しい園舎づくりに生かしたいと思っていた。

理想の保育園に向けて……コンセプトは「昼間の大きなお家」

私たちは入園してくる親子を通して、今の時代を肌で実感し、目の前の子どもや親、家庭、職場の状況に視点を置き、「何をしなければならないか」をいつも問い続けてきた。

そして新園舎を建築しようとしたとき、当時私は「雇われ園長」に過ぎなかったけれど、今まで感じてきた保育の現状や課題に対して回答を出すためにも、命を張って本腰を入れて取り組まなければならないことを痛感した。新しい保育園を建てる機会に恵まれた今こそ、保育実践という体験を、自分たちの財産を、生かした環境づくりをするチャンスなんだ。

その結果、最終的に導き出したのは「昼間の大きなお家」という考え方であった。

地域のお母さんを支える拠点となる部屋を設け、長い間継続してきた病気明け保育を「園内方式」にする。そしてもう一つ私の考えとして、「ランチルームのある5LDKの家」の設計図を描いてほしい、と設計者にお願いしたのである。

1996(平成8)年にオープンした

新しいききょう保育園の園づくり

新園舎の前で

ランチルーム

幼児クラスが一堂に会して
食事をするコーナー

0歳児のお部屋

好きなおもちゃを選んで
遊べるコーナー

1歳児のお部屋

牛乳パック製の積み木で仕切られたコーナー

2歳児のお部屋

手づくりの絵本コーナー

幼児のお部屋

奥には人形の並んだままごと
コーナーがあります

片づけまでが遊び。白い箱は、手づくりの冷蔵庫

２階への階段の壁には、手づくりのクラスだより入れ

お庭の三角ログハウスでは、1 歳ごろから
屋根のぼりに挑戦

お庭には3階建ての基地。年齢に応じて、
自分の知恵と体力で登って遊べます

2012年にオープンした東北沢ききょう保育園

2012年4月、姉妹園・
東北沢ききょう保育園が開園。
新しい園づくりが始まりました。

第十一章　新園舎での新たなスタート

仮園舎への引っ越しエピソード

引っ越し大作戦

園舎を建て替えるという経験は、多くの保育園で体験されていることであるから、ことさら珍しいことではないのだが、私たちの新園舎は出来上がるのに時間がかかり過ぎた。

鶴川団地中央の「赤い屋根の保育園」から約一キロメートルほど離れた森の中の仮園舎では、一年半暮らした。移転先との話し合いに時間を要したので、途中で「ほんとにできるの？」「もしかしたら、談判決裂かなぁ」と心配する人もいたくらいである。

でも一歩また一歩と、着実な話し合いの努力の甲斐があって、夢にまで見た新園舎がとうとう姿を現したのである。一九九六（平成八）年の七月下旬に、ようやく完成したのだ。

私たちはこの数年、さまざまな事柄に直面し、そのたびに驚き、嘆き、不安と心配にさらされてきた。しかし、悪いことばかりが続いたわけではない。私たちを支えてくれた強力な助っ人たちがいた。それは父母会であった。そして元父母たちまで「ＯＢ会」を結成して、物心両面で支援してくれたのである。

卒園生たちは「小学生太鼓教室」を実施していたので、卒園後もつながりがあった。親子で長年、「ききょう」に関わってくださった方も多かったので、頼もしい大応援団が組織されていたのである。私たちは大所帯の引っ越しを二回行ったわけだが、それは感動的なものであった。

外注のお弁当に子どもたちの不満が吹き出す

仮園舎への引っ越しの時の思い出といえば忘れられないことがある。

「赤い屋根の保育園」から、調理室のシンク、レンジ、消毒保管庫などの器具を取り外し、仮園舎に設置することになり、十日ほどは園で食事が作れないことになった。移転したらすぐ食事が作れるようにしておかなければならないからである。その間どうするか。職員会議で検討した結果、近所のスーパーマーケットの惣菜部にお願いすることにした。

初めて外注のお弁当が来た日、子どもたちは大喜びだった。茶色の四角のお弁当箱に彩り良く、ご飯、煮物、肉団子が並んで、いかにもおいしそうに見えたのである。普段は白い陶器に盛られた食事だったが、それに比べると、ちょっと「よそゆき」な感じで珍らしく新鮮に見えたようだった。

しかし、二日が限度だった。肉団子やハンバーグ、鶏の唐揚げなどの変化のない同じようなメニュー、つけ合わせの煮物は濃い味付けで、三日目には子どもたちは「保育園のご飯が食べたい」と口々に言い出した。「ちょっと我慢してね。来週引っ越しをしたらすぐ保育園のご飯を作れるからね」となだめながら、やっぱり「お家（保育園）のご飯」が一番なんだなあと思ったものだった。

仮園舎への引っ越しの準備

団地中央の「赤い屋根の保育園」から仮園舎への引っ越しは、一九九五（平成七）年二月十一日、十二日（建国記念日と日曜日）の連休を利用して実施した。職員は何日も前から通常の保育をしながら、荷物をクラスごとに段ボールにパッキングする作業を懸命に行っていた。荷物は相当たくさんあり、「いるもの」「いらない、捨てるもの」「これは残す」「保育に欠かせないものだから持っていく」と、整理・分類しながらの作業だった。毎日の保育をこなしながらの引っ越し準備は相当にハードだったので、きっと職員は帰宅すると、へとへとになっていたに違いない。私も寒い時期だったことや心身の疲労からか、膝関節が痛みだして辛かったが、連日足を引きずりながら、パッキングをしたのを思い出す。

園からの「園だより」「クラス通信」などを通じて、父母にはお願いや取り組みの段取りを伝えた。

1. 園に置いてあるお子さんの持ち物を持ち帰ってもらうこと。
2. そして持ち帰ったものを「引っ越しの行われる十二日の午後二時半から三時半の間に持ってきてもらうこと。

「十三日からお子さんが生活できるよう、大人同士で整えておきたいと考えています」とも伝えたのだった。

父母、OBなど百人が手伝いに

ききょうの父母会とOB会とは、昔から一体となって運動を展開してきたこともあって、引っ越しはそれぞれの会から大勢の加勢を得て行うことができた。引っ越し業者は法人が手配してくれて、ありがたかった。

在園児の父母は小さな子どもがいるので、全員が手伝いに来たわけではなかったが、半数くらいの父母が短時間、あるいは一日手伝いに来てくれた。うれしかったのは卒園生のお父さん、そして大きく成長した中・高・大学生の卒園生が来てくれたこと。パワフルな男手は、どんなに助かったか知れない。

さらに特筆すべきはOBの母親たちである。百人近い手伝いの人たちのために、「私たちは昼ご飯を全員分用意したい」と言ってきてくれたのだ。「とんでもない。大変なことですよ。そんなことしてもらうわけにはいきません。こちらでお店に頼むことにしています」とお断りしたが、教師職も多い彼女たち曰く、「私たちねぇ、生徒を連れてキャンプに行ったり、林間学校に行ったり、たくさんの食事作りは慣れているのよ。力仕事は苦手だけど、ききょうの引っ越しの昼食なんか、お茶の子サイサイよ。任しといて」とニコニコして言うのである。

彼女たちは数年前、父母会長をしたり、「病気明け保育実行委員会」の役員を引き受けたりした人たちである。子どもが卒園して何年も経っているのに、未だに実家のように心を寄せてくれている。そして「『ききょう』があったから私たち安心して働けたの。感謝しているのよ。それをこういう形でご恩返しできるんだったら、喜んでやらせてもらうわ」。その言葉に感激した私は「それではよろしくお願いいたします」と頭を下げたのである。

卒園生とは合宿なども行っている。家族も一緒に参加する合宿は大にぎわい

彼女たちが作ってくれた昼食はおにぎり、寸胴鍋に具たっぷりの豚汁など。あたたかい手作りの昼食は、寒い中で引っ越し作業にいそしむみんなにとって、たまらなく美味しかったことは言うまでもない。

引っ越し二日目は、明日からの保育に備えて、室内の環境整理を行った。プレハブなのによくできた保育室だったので、その日の午後、約束通り子どもの持ち物を持参して来た親子は、教えられて決められた場所に収納し、「きれいなお部屋ねぇ」と喜んでいた。担当の保育者からこれからの生活の仕方も説明され、「わかりました」と嬉々として、明日からの新しい生活に期待を寄せているのが印象的だった。

夕方、まだ明るいうちに作業終了。まるで自分の新居に引っ越した気分でうれしかった。卒園生の親が、美味しい手打ちそばの店を経営しており、お願いして打ってもらい、ひなぎく（〇歳）組の部屋で、父母会、ＯＢ会と卒園生、職員みんなで食べたのも忘れられない。これは理事長の計らいで、みんなに振る舞われたのであった。

今度は新園舎への引っ越し

もうじき移転・大忙し

新園舎が出来上がり、一九九六（平成八）年七月末の土日に再び引っ越すことになった。またもや職員全員が通常保育の合間にパッキング作業を行い、連日三十三度、三十四度もの暑さと、多忙な毎日との戦いだったが、みんな文句や愚痴ひとつ言わず、黙々と働いた。

毎日のように関係業者もやって来た。私は新園舎にふさわしい家具の購入やその設置場所など、細かいところでの打ち合せ、時には調整したり、手配をし直したり、また園庭の構築物や遊具をどこにどう設置するか、そしてその作業の日程の決定などなどに忙殺された。

一方、新園舎の生活の仕方について、職員と打ち合せ、方針が決まればそれを「通信」で父母へ伝えていった。特に保育園設置に反対されていた地域に行くのだから、今までの経緯からして、園の関係者は十分に注意、留意して当たり前の気持ちを持っていなければならない。地域の方には腰を低くしてあいさつする。特に駐車場への交通ルールについてはうるさいくらい徹底していきたい。一人でもルール破りをすれば「それ見たことか。やっぱりとんでもない馬鹿どもがやってきたじゃないか」と言われるのが落ちだ。私たちは地域との約束を守ることに心血を注いだ。父母会も同じように周知徹底を図り、新生活を順調に開始させるために必死だった。

町内会長さんはじめ、ご近所へのあいさつ回りには丁寧に頭を下げ、「これからご迷惑をかけます。至らぬことがたくさんあると思いますが、何かありましたらご指摘ください。どうぞよろしくお願い致します」と、一軒一軒、心配りをしながら回ったのだった。最初が肝心、抜かりはないか、と自問し、子どものようにちゃんとやれたかどうか反芻しながらだった。とにかく、引っ越し前後のこの一ヵ月近くは、一寸の時間もないくらいに多忙であった。

新園舎への引っ越し大作戦

法人は、保育園には手も金もかかり過ぎたので、今回は法人は関わらない、引っ越し業者は、そちらで探して交渉し、見積もりを取るよう言われていた。できるだけ安いところに依頼するように、とのことだったので、一番安い見積もりの運送店に依頼した。ところが約束は見事に破られた。値段が安かったからか、四トントラック三台のはずが一台しか来なくて、作業員も二人しか来ない。「どうしてですか」と問うと、「後から来ます」と言うばかり。結局その二人の大男がすごい力持ちぶりを発揮して、滝のように汗を流して働いてくれたが、結局ほかの作業員は来なかったのである。

しかし父母会、ＯＢ会のお父さん、青年になっている卒園生がまた大勢来てくれて、人海戦術の如く絵本や紙芝居、書類の入った重い段ボールを運んでくれたので、本当に助かった。トラックが来ると、みんなが一列に並び、バケツリレーのように、「お隣へ、はい、お隣へ」と受け渡し、色別に決められた保育室にベルトコンベヤーみたいに荷物を運んでいく。大汗かきかき、それでも卒園生はじめみんな楽しそうだった。

この暑い暑い真夏の引っ越しに、またもやお母さんたちが炊き出しを申し出てくれた。「自分たちにできるお手伝いは、これしかないのよ。やらせて」と、今度は炊きこみご飯のお弁当、そうめんのすまし汁、鶏の唐揚げなどなどを作ってくれた。

ご近所さんの見学ラッシュ

新しい園舎で保育生活が始まった。今まで静かだった住宅街がにぎやかになる。町田市内の保育園で駐車場付きの園舎ができたのは初めてで、これは地域の反対運動がなかったらできなかったことだ。

町内会は園と交通ルールを取り決めていた。それを父母に文書で、あるいは口頭で伝えておいたのだが、新園舎での初日の朝、職員は駐車場の入口で戸惑う親たちに丁寧に誘導していた。

驚いたことがある。いつもは静かな人通りのない住宅街に、十時を過ぎる頃から数人で、または二、三人で、保育園を横目で見、語り合いながら通り過ぎていく人たちがいる。中には何度も行ったり来たりしている人もいて、初日は銀座通りのようににぎやかだった。二日目はやや人数が減ったものの、それでも人の行き来があったのだが、さすがに三日目は少なくなり、やがて四、五日のうちになくなっていった。それだけ地域で関心を持たれ、早速「噂の保育園」を自分の目で確かめたかったのであろう。分かる気がする。

新園舎に移転したばかりのころ。
自慢の保育者たちと一緒に。中央が筆者

完成した新園舎

これからしっかり地域に根ざし、住民に受け入れられ愛される保育園になるためには、私たちが忍耐して努力し、使命感を持って頑張らなければ、と覚悟したのだった。

新しい保育環境を創っていく

新しい家具とリニューアルした家具

今日から新園舎で保育が始まるという日の朝、長い間の苦悩、難問を乗り越えて喜びでうれしいはずの私の頭の中は、真っ白になっていた。どうしてなのか分からないが、朝の会でみんなに、「引っ越し、ご苦労さんでした。ありがと…」と言ったまま絶句し、涙がはらはらとあふれ出したら、止まらなくなった。私はただただ、さめざめと泣いていたい、そんな気持ちだった。

一九九六（平成八）年七月下旬から、こうして新生活が始まったが、登園してきた親子の表情は明るく希望に満ちていた。職員も「さあ、新たな気持ちで保育に取り組むぞ」という、意気込みにあふれて、うれしそうに子どもたちを迎え入れながら生き生きとあいさつし、ときに戸惑う親に新園舎での生活の仕方を丁寧に伝えていた。

「新しい園で卒園できると思うとうれしくて」と、年長児の親は喜んでいた。その前の二回は、プレハブの仮園舎での卒園式だっただけに、その年の年長児の親は、特にそう思ったのであろう。親たちは保育室に入るなり、「広いお部屋ですねぇ、新しくって気持ちがいい。うれしい」「家具も新しいのが入ったんですね」。中にはよく気のつく人がいて、「これ、前からある家具でしょう。どうしてこんなにきれいなんですか?」と関心を示す人もいた。

建物が新しくなる。けれども新しい家具を全部用意できるはずはない。そこで私たちは愛用してきた古いけれど結構しっかりとしたつくりの家具を、真夏の太陽の下で汗水流しながら、サンドペーパーでせっせと磨き上げたのである。その上にニスを塗ったところ、なかなか風格のある家具に生まれ変わった。リニューアルされた家具たちは、新たな息吹を吹き込まれ、新しい保育室に違和感なく納まったのである。

二階のレイアウトの工夫

新しい保育園の二階は、住宅に面した北側には窓を造らなかった。保育室に窓があると、そこには二歳以上の子どもがいるので、元気な声が外に漏れてうるさいだろう。それならば窓を造らないことにした。二階の北側の壁面は二つに仕切れるようにし、半分は思い切ってたくさんの収納棚を設置した。もう半分には二段ベッドを設置した。収納棚は両開きの扉付き。二段ベッドは「きょうだいの多いお家」のように、ベッドを造りつけたのだが、これは保育園としては珍しい発想だったようだ。

造作もできるだけ埃がたまらないよう凸凹を廃し、掃除しやすいようシンプルにした。このように、新園舎の特色は棚がたくさんあって、発達段階や季節に応じて、使う玩具類を整理したこと、その時期にふさわしくない余分なものは収納可能になっていることである。その分、保育室全体がすっきり無駄なく見え、掃除を熱心にしているわけではないのに、訪れた方々が清潔できれいにしている、と感じられるようで、何だか得をした気分である。

引っ越しの時に二階に上がる階段の壁が、コンクリートむきだしで殺風景に見えたようで、それを切なく思った父母が「ペンキ塗って明るくしてください」と訴えたが、私は心密かに「あっ」と言わせようとわくわくしていた。

「装飾はしなくていいですよ」

私は保育者になった最初のころは何の疑問もなく、幼稚園、保育園というところは装飾をするのが常識なのだ、と思い込んでいた。しかし長年保育をしていくうちに、保育園は「昼間のお家なんだ」と認識するようになっていた。

新しい保育園ができたのを機に「装飾はしなくていいですよ。そんな時間があるなら、子どもと遊んでやってちょうだい」と、設計段階から職員に伝え、お互い話し合ったのだった。みんな大賛成であった。

新園舎の玄関は広いので、前からあった大きなゴムの木やオリヅルラン、トラノオに加えて、職員が家で育てたカポックやポトスなどを持ってきて置いた。緑があると、ホッとするものだ。

玄関を入ってすぐにあるランチルームも、家庭と同じスタイルを持ち込んだ。天板暑さ四センチメートル、高さ六五センチメートルのテーブルとノルウェイ製のいすを購入したのは、職員に負担をかけない労働姿勢、つまり背をかがめないで済むように考慮した結果である。

壁には本物の絵やタペストリーを掛け、テーブルにはいつも季節の花を飾り、窓辺にはミニ観葉植物を置く。低い棚の上には陶器や木彫りの人形などの置物を飾る。そしてカーテンは少し上等なものにするなど、家庭的な雰囲気づくりを工夫した。

父母に「ペンキを塗って」と言われたコンクリートむき出しの階段塔の壁は、子どもたちの絵を一枚一枚額に入れて飾ることにした。今まで陰気な印象だったグレーの壁がかえって絵を引き立たせ、まるでギャラリーのように変身したのである。父母は「園長さん、これだったんですね。素敵なアイデアに拍手!」と喜んでもらって、低い鼻をちょっと高くした気分だった。

視点は常に子どもに置いて

おたのしみ会の時期が迫ってきた。

しかし、新園舎にはホールがない。ランチルームは行事をするほど広くない。二階の異年齢保育の部屋は「鰻の寝床」のように細長く、おまけに二段ベッドが邪魔しているのでホール向きではない。さて、どこで実施しようか。実行委員会のメンバーは、場所を決めるためメジャーを持って右往左往していた。

それを知りながら「どうしたものか」と私も悩んでいた。

実は内心、「行事って何なの？　誰のためにやるの？」と自問自答していた。昨今、わが園のおたのしみ会の視点は、完全に「親」に当てられており、職員は子どもを叱咤激励して「劇づくり」をしていた。子どもの気持ちと頑張っている保育者の間には乖離があるのが見え見えで、時に登園を渋る子どもがいるくらいだった。

わが園の親は高学歴で教育関係者も多く、行事の後に連絡帳に書いてくる内容は専門性に富み、的確に批判したり評価したりしていたので、いつのまにか職員は「子どもにとって」という視点ではなく、「親の評価」を意識して行事づくりをしていたのである。悩みだった。

おたのしみ会の実行委員長が、場所が決まらず困って、「園長さん。どうしましょう」と言ってきたとき、私は自分でもとっさにびっくりする言葉を発していた。「やめちゃいなさい、おたのしみ会。今やめなかったらあなたたち、永遠に続けなければならないわよ。新園舎に移転した今がやめるチャンスよ」と。

「ええっ。園長先生。おたのしみ会までやめちゃうんですか！」と、保育園児の親でもある保育者は目を丸くした。「みんなに相談してみてちょうだい。どうしてもやりたいのだったらやればいいのよ」と返したところ、三日ほどして、そうっと事務所に入ってきた彼女曰く、「実行委員会も園長に賛成ということになりました。でも先生、大変なことになりますよ。親たちは、運動会をやめて今度はおたのしみ会までやめるとは何事かって」と耳打ちしたのである。

その運動会というのをやめて「げんき広場」としたのは、やはり子どもに視点が当たっていない状況が進行しているのを見ていて、数年前からどうしたものか悩むようになっていたからだ。職員は親に、昨年より今年と評価してもらいたい。そうすると子どもはどうなるのか。「食べる」「寝る」時間以外は一日中リズム表現に明け暮れることになるのだ。思い切ってやめることを職員会議で提案した。意見はいろいろあったが、改めて何をすべきか検討し合って、変えたのである。おたのしみ会もまた、これと同じ問題をかかえていたわけである。

「おたのしみ会」取りやめの反響

一九九七（平成九）年一月の園だよりに、「おたのしみ会は中止する」という、結構長文のお知らせを掲載した。

「おたのしみ会をする場所がない」「親の労働形態の変化に伴って一斉に活動が組めない実情が出てきている」、すなわち「この二、三年、午前十時過ぎにならないと登園できない子どもがいる実情である」、そして「これからの保育園はあくまで家庭の延長線上にある保育をしていくのだと考えています」と書いたのである。

これに対して早速さまざまな反響が寄せられた。「自己中心に世の中をみていたが、現実を知った」「何のためにこの園を選んだか（中略）人間はやはり『形』としてなしとげられたものを、確かなものと感じてしまうのです」「毎年の『おたのしみ会』のビデオテープの販売がこれでもうない、と思うとホッとするやらなんか物足りないやら、少し笑える話です。山田先生がいつも園だよりで投げてくれる『石』に『あ～そういうことか』とか、『そうそう』と考えるのです。いろんな声があるでしょうが、ＯＫの家庭もあることをお知らせします」「年長児になったらどんな劇をするのかたのしみにしていたのに」『私はかなりがっかりしています。げんき広場（運動会）も何回も申し上げているにもかかわらず元に戻ることはないようで（中略）、おたのしみ会は親にとってイベントなのです」「さすが『ききょう』だと思いました。何がっておたのしみ会の取りやめです。なくなったとしても子どもは、それほどダメージを受けないと思いますし、彼らは彼らなりに何かほかのところでエネルギーを発散するでしょう。『あくまでも家庭

最後のおたのしみ会。３歳児が演じた「大きなかぶ」

の延長線上』という言葉、好きです」などなど、賛否両論が、うわーっと寄せられたのである。

職員会議でも検討をした。そして、「子どもは日々成長している。毎日生活発表会をしているといっていいのではないか」「二十年続けてきた保育参加を期間を設けず、いつでも受け入れよう。いつでも保育を見てもらおう」ということに決定したのである。

第十二章　「ききょう保育園」に生まれ変わる

法人設立は超多忙

職員に新法人設立・理事長の決定を伝える

一九九八（平成十）年六月に、法人本部から担当の事務局次長が来園され、「鶴川桔梗保育園は来年から、山田園長を理事長に社会福祉法人を設立するということを、財団法人理事会で決定したので、そのつもりで準備を始めてほしい」と言われたのには、さすがの私もびっくり仰天だった。何年か後の将来は、社会福祉法人化することになるだろうけれど、それはまだ先のことだと思っていたし、「理事長に」と法人が指名するなど、考えもしていなかったからである。

地域の反対運動が激しく、移転改築してまだ三年しか経っていない。好意を得られるようになるまでは、まだ数年かかるだろう。そんな中で、いきなり「山田が理事長」と言われて、「そんな！」と驚いてしまったのである。「理事長」などの経

筆者たちに保育園を託して下さった太田緑子理事長

営者は、財団法人の関係者がなるのだろうとも思っていたのだが、「わが太田緑子理事長の提案で、法人理事会にかけて、正式に決定された」という。

次長は、「そのうち、（法人を認可する）東京都が説明会を実施するので、その時には、私と一緒に出席しましょう。これからのことはあなたにすべて預けますから、理事・監事の選任候補を誰にするかなど、下準備を始めておいてください」と言い残して帰っていった。

その日の夕方五時過ぎ、職員に集合をかけて「山田園長を理事長にして、新法人を設立する」という法人からの申達を伝えると大拍手が起きた。「よかったですねぇ」「おめでとう」「創立のときから育ててきたんですもの。当たり前ですよ」「法人はちゃんと先生の仕事ぶりを認めていたんですね」と口々に言って大喜びしてくれたのである。

半年で法人設立！

しかし、任されたからといって、独自にどんどん進めるということはできない。熟考し、理事や監事候補者の名簿を作って法人に送る。理事長が郡山からお見えのときは、「この方はどんな方？」と聞かれ、説明をする。理事長は、「この方はよしましょう。理事の一人は○○氏に、監事は○○氏に私からお願いしましょう」「あとの方は地元の方ですから、あなたからよろしくお願いしてください」「理事は六人ではなく、七人にしておきなさい。賛否が同数のとき理事長が決することになるので、奇数がいいでしょう」など、アドバイスを与えてくれた。

一九九八（平成十）年十月三十日、東京都による法人設立説明会が開催されたので、事務局次長と一緒に参加した。話を聞いて「あれっ」と思った。ほかの参加者は、私たちよりも一年あとに法人を設立するのだと途中でわかったからである。ききょうは、一九九九（平成十一）年三月までにつくることになっていた。

私たちに渡された資料が「平成九年九月」と表紙に記されており「何で去年の資料？」と不思議に思っていたが、半年後に設立することになっている私たちには、この一年前の資料、ということなのだ。つまり通常なら一年半かけて法人化するところを、わたしたちは半年で成し遂げなくてはならないのである。

「半年の間に準備および提出書類を作成しなくてはならない」と理解したとき、緊張で心臓がドクン、ドクンとうなるような気がした。「覚悟して頑張れ、時間はない。挑戦を受けたんだぞ」と自分に言い聞かせた。

全力疾走で法人準備

早速、法人化に向けての提出書類づくりで、朝から晩まで口をきく暇もないくらい忙しくなった。

前の法人を廃止し、新法人を設立するために、「児童福祉施設廃止申請書、定例理事会・

評議委員会の次第と議事録、児童福祉施設（保育所）財産処分に関する申達について、財産処分の概要、法人の貸借対照表」などなどを提出しなくてはならない。

保育園関係の書類として、「当初予算書、補正予算書、特別会計（本部会計に代わるもの）などの収支決算書、貸借対照表、贈与契約書」などをワープロをたたいて、作っていく。新法人設立に向けては理事、幹事の履歴書、印鑑証明書、就任承諾書をお願いする。ある程度めどが立ったとき、設立代表者の私は書類を持って、都庁の法人課に出かけていった。

ところが、びっくりしたのは「理事長は園長と兼任できないんですよ」ということであった。一法人、一施設は良いと聞いていたので、設立代表の私は腑に落ちなかった。設立時は、一人で両方兼務の書類は受理しないと言われ、理事長に相談すると早速来てくださった。困った表情で「誰に頼みますか」と言われたので、「嘱託医で理事になってくださる、女医先生にお願いしていいですか」と働きかけた。今まで同じ法人で働いた仲間である女医さんは私より十歳若い方であった。

その話をお願いすると「嫌だ、困ります。私は病院廃止後に診療所を開設したばかりで、理事長は山田先生しかいないでしょう。私にはできません」と固辞されるのを、拝み倒して頼み込んだ。「先生が理事長に就任してくださらないと、法人ができないのです。それでは困るのです」と懇願したのである。

児童福祉施設認可申請に関しては、新法人の理事長名で、連日夢中になって書類を作っていった。「これやったら、今度はこれ」「これが終わったら、次はこれ」と、面白いようにのめり込んでいったのである。当時はパソコンをまだ導入していなかったので、全部一人で段取りし、落ち度はないか何回も内容を確認しながら、ワープロのキーを叩きつけて作っていった。同じものを五冊用意したのも思い出である。なぜ五冊かというと、都に二冊、市や法人、園に各一冊必要だったからだ。

書類を提出したのが十二月二十四日であった。大量のコピー取りを手伝ってくれた事務職員と二人で、ささやかな打ち上げに食事をしに行って、ほっと一息ついて、「よかったですねぇ、一応書類が受理されて」と喜び合ったものである。

作り直しで死に物狂い

翌年（一九九九年）一月の中旬だったか、町田市の職員が「先生、書類審査はあれでOKだそうです。後日担当者が連絡をくれるそうですよ」と伝えてくれた。

しかし、東京都の担当課の方はなかなか連絡をくれない。気の長い私も二月になったらじっとしていられなくて、自分の方から電話を入れた。担当者は「えっ」と言ったまま絶句し、慌てて「ちょっと待ってください」と言い、書類を探している様子がガサガサとしばらく聞こえていたが、「先生、すぐ来てください」と言うのである。

東京都にすっ飛んでいくと、「大急ぎでもう一度書類を作ってください。理事の履歴書、印鑑証明は三ヵ月以上経っていますから、新しいものにすること。法人や保育園の書類も、作成したときから推移して、次の新しい保育単価に合わせて、補正予算も作り直してください」。

それからというもの、三十項目の書類を作成しなければならなくなった。理事長以下理事、幹事さんにもう一度履歴書、印鑑証明書、就任承諾書を提出していただくよう依頼をする。

当時の施設日誌を開いてみると「申請について都に行き、話し合い」「財産処分関係についての書類作成」「負債引き受け契約書」「贈与契約書」「定款」「財産目録」「土地賃貸契約書」などなどと書いてある。財団法人へ提出書類を依頼し、私は新法人の書類を次々に「これの次はこれ」と、再びワープロを叩きつける。

ある時などは、職員に「今日は悪いけど声をかけないでください」とお願いした。いつも「ねぇ園長さん。クラス通信書いたので、読んで」「お母さんがこんなことを書いてきています。どうしましょうか。園長さんにできたら返事を書いてほしい」「今日散歩先で、おもしろいことがあったんですよ」など、結構仕事を中断して報告を聞いたり、読んだり書いたり、相談に乗ったり、アドバイスしていたのである。

しかし、いよいよ追い込まれてきた時はそうも言っていられなくなった。朝八時から書類に取り組みだして、食事をする時間ももどかしく、ワープロの前に座り書類作りに熱中して、時間の感覚もなくなっていた。気がつくと、誰もいない事務所の時計は夜十一時を回っている。「いけない、帰って寝ないと持たない」と大慌てで帰宅する、ということが続くようになっていた。

心も体も燃え尽きた

しかし、仕事はやってもやっても終わらない。ワープロ打ちの書類は数字や定款の送り仮名に一字でも間違いがあると何回も都庁へ走り書類を受け取っては訂正して提出し直さなくてはならない。

二月下旬から三月十二日までは、連日この仕事にかかりっきりであった。頭は燃えて冴えていたが、体も何だか熱く燃えている感じになってきた。実は熱が出ているのだが、ちっとも苦しくないばかりか、どんどん仕事に熱中していく自分がいた。変な言い方だが、追い詰められて、これでもかこれでもかと仕事に立ち向かっていくと、体まで燃えてくるんだと思った。

一方で卒園式が迫っていた。園長の私は今までずっと「私のいとしい子どもだった人たち」へ、精一杯の思いをこめて作っているものがあった。子ども一人ひとりの証書は「そつえんおめでとう」という白抜きゴシック文字が証書の真ん中にあり、毎年心をこめてその文字に色つけしているのである。子どもたちが生まれて初めてもらうこの証書は、園独自のもので、その作業は思いをこめて楽しんでやっている。

もう一つは子どもが描いた絵を表紙にして作ったアルバムに、赤ちゃんの時から撮りためてきたおのおのの写真を、一冊一冊貼っていくという作業である。そういう私流のこだわりも同時進行しているから、頭の中はやらなければならないことが山積して、どうしても深夜までの作業になってしまうのである。

法人設立の最後の書類は三月十二日に提出。以後卒園に向けての仕事に集中した。一九日が卒園式だったが、いつものように子どもたちに証書を渡し、その姿を見て親は感涙にむせんでいた。一人ひとりが自分の得意としていることを表現し、そのしっかりした表現や話しぶりに、素晴らしい成長ぶりがうかがえた。いい卒園式だった。

式が無事終了したその日の午後、都の査察があって、そこでやっと、法人設立の全工程が終了したのである。東京都の方々が帰られ、玄関までお見送りをした途端に、息苦しくふらふらして立っていられなくなった。熱は連日四十度くらいになっており、「これで終わった」と思ったら、ダウンしてしまったのである。高熱の出たまま、ハードな仕事を何日もこなしていたが、一気に気が抜けたのである。

三月二十五日に病み上がりの私は、新しい法人「社会福祉法人　桔梗」の理事長である女医先生と一緒に都庁に出向き、法人経営の注意事項を拝聴して、法人の認可書をいただいて帰ってきたのだった。

余談であるがタフな私もさすがに心身を消耗したらしく、気がついたら円形脱毛症（五百円玉大）が何カ所もできていた。てっぺんのはげは目立ってつるつるしていたが、勲章だと思って放置していたらそこには、見事に白髪が生えてきた。

誰が理事長をやるべきか

難しかった理事長就任

二〇〇〇（平成十二）年度からは保育園併設の「病後児保育室」が認められるようになって、今まで父母会が十六年間苦労して継続してきた「病気明け保育・けやき」は「ききょう保育園病後児保育室・ひまわり」に引き継がれた。２ＬＤＫの部屋はまるでお家の延長線そのものである。「病気明け保育実行委員会」が何回も「規則」や「ルール」を見直して作られているので、それを土台に実践を積み重ねているところである。

法人ができて二年後、理事長の女医先生は、その頃ちょうど大阪の池田市で児童が殺害される事件があったばかりだったので、「私は理事長として責任を持つほど、保育園のことは何もしていません。あのような事件があると責任者は理事長なんですよね。実際はすべて山田先生がやってこられた。今期で降ろさせていただき、山田先生にお願いしたい」と言われ、決意も固く、理事全員で了解して、私が理事長を兼務することになったのである。

理事会が終わってすぐ登記所に手続きし、町田市に話すと「一法人一施設は今のところ認められています」ということで書類を提出したところ、都が認められないと言っているとのこと。しかし、都の通知では、兼務は一法人については認めるという文書があり、現に兼ねている園もある。理事会としては「理事会の決定が優先するのだから、それを認めてもらおう」という意見であった。私は市に何度もお願いに行き、最終的には市の課長や担当者同道で、「認めてください」と都にお願いしに行ったのである。

そのお陰で認めてもらうことができてほっとしたが、そこで何を知ったかというと、一つめは、「兼務している園長（理事長）は悪事を働いていると思われている」と明言されたことだった。何回も何人にも「悪いことはしないでくださいよ」と釘を刺されたが、こんなにショックだったことはない。二つめは、「一年以内に兼務は解消してほしい」ということだった。

一つめの悪いことをするな云々については、何人かの良からぬ理事長兼園長のために、全体が同一視されているに過ぎないであろう。しかし、もう一つの兼務を解消する件は、すぐにはできない状況にある。

法人は立ち上がったばかりだ。これから若手の職員を幹部に育てるには、もうちょっと時間がほしい。強烈な保育園設置反対運動の名残で、地域住民との間にもまだわだかまりが払拭されていない。鶴川市民センターで毎年「太鼓の公演会」を実施しているが、町内会からは誰一人参加していなかった。切なく悲しいばかりである。ほかの町内からは多くの方々が来て下さっているのに……。この保育園が一日も早く地域みんなのものになり、お隣さんとして日常的にバリアフリーになる日を、待ち望んでいた。

新園舎の保育

ききょう保育園が掲げている基本理念は、「子どもの人権を尊重する。子どもを全面受容し、一人ひとりにふさわしい保育を創造していく。親の労働を支え、共育てをしていく」ことである。

「視点は常に子ども」を合言葉にして、カンファレンスを通して、子どもの姿に学びつつ、今、目の前にいる子どものための保育づくりに全職員で取り組む。

子どもは育つ芽を持って生まれてくる。一人ひとり違う。子どもには自由を保障し、指導と称して一斉に束縛するような保育はしないようにしよう。

私たち職員は保育者だけでなく、栄養士も調理員も用務員も、何のために保育園で働いているのかというと、子供たちの育ちを支えるためである。簡単なようで相当難しいのが保育だと、つくづく思っている。

保育者は年齢に相応しい環境を整えること、その子の求めている教材、用具、玩具類を場合によっては手作りで用意し、子どもが自分の意志で自己決定して、満足するまで集中して遊べるようにすることである。児童の人権の尊重の意味を教えてくれたのは、実はデンマークでの保育研修の折に受けたレクチャーと保育実習である。そして、その精神を、保育園の実践を通して、子どもたちから私たちは学んだのである。

第十三章　地域のお母さんを支えたい

「あじさい村」オープン

「保育をしていればいい」時代は終わった

変わる子育て環境

鶴川団地から鶴川一丁目の新しい園舎に移転してからの社会状況の変化は、めまぐるしいの一言だ。

引っ越しした当時、保育園にほど近い能ヶ谷は豊かな自然に恵まれた里山だったのに、今は見る影もなく住宅街に変貌している。真光寺も同様である。小田急線鶴川駅の周辺も、以前のように素朴で庶民的なまちの面影は消え失せ、すっかり都会的なまちに変貌した。

そうした社会の変化に伴っているとも言えるのだろうか、戦後生まれのいわゆる「団塊の世代」以降の方々は、孫を持つ時代になっているが、ききょう保育園を見ても、園児の祖母の大半はキャリアウーマンで、役職に就いている方が多い。そして、小学校から大学まで、勉強を中心に育てられた若者たちが、今園児の父となり母となっているが、その両親に子育てを支援してもらうことは少なくなっているのである。

病院や産院で出産を終え、赤ちゃんを連れて夫と暮らすアパートやマンションに帰ってきてから子育てがスタートするわけだが、どうしたらいいのか悩む人が少なくない。夫が休みをとって、時に面倒を見てくれたとしても、何日も仕事を休むわけにもいかず、お母さんは孤独になりがちである。

そうした社会の状況の変化を見るにつけ、単に子どもの保育をしていればいいという時代が終わった、保育園はそういう人たちにも援助をしていかなければならない時代になったのだと実感するようになった。

地域とのふれあい事業

地域の親子とのふれあい事業は、園舎への移転、法人設立などと同時に取り組み始めていたが、そもそものスタートは一九九三（平成五）年、まだ園舎が鶴川団地内にあった頃のことだ。

この活動は保育園としても初めての取り組みだったので、すでに地域の親子とのふれあい事業を展開している都内の先駆的な保育園を訪問して見せていただき、教えてもらうことから始めた。同年の五月には、早速近くの鶴川中央公園で、遊んでいる親子の中に入れてもらって「仲良しになる」ことからスタート。当時は施設に余裕がなく、仕方なく園外で、日頃から園庭のように利用している公園で始めたのであるが、まずは話をしたり、一緒に遊んだりしながら関係づくりをしていった。

この場で、「ききょう保育園ではこれから地域の親子を対象にふれあい活動をいたしますので、どうぞご利用ください」と声をかけて一年間の予定表を配ってPRしたところ、多くの方が関心を示してくださった。「講座はいつですか」「どこでやるのですか」といった問い合わせがあり、思っていた以上に期待されていることがわかったのである。

さらにその翌月、梅雨の六月の時期だったが、「おしゃべり会」を実施した時のこと。雨の降る中、会場の鶴川団地二丁目集会所に参加した親子は五十人。子どもたちは持参したおもちゃで遊び、その間にお母さんたち二十三人は子どもの育ちやしつけのあり方、夫の関係や協力度についての話に花を咲かせていた。

「楽しかったです。また来ます」「久しぶりにたくさんの人の話が聞けて、みんな同じように子育てに苦労したり、イライラしながら過ごしているんだなと思ったら何だか気が楽になって、救われた気がしました」と、感想を寄せていただき、満足されたようで、この会を実施して本当に良かったと思ったものである。

その秋、九月から十月には市民センターで、今井和子先生（東京成徳短期大学教授）との連続講座を開催。別室で子どもたちの保育を保育園の職員が受け持った。お母さんたちは集中して話を聴くことができたと言う。

「講座に参加すると、子どもが大泣きしてしまって、いつも困っていました。でも今回は保育者の方が保育してくださる。私は子どもから離れてまるで大学時代に戻ったような気分でお話が聞けて、気分転換になりました」「講座に何回か参加するたびに、子どもは保育園の方と遊べるようになってきたようで、母親べったりだったのにどうして？　と思いました。

でも泣いている子をやさしく受け止めてくださる先生を見て安心しました」。講座終了後にとったアンケートに、こんなことが書かれていたのを覚えている。

最初の年は試行錯誤だったが、こうした手応えにも気持ちが張り切っていた。ただ、日曜日に餅つき大会を企画して呼び掛けたところ、大勢の老若男女が押し寄せて、喜んでいただいたものの、単にイベントで終わってしまって、地域同士がつながる活動には結びつかなかったと反省させられたりもした。

また、年度の最後に、私の友人であり、小児科医の毛利子来さんに講座をお願いしたところ、毛利ファンだという方が何人も、中にはクチコミで知って静岡県からわざわざ来たという方もいらして、地域活動という本来の狙いから外れているのではないか？　という違和感もあった。

そんなこんなで手探りで始めた地域活動だったが、それでも年間でおよそ六百人の利用があり、順調な滑り出しだったと言えるだろう。

保育園の存続問題が浮上した一九九四（平成六）年は、父母会やOB会、団地自治会を中心に地域の方々が運動を展開して下さって、保育園もかなり多忙な時期だったが、それで

好評だった子育て認座

も年間十二回、地域活動を実施。メニューは「作って遊ぼう」「保育園のなつまつり」の他、諏訪きぬ先生（明星大学教授）による講座「子育ち、親育ち」、汐見稔幸先生（東京大学教授）の講座「子どもの育ちと早期教育」など。充実したラインアップだった。

育児教室を引き受ける

こうした活動の一環ともなるものとして、一九九五（平成七）年はこの地域活動のほかに、町田市保健所主催の「育児教室」も引き受けることになった。

その頃は、仮園舎への引っ越しや保育準備に多忙を極めており、いったんお断りさせていただいたのだが、「どうしても『ききょう』にやってもらいたい」と熱烈にお願いされ、「やるっきゃない」とお引き受けした次第である。

でも園にとっても画期的な経験となったと思うのは、お母さんたちの現在の姿に直接触れて学ぶ貴重な機会となったからだ。そして保育者が新しい育児内容をそのたびに考え、実践していったことが、結果的に保育園の財産になったのである。

毎月二回、赤ちゃんから一歳までの乳児クラス、一歳四カ月から二歳までの幼児クラスをそれぞれ一回ずつ担当。時間は四十五分だったが、子どもの育ちにふさわしい遊びを工夫したり、大事なことをどう伝えたらいいのか考えたり、担当した職員は苦労したと思う。でも、たくさんのことを学ぶことができたのである。

用意したおもちゃで遊ぶ、若いお母さんたちと話し合う、親同士で情報交換するなど、保育者が毎月違う企画を考え、内容をつくり、実践していったことは、職員本人にとっても貴重な経験となったのではないか。

私たちが引き受ける以前にも、育児教室は開かれていたということだったが、事前に見学した職員たちは「唖然とした」と言って帰ってきた。園で子どもに視点を置いて保育づくりをしている現場とあまりにもかけ離れた内容だったからだ。

そこで保健所には、「私たちがやるのだったら全然違うものになります」と伝え、話し合いを重ね、方針、方向性を決めて取り組んでいった。

たまたま、卒園生のお母さんが保健師として保健所にいて、育児教室を担当していたのだが、「ききょうの親」だった経験から、今までの育児教室に違和感を持っていたのだと言う。何とか変えたい、やってもらうなら「ききょう」しかない、と保健所の皆さんを説得された、ということは、後で聞いたことだった。

一九九〇（平成二）年に『保育が変わるとき』を出版した私たち。いちから創り出すことは苦労だけれど、喜びも大きい。担当した職員も「どんなに〝今〟の親子に学べたか知れません。だからやれたのだと思います」と、振り返っていた。

そんな育児教室の取り組みは二年で終了とした。保健所が廃止され、育児教室自体は継続して市の事業になるとのことだったが、保育園本体が次年度、新園舎になることもあり、残念ではあったがお断りした次第である。

一方で、保育園で行う地域交流事業のほうは、市民センターをお借りして、育児評論家の平井圭子さん、保育研究者の今井和子先生、教育学者の汐見稔幸先生にお願いして講座を開き、ほかにも近くの鶴川中央公園で「青空ひろば」と銘打っておもちゃや用具持参で遊ぶなど、好評のうちに継続していた。

社会に放置される母親

こうした活動に取り組みながら感じ始めていたのは、「少なく生んで賢く子育て」することの難しさと、「お受験」をテーマとしたドラマ、「〇歳からでは遅すぎる」と教育面を強調する出版物が次々に出てくる中で、お母さんたちは過剰な子育て情報の中で悩んでいるということだった。
「家庭で子育てするのが当たり前」という常識は失われている社会状況、社会環境の中で、お母さんにだけ子育てを押し付けている。このままでは危ない、と思った。これからは家庭で子育てしている主婦を支えていく必要があるのではないか
そんな時、市の公民館から連続講座を依頼され、私は「三歳児の育ち」をテーマに話をした。講座の後は、質疑応答や、感想・自分の悩みなどを話し合う時間をもうけたのだが、家庭で子育てしている今のお母さんたちの状況をまざまざと知る機会ともなった。一人で子育てす

ることが辛くなっている、同じ年頃の子どもや母親仲間を求めて公園をさまよっている。「子どもは一人っ子で、近所に仲間がほしいと思って公園を巡っていますが、誰もいません。この講座は保育つきなので来ましたが、やっと友達ができました」というお母さんもいて、「ジプシーみたい」な状況が目に浮かぶようだった。

その後、しばらくして、マスメディアで「公園デビュー」や「ジプシー母子」が大きく取り上げられるようになった。

当時、あるやさしそうなお母さんが講座後の話し合いのときに打ち明けてくれた。「先生、私は子どもが何度も言い聞かせても言うことを聞かないと、いろんな講座を受けて叩いてはいけないと分かっているので我慢しているんですが、一日に一回は頭にきてカーッとなって殴ってしまうんです。するとすーっとして気持ちがいいんですよ。そしてその後に、かわいそうなことをした。私は悪い母親だと後悔するんです」

それは多くのお母さんが抱えている悩みだということが、語り合っているうちに分かってきた。まだ、子どもの虐待が社会問題になる前のことだった。

カウンセラー養成講座に参加

当時、ききょう保育園が所属していた全国私立保育園連盟は、どの保育団体よりも早く、カウンセラー講座を始めていたが、これはちょうどわが園の地域活動事業の開始と同時で、非常にタイムリーだったと思う。

保育園で働いている保育者で、ベテランの中にはともすると自分の保育に自信を持ち、客観的に見る視点に欠けているところがあるのではないか。「いい保育をしている」と頑張っているだけに、自己中心的な自己評価に陥ってしまう場合が、往々にしてあった。

ききょう保育園は、園長の私をはじめ、保育経験の長い職員から順々に、このカウンセラー講座に参加した。地域活動事業に取り組み始めた矢先だったので、第一回のカウンセラー初級講座には、まず地域事業担当の職員に受講してもらったのである。

彼女にとっては、その講座は全国の園長先生と親しくなる機会になり、大きな影響を受けて人間関係の幅も大きく広げたな、と傍から見ていてつくづく感じたものである。後年の彼女の成長ぶりを見るにつけ、この講座は相当役に立ち、躍進につながったのだと思っている。彼女には、その後も毎年中級、上級と勉強してもらった。

一方で、園長の私は「管理者コース」を受講。ここで学んだ「傾聴」の重要性に、気づいていなかったかもしれないと、私は反省しきりだった。保育者はつい「指導」をしがちになる。でも、それよりも大事なことは、相手を受け止め、家庭での子育てを支援するために、まず聞いてあげること、相手を思いやること、相手が話したくなる雰囲気と信頼関係づくりをしていくこと。根気が要るけれども、そのような視点が大切なのだということを学んだのである。

その後も、このカウンセラー講座には保育士以外にも、職種の異なる職員にも受講してもらっている。

カウンセリングの内容は、受講したその人を変革させるくらい、大きな影響を与える画期的なもので、今までに受けたどの研修にもないような、インパクトを与えられるものだったと、参加した職員は報告してくれた。

中には、中級の講座で、レポートがなかなか書けずに落ち込んだ職員もいた。それくらい今まで「良し」としていた認識が覆るような問題点を指摘されたように思い、自分の保育体験を深く反省して辛かったと言う。しかし、カウンセリングで感じた問題点を意識しながら保育実践に取り組んだことで、レポートもきちんと提出ができるようになっていった。さらに上級もクリアしたその職員は、今では信頼される幹部職員になっている。

現在も毎年二～三人は、四泊五日の講義に出席させているが、帰ってくる頃にはひと皮むけて人が変わったような表情になっているのが、私にとってもうれしいことである。

子育て支援・あじさい広場のスタート

二〇〇〇（平成十二）年、国で新しく「子育てひろば事業」がスタートするという案内が、町田市から知らされたが、すぐには申し込まなかった。

というのも、その内容が、すでにきぎょうで実践している地域活動事業とほぼ同じようだったし、この「子育てひろば事業」に申し込んだら、園長・主任・保育士・看護士・栄養士などを兼務しない、この事業専門の非常勤職員が必要になるからである。そうした人のあてがなかった。

その年度の途中に、親しくしている東京大学の汐見先生から、「子育て支援をしたいと相談に来た女性がいるのだけど、鶴川の人だからに相談に行くように伝えたよ。よろしくね」と電話があった。当人からも連絡があり、相談に乗ったところ、将来自宅を建てるときに「子育て支援センター」をやりたいという希望を持っているとのことだった。「自宅でやるとは感心なことだなあ」と思って聞いてみると、彼女には臨床の経験がなく、どうしていいか迷っているというのである。家ができるのはまだ先だということも聞き、私は咄嗟にたずねた。「ききょうで経験してみませんか」。

そうして、ききょうでも「子育てひろば事業」に申し込むことになり、一年後の二〇〇一（平成十三）年から「あじさい広場」という名前で開始したのである。担当者はもちろんその人で、非常勤で、午前十時から午後三時、週三回という勤務体制で来てもらうことになった。

彼女が保育者と歴然と違っていたのは、やさしくあいさつしながら訪れる人を迎え入れ、会員登録など事務的なことを済ませたあとは、静かに笑顔で見守っているというその姿勢である。次々にやってくる母子も同じように受け入れ、相手が聞きたいことには適切に応じ、自分から物見高くしない様子には感心させられた。

こうした接し方が訪れる人を安心させたのだろう、何組かの母子がリピーターになっていった。彼女は、新しくやってきた子がほかの遊んでいる子のブロックを無理矢理奪ったり、せっかく積み上げている積み木を倒したりしても、自分が真っ先に口や手を出さず見守っている。お母さんはもちろん子どもに怒るのだが、すると、以前から来ている先輩のお母さんが助言をするようになっていた。「最初はうちの子もそうだったの」「お母さんとだけ生活していると、おもちゃの使い方も自己中心で済んでるからわからないのよ。でも、子どもはすぐに覚えていくから大丈夫」と、励ましてくれるのだ。

上から「これはダメ」「そんなことしちゃいけない」と叱るのではなく見守ることで、「子どもは最初はみんなこうなんだ」「こうしてあげればいいんだ」と子どもを責めずに教えてあげる雰囲気がつくられていく。

そういうことが大事なんだと、思い知らされた。

あじさい広場の子どもたちと園児が一緒に遊ぶ

保育園の園庭では、天気さえよければ園児たちが砂遊び、水遊び、虫探しをして遊んでいる。外で遊ぶためのおもちゃも揃っているので、スコップで土を掘って泥だんごを作ったり、ボールを転がしたり、蹴ったりして、大喜びで遊ぶのが常である。

あじさい広場に初めて参加した母子は、そんなきょうの園児たちの姿にかなり驚いたようだった。なぜなら、保育者があれこれ指示することなく、自由にボールやフラフープなどで遊んでいる。泥んこまみれで笑い合い、友達と走り回っている。多少寒くても裸足、半袖の子もいて、「箱入り」娘や息子たちの親としては、一様にびっくりするような光景だったのである。

関心のある人は園児たちの動きを見て、また驚いていた。時間になると、自分から仲間に声をかけ合っておもちゃをさっさと片づけて、二階の自分たちの部屋へ向かったからだ。保育士が何の指示も命令もしないのに。

夏になると、「あじさい広場」ではプールで遊べるとあって、参加者が増加する。一、二歳の子どもたちは最初、園児と一緒にプールに入っていたのだが、噂を聞いたのか十組以上も訪れることが多くなり、あじさい広場専用のプールを購入することになった。

園庭で一緒に遊んだあとはちょうどお昼の時間。あじさい広場の母子はお弁当持参で来ているので、みんなで一緒にランチタイムだ。お母さんたちは仲間同士で親しくなり、情報交換しあい、一層仲良くなっていく。しばらくあじさい広場に通い、子どもが三歳近くになって幼稚園に入るようになり「あじさい広場」を離れても、お母さん仲間でサークルをつくって、交流が続いているようだった。

園児も、このようにふだんからあじさいの子どもたちと遊んでいるので、「ねえねえ、今日ひろくん来る?」とあじさいの担当に聞きに来る子もいるなど、へだてなく仲良くなっていった。

あじさい広場のお母さんが教えてくれた

保育園の保育だけをしていたら、今のお母さんたちが専業主婦としてどんな状況になるのか、全然知らないままだったことだろう。ききょう保育園の場合、かねてから「地域活動事業」や「子育てひろば」の事業に取り組み、家庭で子育てしているお母さんに接してきたので、ある程度の状況はつかんでいた。地域活動や広場の担当者のほかに、保育士も手伝っていたので、土曜日以外、毎日あじさい広場を開放することにしたのである。

毎日提出される「あじさい日誌」を通して、お母さんたちの孤独感と子育ての不安、そして支援不足の現実が、どんなに深刻なものかを教えられた。多くの母親は「子どもはもう二度と生みたくない」と言い、「こんなに大変だとは知らなかった。可愛いけど憎たらしい。イラついて怒鳴って、叩く。そして疲れてしまう」という声が多くを占めていた。

ある日のこと、「子どものことで直接園長先生に相談したい」という要望があったので、約束して母子一緒に来てもらった。そのお母さんが言うには、「うちの子はもう一歳半なのに、まだしゃべらないのです。遅れているのでしょうか。もしかして障害児ではないかと心配です」。でも当の本人は事務室がめずらしいようで、あたりを見回して、目つきもしっかりしている女の子だった。私はその子に、「いろんなものがあるねえ。おうちにないものもあるでしょ。面白いでしょ?」と声をかけてみた。お母さんに教えられた名前で呼ぶと、ぱっと私のほうに顔を向けて笑う。それを見て、私はお母さんに言った。

「お母さん、一歳半のお子さんが話をすると思い込んでいましたか。でもさっちゃんは、ちゃんと自分の名前をわかっています。うれしそうな表情をしましたよ。お子さんによっては、遊びに夢中になって、ずっと口を利かない時期もありますし、沈黙期という学者もいます。全然心配いりません。あと一年もしたら、よくしゃべるようになって、うるさいくらいおしゃべりしますから、安心して相手をしてやって下さい」

お母さんは「安心しました。またあじさい広場に遊びに来ます。ありがとうございました」と言って、女の子を抱っこして帰っていった。

お母さんたちは知識と情報は豊富に持っているが、それに振り回されて、現実の姿と違うことに困り、悩んでいるのだ。

翌年、その女の子は保育園に入園してきた。成長するにつれ、「さっちゃん、大事なお話をしているから、少しの間、だまっていてくれる?」というくらい、おしゃべりな子どもになった。

一時保育と地域子育て支援の拠点をつくりたい

ききょう保育園の南側の畑に、ある日何かの建設が始まるという看板が立った。以前から地主さんが樹木を伐採し、苦労して根を掘り起こしているのを見ていたので、会うたびに「何ができるのですか」と聞いていたのだが、返事はいつも曖昧で、はっきり教えてくれなかった。

また別のある日、どうやら地鎮祭が行われるらしいことが傍から見ていてもわかったので、私は飛んでいって何ができるのかを聞いてみた。すると「デイサービスセンター」ができることがようやくわかったのである。

でも、その隣の土地がまだ残っていた。地主さんに「隣のあの土地はどうされるのですが」と聞くと、「貸してという人がいたら貸すつもり」という返事。咄嗟に「ききょうが貸してと言ったら貸してくれますか？」と聞いたら、「ああ、いいよ、貸すよ」「じゃ、借りた」とそこで決まり。

この土地を使って、今育児で苦労しているお母さんたちのために必要な「地域子育て支援センター」と「一時保育施設」を建設しようと思い立ったのである。

思いこんだら即行動の私。早速、社会福祉法人桔梗理事長名で、町田市長あてに要望書を提出した。二〇〇四（平成十六）年八月のことだ。しかし、どうも相手を動かすインパクトを与えるまで至らなかったと感じたので、今度は父母会長にも相談して協力してもらい、理事長と父母会長の連名で再度十一月に再提出。この時もすんなり受け入れられる雰囲気ではなく、こうなったら最後の手段で市議会に請願するしかない、と決意したのである。

社会福祉法人桔梗の理事会は、運動を展開することには賛成していた。市の担当課長も主旨には賛成してくれたものの、土地の問題が難しいという見解で、請願文にはそのことも書き添えていた。

そこで、署名運動を展開することにしたのである。あまり日数がなかったのだが、町内会を時には暗くなってからも駆けずり回り、署名を集め、その結果、三六四六人もの署名が集まったのである。

この署名を持って、さらに十二月に請願を提出した。園長の私のほか職員二人と父母会から副会長が一緒に行ってくれた。そして、この請願は、地元の市会議員の方が紹介議員になって下さり、保健福祉委員会で審議されることとなった。

十二月議会が始まり、審議の時には地域の方が三人、父母会長と父母会役員、それと職員が仕事の時間をやりくりして六人で傍聴。この時は継続審議になったが、三月議会では父母会から二人、私たち職員六人で傍聴し、うれしいことに全党・全会派一致で賛成、とうとう請願が採択されたのである。

どうしてここに建設したかったのかには、理由があった。

ひとつには、地域の方々の拠点になる「実家のような施設」、「老若男女が集える拠点」をつくりたいという強い思い。二つめは、マンションが建つかもしれないと地域の人が言うので、こんなところにマンションでも建ったら、その北側にある保育園は陽の射さない、子どもの保育や子育てには最悪の環境になってしまう、という心配だった。それは保育園が移転してきた時から抱えてきた問題だった。

とにかくここまでに至ったのは、父母会長はじめ父母会、鶴川一丁目、二丁目、能ヶ谷、真光寺や大蔵といった近隣の各町内会、鶴川団地の皆さんの署名活動への協力・応援のおかげである。今でも心から感謝している。特に、以前同じ自治会仲間だった鶴川五丁目団地自治会は、「至急・回覧」と赤いゴム印を署名簿に押し、精力的に署名活動を展開して、たくさんの署名を集めてくださった。

かつての保育園存続問題の時に比べると、保育園の父母の関心は薄かったものの、父母会として応援してくださり、採択の結果を「園だより」で報告した時には共に喜び合った。

また、地域の皆さんへのお礼と報告は「あじさい村通信」第一号を発行して、お知らせしたのである。

「あじさい村」が完成

建物を建てるためには、大変な苦労が伴うことは覚悟していた。実際、町田市の担当課と相談し、地権者と合意に至るまで何度話し合ったか知れない。

請願が採択されたからといって、翌年度にとんとん拍子で事業計画が進むわけではなかった。土地の貸借に時間を要し、貸借契約が成立しても、それを市の担当が確認しないと市議会に提案され審議されない仕組みなのだ。

結局、二〇〇六（平成十八）年の六月議会で審議されると伝えられたが、承認されるまでは図面を描くことはできないとも言われた。

ようやく議会で承認後、早速図面に取りかかった。施主である理事長の私がどんなものを考えているか、大ざっぱな原案をまず示し、設計士と話し合いを重ねた。理事会に承認を得たら、町田市の担当課の指示に従って建設会社を決めるという段取りである。この場合、自分たちでは決められず、町田市の建築指導課から公示して、公募するのである。私たちも鶴川周辺の建設会社に「一般公募しているのでインターネットで見て下さい」と声をかけたり、職員からも知り合いの会社に呼びかけてもらうなどして、入札に漕ぎつけたのが十月三十一日のこと。

設計は園児のお母さんでもあり、一級建築士でもある方にお願いした。ゼネコンに勤めていた経験があり、その後は独立して事務所を立ち上げていた。まだききょう保育園が鶴川団地で三歳未満児の保育をしていた時に、彼女の弟さんを保育していたので、幼い時から知っている娘のような存在の人だった。彼女にとっても、これが少しでも良い経験になり、さらに設計士として人生の礎になればと思い、依頼したのだった。

期待に違わず、彼女は真面目に熱心に私の願いを聞き入れ、理想に近い図面を作ってくれた。工事が始まると、現場をよ

あじさい村が完成

く見に来ては建設会社の人に注文を出したり交渉をしたりと、頼りになる存在だった。

鶴川団地にあった、赤い屋根の保育園を再現したような建物は、設計者のキャリアにとっても記念となったことと思う。

こうして、「一時保育」と「つどいの広場」が一体となった「あじさい村」が、二〇〇七（平成十九）年三月に完成した。「一時保育」は「一時保育・なのはな」、「つどいのひろば」は「あじさいひろば」と名付けた。そして、この建物を総称して「あじさい村」という愛称で呼ぼうと決めたのは、「村」には赤ちゃんからお年寄りまで様々な年代の人がいて、仲良く支え合って生きている、この場所もそうありたいという願いからだった。老人会との昼食交流会や、お隣のデイサービス「ツクイ」への訪問などは、その一環である。

かつて、保育園は貧しさから、やむを得ず働く母親のために存在したものだったが、現在では女性が働くのは半ば当たり前。そのためには保護者、保育園が大人同士として相互に理解し合い、子どもを媒介としたパートナーとして、協力しあって子育てをしていかなければならないと思う。

今の時代、保育園には「地域の子育て支援の核」になることが求められている。ききょう保育園では、すでに長く「病後児保育」「異年齢保育」、地域の主婦のための「仲間づくり・サークル活動の支援」「育児相談」「ふれあい事業」「一時保育」など、多くのことを実施しているが、保育園事業はこれから一層、時代や地域のニーズに応じていかなければならないと実感している。

第十四章　地域に溶け込み、息づく保育園

時が解決してくれた

一九九六（平成八）年に鶴川一丁目に移転した頃は、地域で反対運動もあり、歓迎されないまま無理矢理、押しかけていったようなものだった。肩身が狭く、居心地のあまり良くない感じを持ったたまま、保育を開始せざるをえなかった。

気のせいか近所の人と顔を合わせても避けられているように思え、あいさつしてもムッとして嫌々あいさつを返しているようにも思われた。これは私も辛く悲しかったが、これは自分が心から素直でなく、身構えていたせいかもしれない、と反省した。昔のことは過ぎ去ったこと、大事なのは未来だ。

その年の暮れに園の行事で「餅つき会」をしたので、近隣の方々にも「いつもご迷惑をおかけします。今日は餅つきをいたしましたので、少しですがお持ちしました。どうぞ、召し上がってください」と配って回ったところ、結構厳しい意見を言っておられた方に「先生、子どもはあまりうるさくないよ」と言われてびっくりした。「この地域で餅つきをしなくなっていますので、つきたてのお餅をいただくなんて、ありがたいです」とおっしゃる初老の奥様もいた。「もっと騒がしいかと思っていたけど、予想外に静かですねぇ」と口々に言っていただいた。私は驚きながら「みんないい人たちなんだなあ」とうれしくてならなかった。

可愛い子どもたち

この地域はもともと森林が多く、自然豊かな土地柄だった。川があって鯉や鴨が泳いでいるし、数少なくなった畑の小道にはツクシやヨモギが芽を出している。愛らしいオオイヌノフグリ、たんぽぽ、すみれ、ヒメオドリコソウなどが毎年花を咲かせて楽しませてくれる。秋にはジュズダマやウリも見ることができる。もちろん採取してきては園の装飾に使わせてもらっている。近年住宅開発が進んでいるが、まだまだ自然は探せばいくらでもある環境だ。

こうした環境の中で、園児たちは赤ちゃんの時代から、天気さえ良ければ散歩に出かける。子どもたちを見かけるとほとんどの方が「こんにちは。まあ、可愛いねぇ」と笑顔を見せてくださる。私たち職員も、わが子を誉められたようにうれしく、にこにこ笑顔であいさつを交わしている。

移転から数年の月日が流れ、今や保育園は地域に必要な存在となっていることが私にはうれしい。町内会では移転した翌年から、園庭で餅つき大会を盛大に実施し、つきたての美味しいお餅を床暖房の保育室で食べながら談笑し、交流を深め合っている。

夏近くになると「保育園の夏まつりを楽しみにしています。今年はいつ実施されますか」と問い合わせが来ることもある。父母会が力を入れて楽しい夏まつりを実行しているので、ご近所も楽しみにしてくれているのだ。

「ききょう通り」出現

町内会の役員さんの提案で、町内の通りに名前をつけようということになり、通りの名称が募集された。園も町内会の会員だが、どんな名前がつくか楽しみにしていた。一番先に決まったのは保育園のある通りで、なんと「ききょう通り」と名付けられたのである。本当に驚いた。地域が反対してできた保育園だから、「ききょう通り」という名前が挙がるなどとは思ってもいなかった。他の通りに名前がつくのは時間がかかったが、全部の名前が決まって、木片に「ききょう通り」と書かれた標識が、百メートルあまりの通りのあちこちにつけられたときは、何だか誇らしいような得も言われぬ感動に浸ったのだった。地域がとうとう受け入れてくれたのだということを、標識が教えてくれているようで、ありがたかった。ききょう保育園はもう鶴川一丁目の一員である。これからも町内の会員として役に立てる保育園になっていこうと思っている。

Q&Aコーナー

日々保育していく中で、子どもの親御さんから相談や質問を受けることがよくあります。その中から「よくある質問」をまとめてみました。ご参考になれば幸いです。

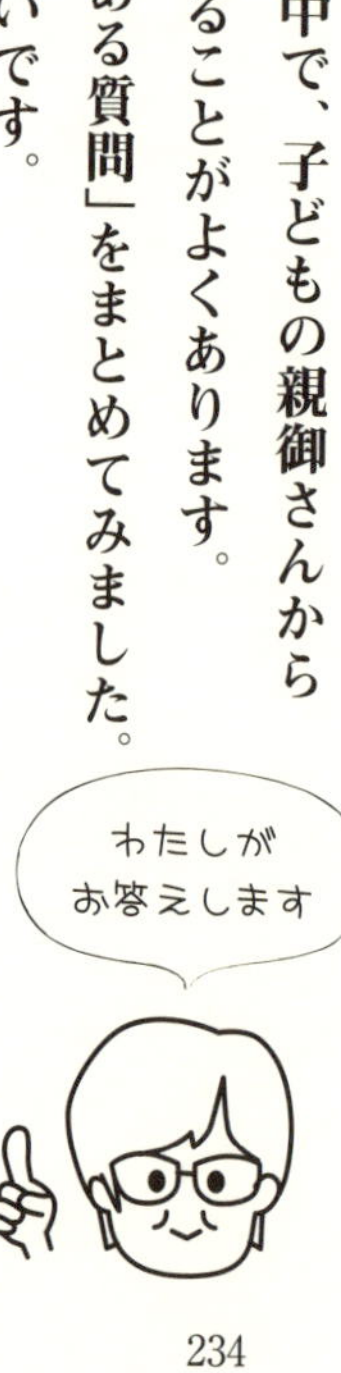

Q. **お箸の持ち方を正しく教えたいのですが、どうしたらいいですか。**

A. お箸で食事をするというのは、私たち日本人にとって伝統の食文化の一環です。お箸をきちんと持って食べられる大人になってほしいと願うのは、日本人としてごく自然で当り前のことでしょう。生まれて四、五ヵ月が過ぎるころから離乳食が始まります。最初は大人がスプーンで与えますが、さまざまな食品になじんできて、やがて一歳を過ぎるころから意欲的に手づかみで食べます。同時に大人の助言に支えられて、スプーンを「握り持ち」にして、少しずつ使えるようになっていきます。だいたい三歳くらいになると、スプーンやフォークをだいぶ上手に使いこなすようになりますので、親はお箸のしつけを意識し始めるのではないでしょうか。日本は和食をお箸でいただくのが文化ですから、お箸をいつから子どもに与えたらいいか、どのように教えていけばいいか、どのように教えていけばいいか気になるところです。

保育園は子供たちの生活の場ですから、父母と連携を取りながら、お箸についても育ちのようすを伝え合い、協調しながら導入しています。握り持ちだったスプーンが「すくい持ち」に変化していくころ、遊びの方もままごと遊びにお箸を使ったりして、育ちのようすを知ることができます。つかみやすいように紙粘土を丸めたものや、ウレタン、発泡スチロールなどの材料を、お料理に見立ててそのつもりになって遊んでいる姿から、お箸を食事の時に用意してみます。

お箸導入の最初は、本人の意志を大事にします。遊びでだいぶ上手になっているのを見極めて取り組んでいます。無理なく使えるよう、ほめたり励ましたりして意欲につなげています。遊びで使っているときから、次のようにしています。親指と人差し指で「バーンして」とピストルの形にして、お箸をその上に乗せて握らせます。正しい持ち方は、上になる一本を、人差し指と中指で挟むように握り、もう一本は親指で押さえるようにして薬指に載せます。もし、持ち方がおかしいようでしたら、子どもに分かるように、やさしくていねいに伝えていきます。一度ついた癖は大きくなると、なかなか変えられないところがあります。しかし、四、五歳時代に身につけておけば、一生きれいなお箸の持ち方で食事をすることができますので、根気よく取り組んでみてください。

きれいな
お箸の持ち方を
上手に教えたい
ですね

Q. **後片づけができるようになるためには、どうしたらいいでしょうか。**

A. 保育現場でも以前は片づけで大変苦労していたものです。生き生きとおもちゃでで遊んでいたのに、「さあ、お片づけして、ごはんにしましょう」と保育者が声をかけた途端、知らん顔を決めつける子がほとんどだったからです。

「Aちゃん、遊んでいたでしょ。遊んだ人は片づけしてください」と言うと、「ぼくじゃないよ、ぼくのあとBちゃんが遊んでいたんだよ」と言ったり、すーっと別の場所へ行ってしまったり、保育者にとって片づけは悩みの種でした。なぜなら、命令したり強制したりすれば、大人がこわいから仕方なくやるけれど、「片づけましょうね」とやさしく声をかけたくらいでは指示が通らなかったからです。お家だったらお母さんが腹を立てて、「片づけができないなら捨てちゃうよ、いいわね」と脅かしたりして、無理矢理やらせるということもあったと思います。

なぜ子どもは片づけが嫌いなのでしょうか。よくよく子どもの側に立って考えてみると、遊びが楽しいのは想像の余地がたくさんあり、自分の力量を発揮して創造していく喜びや広がりがあり、技術の上達も実感できるからです。しかし、片づけにはそんなものは存在しない。子どもにとっては苦役でしかないのです。じゃ、楽しいものにしたらいい、と私たちは発想を変えることにしたのです。片づけまで遊びにしたらいいと。子どもは決して片づけが嫌いではないのです。片づけた

くなるような楽しい環境であれば、子どもは大喜びでやるのだということを、子どもに教わりました。

Q. **保育園で月に一回、バイキングスタイルの食事で、何回でもお代りして食べているようです。楽しそうですが、バランスよく食べるように指導されているか、ちょっと心配しています。**

A. 月に一度、好きなものを好きなだけ、何回でもお代りして食べられるバイキングを実施していると聞いて、なんていい保育園だろうと思いました。日頃は、親も保育者も、「好き嫌いしないで」「身体にいいのよ」「これ食べると大きくなるよ」と何でも食べられるように子どもに働きかけています。食事とは本来楽しいものであるはずなのに、嫌いなピーマンやセロリ、しいたけなどが出されるので、子どもたちはきっと、頑張って食べさせられているのではないでしょうか。

でも、好きなものを好きなだけ食べられる日があるということは、どんなにうれしく、楽しいことでしょう。調理する職員はいつもより多くのメニューを用意し、子どもが満足するようすを励みにつくっていると思います。

少しばかり栄養が偏っていたって、いいじゃないですか。食は文化ですし、子どもにとって「快」であるはずです。バイキングで栄養が心配でしたら、夕食で不足を補うなど、お家で食べさせてあげてください。子どもを育てる主体は親。園と保護者がお互いに連携して、いい子育てができるといいですね。

Q. **子どもが幼稚園でお友だちに噛みついたと保育者から聞き、すぐに相手の親に謝りましたが許してもらえません。どうしたらいいでしょうか。**

A. 一、二歳児のクラスで永遠に解決できない難問題が、集団生活の中の「噛みつき」です。一歳半ごろから、子どもは好奇心旺盛になり、「いけません、だめよ！」と叱られても、その意味はわかっていません。何回も繰り返すうちにわかっていくのです。それが一、二歳くらいの発達の特徴なのです。子どもは自己実現を阻害する相手がいると、「噛む」ことで除外したり、目的を果たそうとします。

噛んだ、噛まれたは、往々にして親同士の間で大きなトラブルに発展し、対応に難儀することが多くなりました。

入園前の保育体験のためにやってくる子どもは、友だちとのつきあい方を知りませんから、自己中心的です。いきなりおもちゃを取ったり、ケンカになって噛みついたり……ということがあります。噛み方もときに強く噛んで、大人がびっくりすることもあります。

わが子が噛んだ場合は、謝るしかありません。歯型はいずれ消え、傷もやがて治癒します。もし許してもらえないなら、園長や主任に間に入ってもらい、許してもらえるように調停してもらってはどうでしょうか。

噛む、噛まれるが逆転する場合もあるし、子どものケンカを許さないという構図は、大人が育っていないと感じました。昔は「子どものケンカに親は口を出さない」がルールでしたが、とはいえ、いたいけな幼児を育てるお母さんたちの苦労は続きます。体験を肥やしにして、ともに成長してくださいね。

Q. 二歳の子どもは長靴が大好きで、いつも長靴ばかり履いています。普通の靴も履かせたいのですが…。

A.

ご質問を拝見して、思わず笑い出してしまいました。この時期の子どもは、それはそれは頑固なんですよ。言い出したら絶対聞かない。雨ならいいのだけど、お天気の日に長靴なんて格好悪いし、おしゃれなお母さんにしたら、困ってしまいますよね。

「みっともないからやめて」「ほら、こっちにかわいい靴があるじゃない」「お願いだから、これ履いてよ」と、なだめすかして嘆願するのに、「こっちがいい！」と我を通す。「あそこの親はどんなしつけをしているんだろうねえ。いい天気に長靴なんか履かせちゃって」という声が聞こえてくるようで、往生しているようすが目に浮かびます。

でも、安心してください。お子さんは成長して「反抗期」になっているのです。「気の済むまで履いていていいよ」とようすを見てみると、意外とうまくいくかもしれません。やがて靴は小さくなって、足が痛くなってくるでしょう。そのとき、「履けなくなったねえ、もうじき三つになるから、おねえさん（おにいさん）の靴にしよう」「今度はどんなお靴にするか、一緒に買いに行こう」と、勧めてみてはどうでしょう。もちろん、子どもの好みと親の思いを一致させた靴のコーナーへ、事前に調べてお出かけくださいね。

おわりに

ききょう保育園は誠に波乱万丈の変化に富んだ体験を私に与えてくれた職場であった。園長を次世代にバトンタッチして、長年の疲れを癒しながら海外旅行に出かけたり、残り少なくなった人生を、疎遠になっていた親戚や友人たちと、旧交を温めあう期間にしようと、考えていた。

二〇一〇（平成二二）年一一月一六日に行われるという、世田谷区の新設園設立法人の案内が舞い込んできた時、説明会を聞きに行ってみようと思い、職員と二人で出かけて行った。参加した法人は四〇法人ほどだったと後日聞かされた。

話を聞いて「手を挙げてみようか」と思ったのは、いつも利用している小田急沿線だったことと、東北沢駅から徒歩一分の場所だったからである。職員たちに相談し、「ダメもと」で応募してみることにしたのである。

それからは忙しくなった。書類提出は十二月七日までとのことで、三週間しかなかった。大急ぎで園全体で書類作りをした。法人に関する書類は定款、理事監事の構成・履歴、予算書、決算書過去三年分、事業計画過去二年分、事業報告一年分、法人調査所の写し等十四項目。次に現在運営している保育所の状況に関する書類、保育計画、指導計画、保健指導計画と実施、職員研修計画と実施、保護者会に関する計画と実績、職員会議の計画と実績等過去二年分、入園のしおり、園だより、クラスだより、連絡帳、児童票、園日誌、保育日誌、保健日誌、献立表等、前年度のものを十七項目コピーして添付。計画地において整備、運営する保育園に関する書類五項目の作成、合計三十五項目もあった。クラス日誌類等々、コピーを取る、個人情報になる園児の名前等は全部消すという作業を必死になってやり遂げた。一部の厚さは二十㎝ほど、それを七部作成したのである。

職員たちが前向きに、楽しんで協力してくれたのがうれしかった。なかには「受かるといいですねえ」と言ってくれた若い職員もいたが、「みんなでいい経験をしたというだけでいいのよ。めったにできないことなので、そんなこともあったね、という思い出にしてね」と答えていた。

一月六日に第一次審査が通ったと連絡があり、第二次審査は一月十四日だった。選定委員の方々と区の担当課の方十二名が来園され、保育園における保育の状況、子どもの姿、職員の保育態度、給食内容等々をごらんになり、全員が子どもたちと同じ食事を召し上がるというものだった。現場では、職員もいろいろ聞かれたようだった。

視察後行われたのはプレゼンテーションと質疑応答であった。選考委員会の方は学識経験豊かな方々ばかりだったから、保育についての考え方をさまざま問われたのだが、今まで積み重ねてきた保育についての考え方を、大きな緊張もなく素直に素朴に答えたのだった。新しい保育園の園長は誰がつとめるか聞かれたとき、移転改築の時に地域対応で解決までに三年近くかかり苦労したので、「私がやります」と答えた。

二月七日に選考が決定したという通知が来た時、「ああ決まってしまった」と思った。これからは元気で生き生き頑張るしかない、天から新しい土地で新しい保育を一から創造する仕事が与えられたのである。

三月二十五日に地域住民のみなさんに社会福祉法人桔梗が設置者に決まったこと、どんな保育をしていくつもりか、どんな園舎を設立するかを説明し、ご意見や要望をお聞きする機会とした。駅から一分の公務員宿舎の跡地に、地域の方々は何ができるか関心を持っていたと思うが、驚いたのは保育園設置反対をとなえる人がいなかったことである。感動的だったのは、「保育園でよかった」「自分の子を入れたいと思っている」という、好意的なことばが聞かれたことだ。

それ以降、職員に意見を聞き、要望を取り入れてプロジェクト会議を十二回重ねて、設計図が出来上がった。八月十日、どうなるかドキドキ緊張していた入札は一回で落札者が決まり、重い肩の荷が一つ下りたように感じた。これからも地域の方々のご理解とご協力をいただきながら、新しい園舎づくりに希望と夢を持って取り組んでいこうと思った。

そして新しく仲間入りする職員と、ききょう保育園から移動する職員とともに、新しい保育づくり、職場づくりに向かっていくことになる。私自身は子どもたちの幸せのためだったら命をかけて努力をしていく覚悟である。働く母親から保育者になった私のこだわりは、保護者が安心して保育園に子どもを預け、安心して働ける保育園を目指していくことである。子どもが保育園大好きと言ってくれる保育園である。改めてその決意をしているところである。

もう一つの大きな課題は、後進をどう育てていくかになるだろう。未来を託せる職員を育てるという大きな使命を考えると、「常に視点は子ども」を肝に銘じて頑張っていきたい。

職員と一緒に子どもの持っている素晴らしい可能性に感動しながら、やがて大きくなっていく木の根っこを育てる重要な仕事が「保育」なのだと考えている。どんな子もみんな才能や能力を持って生まれているが、私たち保育者はみんな違う彼らに学びながら保育をつくりだしたいと願っているところである。新しい地で新しい保育づくりをすることができる機会を与えていただいたことに感謝しながら、私には明日がある、明日に向かって生きていく。未知と未来にわくわくする私である。

平成 24 年 4 月に開園した東北沢ききょう保育園

エピローグ

保育園で働き始めたとき、私はまず、働くお母さんの味方になってあげたいと思った。

私は〇歳児担当の看護師であると同時に、早番専門の保育者でもあったので、勤めに出るお母さんたちに、いつも明るく声をかけることにしていた。「お母さん、きよのちゃんはすっかり園に慣れましたよ。お仕事、頑張ってね。行ってらっしゃい」

朝出かける時、園の職員にやさしい言葉をかけてもらうのは、親にとってどんなにうれしいことかわからない。保育園はまず親を受けとめることが大切だと思っていたから、保育者になった私ができることはまず、声をかけるということだったのである。

保育者になって以来、ずっと心に問いかけてきたのは、「保育園は何をするところか」「私たち保育者は何をすべきか」ということだった。保育者になって四十年以上になる今でも、この問いの答えが明らかになっているとは言えず、永遠の課題になっている。

保育とは、底の深い井戸の如く、経験を重ねてもその先が明瞭にはっきりとは見えてこない。時代が変わり社会が変わり、女性の専門職化に伴って労働環境や価値観も変わっている。でも、仕事を持つ母親が、保育園をたやすく利用できる状況には、いまだになっていない。まだ女性が仕事を持つことが珍しかった時代と、そう変わってないのである。

こうした中、課題を解く「鍵」は何だろうか、と考える。変わらないのは、昔も今も、いい保育園にわが子を入れたいという親たちの思いである。どんな保育園だろうか、わが子を受けとめ、可愛がってくれるだろうか。そして自分たちの勤務時間が保障され、安心して働くことができるだろうか。

この思いこそが「鍵」なのだと、私は考える。

私はいつも、身近にいるお母さんたちの状況に視点を置いて、保育や保育園のあり方を考え続けてきた。働く女性たちが安心して働くことができる、それが保育園の役割だ。彼女たちが、社会の一員として貢献するために、保育園は「安心して働いていらっしゃい」とエールを贈り、背中を押してあげる。はっきり言えば、何らかの事情で子育てに援助の必要な親はもとより、そうして働く親を支えるために、保育園はあると思っている。

それに、どんなに心を砕いて懸命にいい保育をしても、子どもにとっては親が一番、毎日迎えに来るのを切実に待っている。こんな場面に遭遇したことがある。ある一歳クラスの子どもの親の帰りが遅く、保育者におやつを食べさせてもらって待っていた。「おいしい?」と声をかけるとにこにこと笑う。そこへとお母さんが迎えに来たのだが、その瞬間、「あ、ママ」と全身で喜びを表して、こぼれるような笑顔になったかと思うと、感極まって泣き顔になったのである。どんなにうれしかったか、母への思いが強く伝わる感動的な姿に私も涙がこぼれた。

赤ちゃんはお母さんのおなかに宿ったときから、一日中母の声を聞いて育っていく。ママは私、私はママというくらい母子一体感を持っているのではないか。大人は忘れがちだが、子どもにとって母は自分の命と同じなのである。そうした子どもの思いも受けとめなくては。それもまた、私が保育をする中で、大切にしてきたことのひとつだ。

保育園は、家庭の延長線上にある昼間のお家であると、私は踏まえてきた。子どもはほぼ一日を保育園で過ごす。食べ、遊び、眠り、それを共有する子どもたち同士は兄弟のようなものだ。そして保育者は家族のようなものである。

だから、私は保育者が子どもたちを意に添わせようとして、叱咤激励したり大声で命令したりしないようにしてきた。子どもの発達段階や育ちに合わせた環境を用意し、子ども自身が主体的に集中して遊び、生活できるようにしてあげたいと思う。そうして、子どもが「保育園、大好き」と言ってくれることが、基本だと思うのである。

保育園にいる職員は、世代もさまざまだが、みんなが多角的に子どもに視点を当てて見守ってほしい。クラス担当の保育者だけでなく、園全体で子どもたちの育ちを共有していきたい。職員にもいつもそう話して、一緒に取り組んできた。

「家庭の医学」や、世にあふれる育児書が、わが子の育ちに的確に応えてくれないのと同じように、学問としての保育学は納得することは多いものの、目の前の一人ひとりの子どもについては当然書かれていない。だから、実際の保育づくりにあたっては、私は現場の保育士たちが主体的に子どもの表情や仲間関係のようすを見て、お互いに伝え合い、会議で話し合ったりしながら、自分たちで保育を創造していけたら素晴らしいいし、そうありたいと思っている。そして、その園のオリジナルな保育を生み出すためには、「やってごらん」「材料代は出すから、みんなに相談しながら作ってみよう」と、職員同士が受け入れることが大切である。やらされている保育でなく、自分たちが考えた保育を実現するための手がかりや思いを受けとめ、支援するのは、園長の役割なのだと思う。実際に、私も職員の主体的な実践にたくさん学んできて、むしろ感謝したいくらいだ。今までにない発想でも認められれば、責任を持って仕事をする動機となり、それを理解し合う職員同士の連帯も強まる。大きくいえば、園全体が子どもの保育を共有することになり、共に生み出した体験となるのだ。

保育園を取り巻く状況は、社会の変化につれて変わってきた。かつては、夫は外で仕事をし、妻は家で家事、子育てと役割が明確だった。母親が働くことは稀で、でも働かざるを得ない人はどんなに肩身の狭い、つらい思いをして働き、子育てをしてきたことだろうか。

しかし、高学歴化が進み、仕事を持つ女性が増加し始めると、保育園のニーズが高まってきた。子どもが生まれても働くキャリアの女性が増えるのに、保育園が足りない。「ポストの数ほど保育園を」という声が、十年、二十年を経るごとに高くなり、増えつつあるものの、大都市では待機児童がなかなか解消に至らない状況となり、今や社会問題になっている。

その一方で、幼稚園は定員割れになり経営がむずかしくなってきた。これもまた社会問題となって、保育システムを一本化しようという検討会が持たれ、「こども園」なる構想が浮上している。しかし、現場サイドでは反対する人も多く、その結果、一本化されるどころか、幼稚園・保育所・こども園の三本化になるという。

しかし、長い間保育に取り組んできた私は、どんな状況になろうとも、働く親たちを支えるというこだわりを持って、これからも保育するのではなかろうか。どうなるのかは予測もつかないが、今まで通り、保育園を利用する父母や地域の子育ての核になり、「ききょうの保育づくり」に取り組んでいこうと思う。

あとがき

お読みになって、いかがでしたか。

「東京しほれん」の原稿は、若き日の看護師だった頃から、社会福祉法人設立までを、二十回にわたって書いたところで終了した。その原稿を、親しい編集者が「出版させてください」と持っていたのだが、忙しい方でなかなか進まず、いったん返してもらったのである。

ある日、PRの会社で編集の仕事をしている長女に、何気なく「読んでみる?」と見せたところ、「自費でもいいから出版したほうがいいと思う。でも法人設立後のこと、戦争のあった子ども時代も書いたらどう」というアドバイスがあった。「老いては子に従え」で、じゃ、書くかと老骨に鞭打ち、以前に別のところで書いたものも参考にしながら、ようやく書き終えることができたのである。なお本書は、出版を奨めてくれた長女が編集を、そして、長女の友人であるデザイナーの石川智子さんがデザインを担当して下さった。二人で試行錯誤して、温かく、やさしい本に仕上げてくれたことに、心から感謝を贈りたい。

二〇一一(平成二三)年、長年賛同者にカンパを呼びかけ、念願叶って保育プラザ(全国保育団体連絡会)が新宿区に新しくオープンしたとき、お祝いに駆けつけた。ここで旧知のひとなる書房代表の名古屋研一さんにお目にかかったことが、運命の為せる業と思った。原稿の話を聞いて「ひとなるで出版しましょう」と言ってくださったときの驚きと感動は忘れられない。彼のお蔭で温めすぎていた原稿が日の目を見ることになり、本当に感謝している。

また、三十年ほど前から、学歴の乏しい私に色々なことを教えてくださり、影響を与え続けてくださった汐見稔幸先生（東大名誉教授、白梅大学学長）には、「あれを本にするときは、帯は僕が書く」と言っていただいていた。それもようやく実現する。何てうれしいことか、涙が出るほど感激している。

こうして世に出たこの本にかかわってくださった、すべての方々に厚くあつく御礼申し上げます。そして最後まで読んでくださった読者の皆様にも、心から感謝申し上げます。

ありがとうございました。

山田 静子（やまだ しずこ）

1936（昭和11）年、鹿児島県生まれ。中学卒業後、看護学校を経て准看護師に。1956（昭和31）年、神奈川県平塚市の病院へ転職。勤務のかたわら市内の夜間高校へ通う。結婚・出産後も、子どもを保育園に預けながら看護師、衛生管理者として働く。

1970（昭和45）年、町田市へ転居。近所に開園した私立保育園で看護師として働くも保母の仕事に目覚め、保母資格を取得。1972（昭和47）年、勤務先の保育園の推薦で鶴川桔梗保育園創立に参加。設立後は主任保母となる。

1975（昭和50）年、園長に就任。以後、3歳以上の園児受け入れのための増設、病気明け保育、異年齢保育などに取り組む。

1998（平成10）年、社会福祉法人桔梗を設立、理事長に就任（園長兼務）。保育園名を「ききょう保育園」に改名。

2012（平成24）年、世田谷区に「東北沢ききょう保育園」設立、園長に就任。

主な著書に「保育が変わるとき」（ひとなる書房刊）、「ききょう保育園の保育計画（保育過程）」（新読書社刊）がある（いずれも共著）。保育雑誌、育児雑誌などへの執筆も多数。

保育園だいすき
私の山あり谷あり保育人生

2012年6月25日

著 者　山田 静子
発行者　名古屋 研一

発行所　（株）ひとなる書房
東京都文京区本郷 2-17-13
広和レジデンス
TEL.03（3811）1372
TEL.03（3811）1383

印刷製本／中央精版印刷（株）

シリーズ藩物語

守山藩

遠藤教之・遠藤由紀子……著

現代書館

プロローグ

守山藩物語

今から三百十余年前の元禄の世に誕生した守山《もりやま》藩は、幕藩体制においで二万石足らずの小藩であった。

「守山藩」と聞くと、はて、どこにあった藩なのか、どんな藩主がいた藩だったのかなど、多くの人は知らない。

守山藩の領地は、現在の地方自治体でいえば、福島県郡山市《こおりやまし》の一部（守山領）と茨城県東茨城郡大洗町《おおあらいまち》付近（松川領）に位置していた。

守山領は、坂上田村麻呂《さかのうえのたむらまろ》の物語が今に生きる阿武隈《あぶくま》川沿いの山麓に抱かれた陸奥国《むつのくに》のまことに小さな不思議な版図《はんと》である。三一の村が見事に一塊となっている。

松川領は、滔々《とうとう》たる涸沼《ひぬま》に支えられ、鹿島灘《かしまなだ》・北浦《きたうら》・霞《かすみ》ヶ浦《うら》が培った風土記が生きる常陸国《ひたちのくに》の大地に散在するまことに多様な版図である。三四の村がそれぞれに生き生きとしていた。

このふたつの領地から守山藩は成り立っていた。

守山松平家の初代は徳川家康の孫で、それを継いだ初代藩主はひ

藩という公国

江戸時代、日本には千に近い独立公国があった

江戸時代。徳川将軍家の下に、全国に三百諸侯《しょこう》★の大名家があった。ほかに寺領や社領、知行所《ちぎょうしょ》★をもつ旗本領《はたもとりょう》などを加えると数え切れないほどの独立公国があった。そのうち諸侯を何々家家中《けかちゅう》と称していた。家中は主君を中心に家臣が忠誠を誓い、強い連帯感で結びついていた。家臣の下には足軽《あしがる》層《そう》★がおり、全体の軍事力の維持と領民の統制をしていたのである。その家中を藩と後世の史家は呼んだ。

江戸時代に何々藩と公称することはまれで、明治以降の使用が多い。それは近代からみた江戸時代の大名の領域や支配機構を総称する歴史用語として使われた。その独立公国たる藩にはそれぞれ個性的な藩風《はんぷう》と自立した政治・経済・文化があった。幕藩体制とは歴史学者伊東多三郎《いとうたさぶろう》★氏の視点だが、まさに将軍家の諸侯の統制と各藩の地方分権が巧く組み合わされていた、連邦でもない奇妙な封建的国家体制であった。

今日に生き続ける藩意識

明治維新から百四十年以上経っているのに、今

孫となる。守山藩は、江戸幕府の御三家のひとつ、水戸藩の御連枝《ごれんし》であり高貴であった。参勤交代することなく、江戸定府《じょうふ》で領国に藩主が就封することはなかった。すなわち、ふたつの領地とも陣屋支配であり、それぞれに守山陣屋と松川陣屋が構えられていた。

中枢は、水戸藩に近い涸沼の高台の松川領・松川陣屋にあり、水戸藩からも役人が派遣された。

そうであったが故に、遠国の守山領は、郷士による一塊の領内支配と「湯治《とうじ》」、「欠け入り」などにみる村人の活き活きと躍動する姿を今に伝えている。

風雲急を告げる幕末に至ると、松川領は鹿島灘の海防警備や天狗党の乱の渦の中に巻き込まれ、守山藩士の苦闘する姿が読み取れる。また、水戸学に象徴される『大日本史』の編纂にみる尊皇思想は、両領内へ深く浸透していた。戊辰《ぼしん》戦争の最中は、微妙な立ち位置を表出させ、新政府樹立の過重なまでの役割を担い、呻吟《しんぎん》する小藩の姿もまた知ることができる。

歴代の守山藩主とその組織の概要、守山藩を支えた藩士たち、はたまた村人たちの生活の姿を追い求め、守山藩領に生きた人々を探っていこう。

でも日本人に藩意識があるのはなぜだろうか。明治四年(一八七一)七月、明治新政府は廃藩置県《はいはんちけん》を★断行した。県を置いて、支配機構を変革し、今までの藩意識を改めようとしたのである。ところが、今でも、「あの人は薩摩藩の出身だ」とか、「我らは会津藩の出身だ」と言う。それは侍出身だけでなく、藩領出身も指しており、藩意識が県民意識をうわまわっているところさえある。むしろ、今でも藩対抗の意識が地方の歴史文化を動かしている。そう考えると、江戸時代に育まれた藩民意識が現代人にどのような影響を与え続けているのかを考える必要があるだろう。それは地方に住む人々の運命共同体としての藩の理性が今でも生きている証拠ではないかと思う。

藩の理性は、藩風とか、藩是《はんぜ》とか、ひいては藩主の家風ともいうべき家訓などで表されていた。

〔稲川明雄(本シリーズ『長岡藩』筆者)〕

諸侯▼江戸時代の大名。
知行所▼江戸時代の旗本が知行として与えられた土地。
足軽層▼足軽・中間・小者など。
伊東多三郎▼近世藩政史研究家。東京大学史料編纂所所長を務めた。
廃藩置県▼藩体制を解体する明治政府の政治改革。廃藩により全国は三府三〇二県となった。同年末には統廃合により三府七二県となった。

シリーズ藩物語

守山藩

目次

これも守山／守山雑感／守山あれこれ

守山松平家略系図

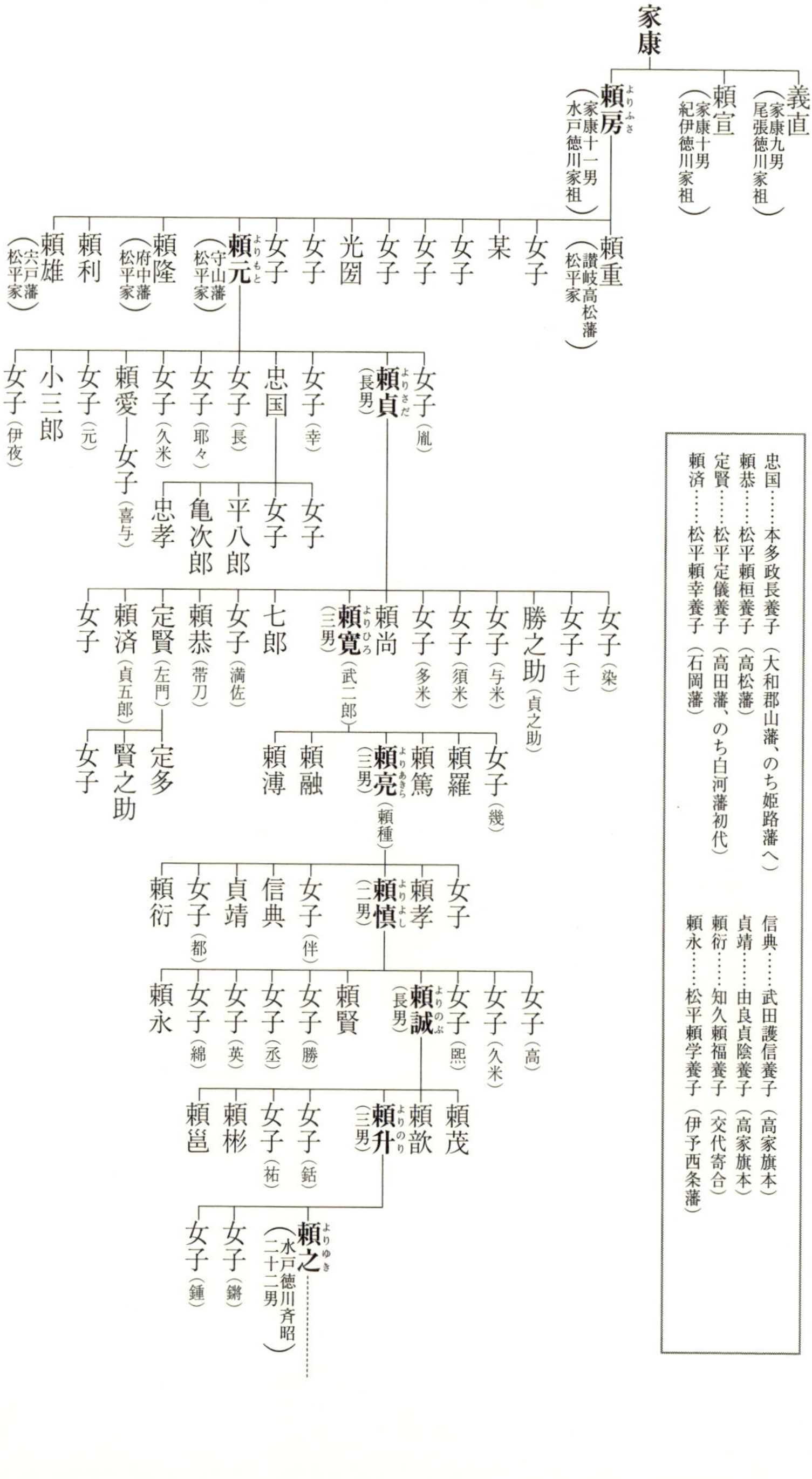

忠国……本多政長養子（大和郡山藩、のち姫路藩へ）
頼恭……松平頼桓養子（高松藩）
定賢……松平定儀養子（高田藩、のち白河藩初代）
頼済……松平頼幸養子（石岡藩）

信典……武田護信養子（高家旗本）
貞靖……由良貞陰養子（高家旗本）
頼衍……知久頼福養子（交代寄合）
頼永……松平頼学養子（伊予西条藩）

第一章　守山藩の成立

藩名は陸奥国の小さな村に由来するも、水戸藩の御連枝で高貴であった。

1 守山藩とは

守山は、坂上田村麻呂の時代、東夷征伐の要害の地であった。
その守山の地は、幕藩体制が磐石となった元禄時代、新しい領主を迎えた。
守山藩は守山領と松川領から成り、互いに遠国であった。

守山という地名

守山《もりやま》藩の年貢収納の大部分を占めたのが守山領であった。

守山藩の近隣には、丹羽光重《にわみつしげ》★を藩祖とする二本松《にほんまつ》藩（十万石）があった。二本松城（霞ケ城）では、毎年秋に菊人形展が行われ、多くの観光客で賑わう。大正期に活躍した『道程《どうてい》』『智恵子抄《ちえこしょう》』で知られる詩人・彫刻家高村光太郎《たかむらこうたろう》の妻・智恵子は二本松（旧・油井《ゆい》村）の出身である。

また、独眼竜伊達政宗《だてまさむね》の正室となった愛姫《めごひめ》の出身地で、日本三大桜の「滝桜」が春を彩る三春《みはる》藩も地続きの隣藩である。三春の由来は、梅・桃・桜の花が同時に咲くことからという説と、守山を「見張る」ということから名付けられたという説がある。

▼丹羽光重
織田信長の重臣・丹羽長秀（安土城築城の総奉行を務めた武将）の孫。

守山領から西北を望むと、磐梯山《ばんだいさん》がそびえる会津《あいづ》地方となる。会津藩の領地であった。会津藩祖は、三代将軍徳川家光の異母弟・保科正之《ほしなまさゆき》であり、将軍家に忠誠を尽くしていた。

幕末に九代藩主松平容保《かたもり》が京都守護職を懇願され、その職にあったことが、戊《ぼ》辰《しん》戦争の悲惨な結末をもたらし、会津の地はもちろんのこと、白河・二本松・母《ぼ》成《なり》と旗巻峠《はたまきとうげ》の戦いの往時を今に伝えている。

福島県民にとって、二本松藩・三春藩・会津藩は、あまりにも印象深く、守山藩が現在の郡山市★にあったことなど、知らない人も珍しくない。

しかし、守山の地名は、誰でも知っている歴史上の事柄・出来事の中で知ることができる。

例えば、身近なところでは「俳諧《はいかい》」の世界をみてみよう。俳聖と言われる松尾《まつお》芭蕉《ばしょう》（一六四四～一六九四年）の『おくのほそ道』★に随伴した河合曾良《そら》は、『旅日記』を残した。ここに、「守山宿で大元明王《だいげんみょうおう》に参詣し、昼飯を食べた」と記されている。

芭蕉は、元禄二年（一六八九）三月二十七日に奥州へ向けて出立した。『おくのほそ道』の四月二十日には、「心許なき日かず重なるままに、白川の関にかかりて旅心定まりぬ」と記されており、二十日間ばかりかけて、陸奥国の咽喉《いんこう》である白河に到着したことが分かる。

▼郡山市

郡山市はかつての旧安積〈あさか〉郡を包含している。安積郡は二本松藩十万石のうち、三万石を占めるにとどまっていた。それで安積郡の大部分の地域は「狐狸の住む原野」と呼ばれていた。明治初期、大久保利通をはじめ、松方正義・伊藤博文の指導の下、地元の有志も参加して安積原野が開拓された。猪苗代湖から疏水（安積疏水）が引かれ、禄を失った武士に生業を授ける「士族授産」の一環として原野に全国各地から多くの士族が入植した（安積開拓）。これより人口が増え、大正・昭和と近隣の町村との合併が繰り返され、昭和四十年（一九六五）、国の新産業都市構想の合併で現在の形となった。その時、安積郡の全町村と田村郡（田村町・西田村・中田村）が郡山の一部となる。かつての田村郡に相当する地域が守山藩の領地で、その位置は東北新幹線の郡山東方に南から北に流れる阿武隈川沿い（東側）である。

▼『おくのほそ道』

元禄十五年（一七〇二）刊。

その後、四月二十二日〜二十八日には「すか川の驛に等窮といふものを尋ねて四、五日とどめらる」と須賀川《すかがわ》に滞在し、阿武隈《あぶくま》川の石河滝・乙字ヶ滝を見て、滝の上を渡り三里ほど下って、同月二十九日に「守山宿」に到着したのである。

この時、まだ守山藩は立藩しておらず、これより約十年を待たねばならないが、曾良の日記よりすでに「守山」という地名が存在していたことが分かる。

そもそも、守山の地は、平安時代の記録にもすでに現れていた。蝦夷《えみし》討伐を成した英雄、征夷大将軍坂上田村麻呂にまつわる話からである。

芭蕉と曾良が守山宿で参詣《さんけい》した「大元明王」は、「大元帥明王」ともいい、かつて守山地方にあった神宮寺で、「泰平《たいへい》寺」と号し、現在は田村大元帥神社★となっている。『田村郡郷土史』は「征夷大将軍坂上田村麻呂、東夷追討凱旋ノ際、守山村大字山中ニ鎮守山泰平寺ヲ建立シ、其本尊ナリシ大元帥明王ノ座像ヲ安置シタリ。庶人深ク其遺愛ニ感ジ、大同四年其座像ヲ神霊トシ、社殿ヲ造営シ」と伝えている。

田村大元帥神社を訪ねてみると、広い境内の数十段の階段を登ると、檜《ひのき》や杉が鬱蒼《うっそう》としている。神社の案内板には「田村麻呂東夷追討ノ時其軍帥ヲ大閲セラレタル所ナリシ」と今も明記されている。かつての守山領の領内は、坂上田村麻呂にまつわる言い伝えや、伝説的な話や事跡が多く存在し、それが現在に至るまで生きている土地である。

▼田村大元帥神社
大元帥明王は、明治十五年（一八八二）に田村大元帥神社の社号となり、現在は田村神社、山中神社と通称している。その社叢は荘厳、「田村の森」として親しまれ、田村麻呂に関わる伝承や口承の源となっている。例えば、守山に残る地名「行合」は、田村麻呂の父親・苅田麻呂が、陸奥鎮守将軍に任ぜられこの地を訪れた時に、田村麻呂の母となる阿古陀媛に「行き合った」場所であるとの言い伝えから付けられている。

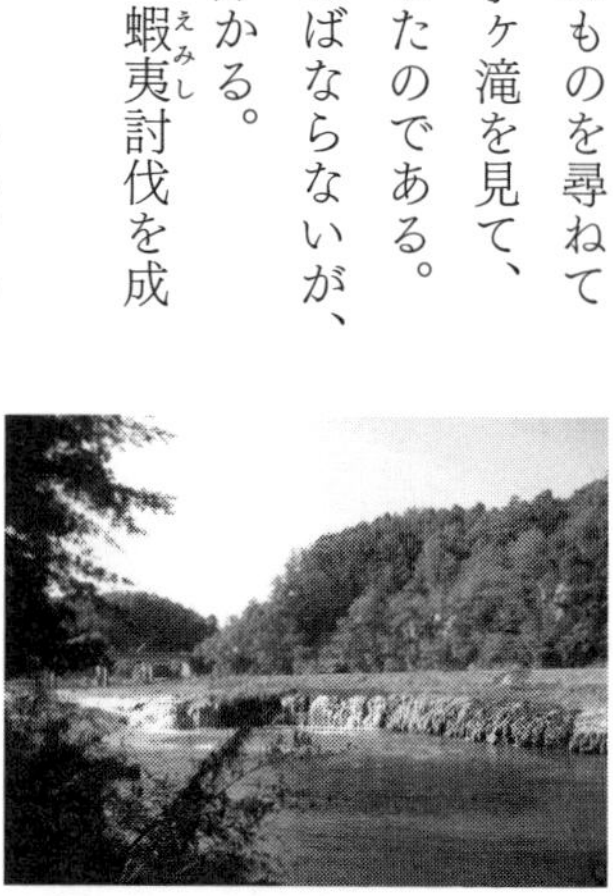
乙字ヶ滝（福島県須賀川市）

守山藩を知る上で、守山という土地の名そのものの歴史は古く、田村麻呂のような人物にまつわる話から、少しは親近感のあるものとして感じることができたであろうか。

守山藩の成立

元禄十三年（一七〇〇）十一月十五日、守山藩が誕生した。五代将軍・徳川綱《つな》吉《よし》から松平頼貞《よりさだ》に朱印状★が下付されたのである。

立藩までの経緯を記してみる。松平頼貞は、松平頼元《よりもと》の長男であった。頼元は、水戸藩初代藩主松平頼房《よりふさ》（徳川家康の十一男）の四男であった。

寛文元年（一六六一）、頼元は父の遺命により、水戸藩領のうち久慈川《くじがわ》を北の境とする額田《ぬかだ》の地を分地された。これが、いわゆる「守山松平家」の始まりで、八角葵の紋を戴き、額田領からの石高二万石相当を与えられた。

翌年には地方支配となり、領地として自らが年貢を収納する支配形態となった。しかし、額田領に対する幕府からの朱印状はなく、いわゆる大名として独立したものではなかった。すなわち、水戸家の部屋住み同様で、公儀への年始などをはじめ、一大名として幕府に対する年中行事等の務めはなかった。頼元は、国持ち大名並みの扱いの下、元禄六年（一六九三）まで治めた。

▼**朱印状**
将軍が所領安堵のために発行した公文書。

額田領の現況
（現・茨城県那珂町）

額田領の鎮守（額田神社）

父の遺領である額田領を継いだのが、頼貞であった。二十九歳の時である。そして、元禄十三年九月二十五日、将軍綱吉から大名取り立ての宣下を受け、十一月に朱印状が下され、ここに「守山藩」が成立したのである。

領地は、陸奥《むつ》国守山領、常陸《ひたち》国松川領、合わせて表高二万石、込高《こみだか》★として七千四百六十七石であった。当時の朱印状によると、守山領は二六カ村（一万八千七百十二石余）、松川領は三四カ村（八千七百五十三石余）となっている。その後、守山領は木村村や舞木村などが分村され三一カ村となり、守山藩は合わせて六五カ村を治めることとなった。

なぜ、守山の名が藩名になったかというと、立藩当初は松川領のほうが村の数が多かったが、田村郡の守山領は村が地続きのまとまった所領で、藩財政を支える年貢は、守山領からがほとんどであった。このため、江戸や水戸に近く、古城のある最南端の守山村に陣屋が置かれ、この地名を藩名としたといわれる。

ちなみに、松川領は水戸の南方近くに位置する涸沼《ひぬま》の湖畔沿いの点在する村々で松川陣屋が所在する。茨城郡・鹿島郡・行方《なめかた》郡と三つの郡に分かれて散在している所領であった。

▼込高
通常は領地替えの時、実質年貢が減少する場合、これを補うために余分に渡す石高。守山藩の場合は遠国の領地としての財政的援助であった。

水戸藩との関係

守山陣屋跡

守山藩は、幕末に至るまで転封《てんぽう》されることがない百七十年間の統治であった。その支配には、水戸藩との関係が大きく影響している。

水戸徳川家は、常陸国（茨城県）水戸地方と下野国《しもつけのくに》（栃木県）の一部馬頭《ばとう》地方を治めていた大大名である。水戸藩の藩祖は、徳川家康の十一男頼房である。頼房は、家康が征夷大将軍となった慶長八年（一六〇三）、六十二歳の時の子として生まれた。

長く常陸地方を治めていた大掾《だいじょう》氏は、天正十八年（一五九〇）、佐竹《さたけ》氏によって滅ぼされ、その佐竹氏も、慶長五年、関ヶ原の戦いで徳川側に加担しなかったために出羽《でわ》国（山形県、秋田県の一部）に移封となる。

この後、水戸の地は、家康の五男武田信吉が十五万石で入封したが翌年没し、代わって十男頼宣《よりのぶ》が二十万石で入封した。慶長十四年になると、頼宣は駿府《すんぷ》五十万石に移封となり、下妻《しもつま》十万石の城主であった松平頼房が水戸を治めることとなる。ここに、頼房を藩祖とする水戸藩が成立した。

水戸藩は、寛永十三年（一六三六）に徳川姓を賜り、初代より幕末まで尾張《おわり》藩・紀州《きしゅう》藩と並ぶ徳川家の「御三家《ごさんけ》」のひとつとして君臨した。水戸藩初代藩主頼房の治世は、寛文一年（一六六一）まで五十三年間に及んだ。守山松平家の祖頼元は頼房の四男であるので、水戸藩二代藩主徳川光圀《みつくに》★は頼元の異母兄にあたる。

元禄十三年（一七〇〇）、守山藩立藩の朱印状の下付により頼貞は領地を拝領し、

松川陣屋跡

守山松平家家紋「八角葵」

▼徳川光圀
徳川光圀の治世は、元禄三年（一六九〇）十月、養嗣子綱条（光圀の兄頼重の子）に譲るまで、実に三十年にわたった。翌年、常陸の太田西山の麓に山荘を営み、同十三年十二月六日に七十三歳で死去した。

光圀も甥の頼貞による「守山藩」の成立を了知したことになる。以後、守山藩は水戸藩の支藩の一つとなった。★

水戸藩を本家とする他の支藩も、頼房の子息たちが藩主に就任した藩である。列記すると、長男頼重の讃岐《さぬき》高松藩（十二万石）、五男頼隆《よりたか》の府中《ふちゅう》藩（二万石、茨城石岡）、七男頼雄《よりお》の宍戸《ししど》藩（一万石、西茨城友部）であった。これらの藩は「御三家」の分家として「御連枝《ごれんし》」と呼ばれた。また、守山藩・府中藩・宍戸藩のみで「三連枝」とも呼ばれる。

支藩は、水戸藩主の補佐役の立場として、また、徳川将軍の家門としての格式を幕末に至るまでもち続け、かつ本家の影響を強く受けることとなる。

頼房は、父家康が元和二年（一六一六）に死去すると、駿府より江戸に移り、元和五年に初めて領国水戸を就封した。しかし、参勤交代を免ぜられ、江戸に定府することとなっていた。「御連枝」であった守山藩もこれにならい、「定府大名」として、それぞれに陣屋を構えての支配形態をなすことになった経緯からも御連枝の立場を護ったことが分かる。

水戸藩徳川家

讃岐高松藩
松平家

常陸府中藩
松平家

常陸宍戸藩
松平家

▼享保三年（一七一八）十月、水戸藩四代藩主宗堯〈むねたか〉が家督相続の挨拶のため登城し、それに付き添った頼貞は、時の将軍・徳川吉宗から「三家ハ天下の鼎足〈ていそく〉、支流ハ三家の鼎足、諸事申合心を付候様」（御三家は幕府の支えであり、連枝は御三家の支えであるから、何事につけても相談するように）と言い渡されている。また、延享四年（一七四七）には「守山藩御定ヶ条」三五条が出され、第一条には「公儀並水戸御家之御法令可相守事」（幕府の法令とともに水戸藩の法令も守ること）と明記された。

讃岐高松藩は現在の香川県にあたる
（四国方面から望む瀬戸内海）

②歴代の守山藩主と藩の組織

水戸徳川家の分家として、その影響の下で守山藩主は安定した統治を行うことができた。
在郷の村人に支えられての陣屋支配であった。
歴代の藩主が、幕末に至るまで領地に足を踏み入れた記録はない。

歴代藩主

守山藩は、初代から六代にわたる藩主の治世は、すべて直系であった。藩主は代々大学頭《だいがくのかみ》に任じられ、大広間詰めで城持ち大名ではなかった。七代目は水戸藩からの養子で明治期に就任した。

名実ともに大名に取り立てられた守山松平家二代目、守山藩初代藩主となった頼貞《よりさだ》は、当時としては長寿の人であった。頼貞の治世が、歴代藩主の中で一番長く、額田領を治めた期間も含め、五十一年間、実に半世紀にわたるものであった。

頼貞は、五代将軍徳川綱吉に大名に取り立てられてから、六代将軍家宣《いえのぶ》、七代将軍家継《いえつぐ》と仕え、さらに八代将軍吉宗《よしむね》の治世の末期まで藩主の座にあったことになる。

守山藩邸（江戸上屋敷）にあった「占春園」跡
（文京区教育の森公園）

寛保三年（一七四三）、三男頼寛《よりひろ》に藩主の座を譲った翌年に死去、行年八十歳であった。

二代藩主頼寛は、八代将軍吉宗、九代将軍家重《いえしげ》、十代将軍家治《いえはる》に仕え、その治世は宝暦十三年（一七六三）まで二十一年間続いた。六十一歳で死去した。

この跡を継いだのが、頼寛の三男頼亮《よりあきら》★である。二十歳の時であった。三代藩主頼亮の治世は祖父にあたる頼貞に次いで長く、享和元年（一八〇一）に亡くなるまで三十九年間にわたるもので、十代将軍家治《いえはる》、また、将軍で最も長く在位した十一代将軍家斉《いえなり》に仕えた。

四代藩主は頼亮の二男頼慎《よりよし》★である。襲封したのは、三十一歳の男盛りであった。頼慎の治世は、家斉の在位期間中で、文政十三年（一八三〇）七月に亡くなるまでの三十年間にわたり、六十一歳で死去した。

五代藩主は、頼慎の長男頼誠《よりのぶ》★で、二十八歳の時

守山藩主表

	治世	藩主	誕生死亡年月日	奥方	任官
創始	1661～1693（33年）	松平頼元　恭公	寛永 6. 7. 14 元禄 6. 4. 28 1629～1693年	小笠原右近将監源忠真女 順敬夫人	刑部輔 従四位下侍従
1	1693～1743（51年）	頼貞　荘公	寛文 4. 1. 25 延享 1. 8. 3 1664～1744年	蜂須賀飛騨守 源隆重女	従四位下少将 大学頭
2	1743～1763（21年）	頼寛　頃公	元禄 16. 2. 7 宝暦 13. 10. 28 1703～1763年	松平摂津守 源義孝女	従四位下侍従 大学頭
3	1763～1801（39年）	頼亮　簡公	延享 1. 4. 7 享和 1. 9. 8 1744～1801年	松平大蔵大輔 頼順女	〃
4	1801～1830（30年）	頼慎　徳公	明和 7. 6. 28 文政 13. 7. 13 1770～1830年	井伊掃部頭 直幸養女	〃
5	1830～1862（33年）	頼誠　祁公	享和 3. 1. 24 文久 2. 8. 13 1803～1862年	松平播磨守 頼説女	〃
6	1862～1869（8年）	頼升	天保 3. 7. 3 明治 5. 9. 16 1832～1872年		〃
7		頼之	安政 5. 6. 1 明治 6. 8. 11 1858～1873年		

であった。頼誠の治世は、十一代将軍家斉、十二代将軍家慶《いえよし》、十三代将軍家定《いえさだ》、そして十四代将軍家茂《いえもち》と、幕末真っ只中の文久二年（一八六二）までの三十三年間にわたり、六十歳で死去した。

頼誠の跡を継いだのが、直系で最後の藩主となる六代藩主頼升《よりのり》★である。頼升三十一歳の誕生日を迎えた直後であった。家茂、最後の将軍・十五代将軍慶喜《よしのぶ》に仕え、歴代藩主の中で最も多事多難の時代の中での襲封であった。

頼升は、生来の病弱を考えてか、襲封二年後の元治元年（一八六四）二月、後継者として、当時七歳で、水戸藩九代藩主徳川斉昭《なりあき》の二十二男頼之《よりゆき》を養子に迎えた。これにより、守山松平家の直系は頼升で絶えたことになる。

頼升《よりのり》の治世は、明治二年（一八六九）八月二日、世子頼之に家督を譲るまでの八年間であった。頼升は、頼之に家督を譲り、その三年後、四十一歳で死去した。

頼升の治世は、時代の流れを考えると他と同一視できないが短いものであった。

頼升を除き、それまでの守山松平家の当主は、比較的健康に恵まれ、藩主をめぐる争いもなく、家中乱れることもなく安定した藩政が行われたといえる。

これら守山藩主は、領国に赴任することなく江戸に定府し、小石川に屋敷を構えていた。

藩主は頼升を除き、頼元から頼之まで、常陸国久慈郡太田（現・常陸太田市）瑞《ずい》竜山《りゅうさん》墓地に祀られた。菩提所は水戸・常福寺にある。頼升だけが法伝寺（現・

▼頼亮
頼亮の姉・幾は高須藩（尾張藩の御連枝）・四代藩主松平義敏の正室となった。

▼頼慎
頼慎の妹・都は秋田新田藩五代藩主佐竹義知の正室、妹・伴は小倉新田藩四代藩主小笠原貞温の継室となった。

▼頼誠
頼誠の姉・高は相馬藩十一代藩主相馬益胤の正室、妹・英は大多喜藩七代藩主松平正義の正室となった。

▼頼升
頼升の娘・鏘は府中藩十代藩主松平頼策の継室となった。

東京都文京区）に祀られている。瑞竜山は、常陸太田の平地を東西から挟むように南に向かって流れ北側から久慈川に注ぐ、里川・山田川によって形づくられた丘陵の突端に位置している。守山松平家の出発となった額田領を久慈川で挟み、南に広がる関東平野を借景として望むことができる風光明媚な土地である。

江戸定府であった藩の組織——江戸藩邸

定府大名であった守山藩の江戸上屋敷は文京区大塚三丁目付近（現在は文京区教育の森公園となり、旧藩邸の庭園「占春園」跡が残る）、下屋敷は豊島区巣鴨《すがも》（当時は武蔵国巣鴨村）に位置していた。

藩政の中心もまた、江戸屋敷にあった。藩主をはじめ、立藩当初は一二〇名～一三〇名いたといわれる藩士のほとんどが定府し、参勤交代することはなかった。初代藩主頼貞の父頼元が、額田領二万石の分知を受けた寛文元年（一六六一）に水戸家からの御付属家老として五名の家老職が派遣された。額田領を水戸家に返上し、元禄十三年（一七〇〇）に独立した守山藩となった以降も、水戸藩から派遣された藩士は多い。

その組織は、御年寄衆部屋と御用部屋があった。

年寄衆部屋は、家老職と御用達職があり、藩政の取り締まり、顧問の立場であ

守山藩邸が在ったことを示す碑と説明板（左）（文京区教育の森公園）

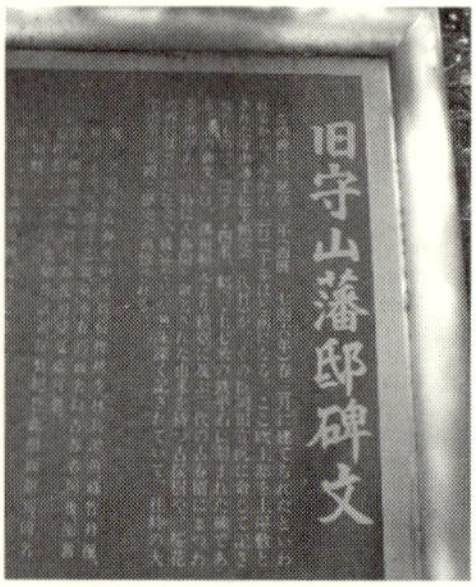

「旧守山藩邸碑文」を示す立札

った。文政五年（一八二二）の守山藩士禄高によると、家老職に三百五十石の野口藤左衛門、三宅八衛門の両名がみえ、御用達職は一名、二百五十石の懸《あがた》茂衛門の名がみえる。

御用部屋は、藩政の実務を取り仕切った。御用人役と御目付役とに分かれ、実務にあたった。

御用人役は、御番頭・御用人・御小姓頭・御物頭・御側用人の役職があった。その禄高をみると、番頭は百三十石～百五十石、御用人・御小姓頭は百二十石、物頭は八十石であった。

御目付役は、御目付・御徒頭・御取次の役職であった。禄高は、御目付が八十石～百石、御徒頭は八十石、御取次は七十～八十石であった。

藩士は小藩であったため、百石以上であった者は少ない。文化十四年（一八一七）の「御家臣筋覚」（小室家文書）によると一三六名おり、知行は蔵前取り知行で、地方《じかた》知行の者はなかった。★

幕末になると、水戸藩から派遣された藩士は、「家老職同列上座」「御用人役同列上座」の地位につき、藩政の最高責任者として監督した。水戸藩と密接な関係を結ぶと共に、大きな影響の下で藩政が行われていた。

宝暦五年（一七五五）まで守山陣屋の郡奉行は、松川陣屋の郡奉行の兼務であり、例えば、秋の収穫時には、検見《けみ》として松川陣屋より守山陣屋に来着しその任

藩組織図

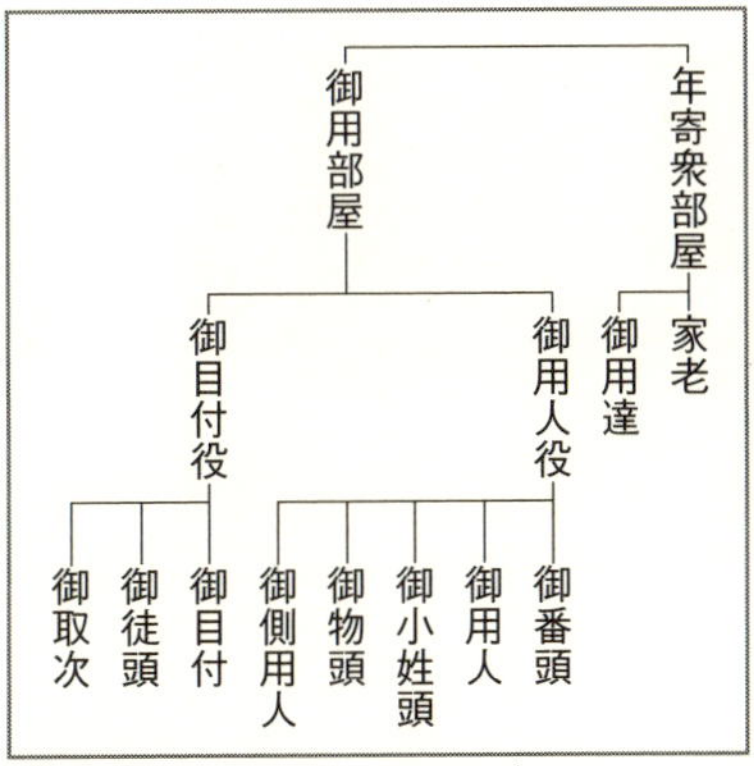

（『郡山市史』近世上、P91より）

▼藩士は、慶応三年（一八六七）は二七〇人との記録がある。ちなみに同年の支藩の藩士数は、讃岐高松藩四三三八人、府中藩二九八人、宍戸藩一二五人であった。

にあたった。

次に、どのような領国支配であったかをみてみよう。

陣屋支配

守山藩は、陸奥国守山領と、常陸国松川領にそれぞれ陣屋を構えた。

守山陣屋は、陸奥国田村郡守山村（現・福島県郡山市田村町守山）に置かれ、松川陣屋は、常陸国成田村松川（現・茨城県東茨城郡大洗町松川）に置かれた。

松川陣屋には、五〇名前後の藩士★が詰めていた。守山陣屋には、宝暦五年（一七五五）より郡奉行が置かれたが、藩士三、四名が派遣され、実際の領国統治は、御取次役をはじめ、地元の有力な村人を陣屋の役人として登用していた。

松川陣屋は、涸沼を見下ろす風光明媚な高台に位置していたが、明治四年（一八七一）に火災に遭い、焼失した。その時に文書類も失い、その実態は明らかでない。

政務を執った御殿や長屋の跡地は、ほとんどが畑作地（さつまいも畑）になっている。陣屋内の通路は、当時のままの位置で残っている。

廃藩置県後、藩士であった五一家が松川領に残ったが、現在は小室家、木内家、吉田家の三家のみが残る。旧松川領の現在の小室家を訪ね、「元は藤原姓を名乗

▼藩士
守山藩士は公私ともに「水戸」の肩書きをつけるように指示されており、また町人も公用の時は「水戸何某」と記さねばならなかった（飛脚についても例外ではなかった）。

松川陣屋「摩利支天社」跡

り、備中松山藩に仕えていた。水戸藩二代藩主光圀の時、仕官し江戸の大塚に居住した。水戸藩に仕えて二代目の時、小室姓へ改姓した。その後、守山藩士となった。幕末・維新後、七代藩主頼之以下藩士家族三〇〇名余りが松川陣屋に移り住んだ際、小室家も随行してきて、以後、旧松川領に居住している」と伺った。また、旧陣屋跡に住まいしているのは吉田家のみで、守護神であった豊姫稲荷神社の神官を代々務めている。

一方、守山陣屋には、「御用留帳《ごようどめちょう》」と呼ばれている、いわば陣屋の政務日記が残されている。守山藩が成立して間もない元禄十六年（一七〇三）～慶応三年（一八六七）までの百六十五年間の記録であり、一四三冊にわたる（郡山市歴史資料館所蔵）。

例えば、『陣屋日記を読む』（成松佐恵子編）によると、江戸藩邸と守山陣屋の間では頻繁に御用状が交わされていたという。守山陣屋からは、通常「六」の付く日、月に三度、江戸へ向けて書状が、時には登せ金を伴って町飛脚嶋屋便を利用して届けられていた。

守山陣屋は、郡山市と水戸市を結ぶＪＲ水郡線の郡山を出て二つ目の駅、「磐《いわ》城《き》守山駅★」付近に位置していた。駅前の道路から町中の家並みを結んでいる旧街道までの一帯が陣屋跡地であり、駅に通じる道路そのものが、陣屋のほぼ真ん中を貫いていた道路である。かつては、正面に藩校養老《ようろう》館、左右に長屋、南西角に

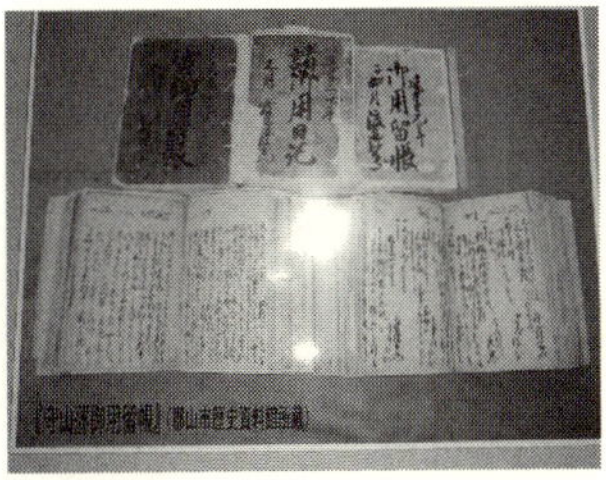
御用留帳

JR水郡線「磐城守山駅」

▼磐城守山駅
「磐城」の由来は、古代律令国家に遡り、養老二年（七一八）、南北に流れる阿武隈川の東側を石城〈いわき〉国、西側を石背〈いわせ〉国と区分し統治されたことにある。間もなく陸奥国に併合されたので、呼称だけが今に残っている。

稲荷神社を祀っていた。

守山陣屋の組織

宝暦五年（一七五五）、守山陣屋にも郡奉行が置かれ、大和田仲右衛門が松川陣屋から着任し、取り締まりにあたった。以後、幕末まで、計一〇名が郡奉行を務めた。

郡奉行は、毎秋の収穫状況を見定める検見《けみ》のための領内視察や、普段の領内の田畑の生育状況の見聞を行った。また、耕作放棄の田畑の有無、人口の減少対策の仕事も兼ねていた。

宝暦年間（一七五一〜一七六四年）には、郡奉行より菅笠《すげがさ》前金制度や漆《うるし》栽培の奨励などの勧農策が行われた記録が残る。

安永四年（一七七五）に、守山領に代官・矢野庄兵衛が着任すると、本来の稲作の田作りの奨励と共に養蚕《ようさん》業を統制するなどの勧農策が積極的に実施されたという。

天保年間（一八三〇〜一八四四年）の郡奉行には、三浦平八郎（のち、多門と改名）がいる。幕末に水戸勤皇派の影響下で、守山藩を勤皇派に導き活躍した三浦平八郎義質★は嫡男である。幕末の平八郎が鉄太郎と名乗っていた時分には、陣屋

陣屋藩士の墓所入り口

三浦平八郎の墓所

▼三浦平八郎
三浦の墓所は、松川陣屋にあり、吉田家奥津城の霊神にその名が刻まれている。

で見習い仕事をしていた記録も残る。
郡奉行以下は、代官、徒目付が各一名、手代、手代見習いが三～四名、医師二名、譜代組二名、中門三名、押役、足軽五名の職があった。代官は領内の年貢の管理、江戸への送金など収納全般、このほか、領内の忌服《きぶく》や穏便触《おんびんぶ》れ（通達）を藩士に命じる役を担った。また、江戸からの御用状の収受とその中身の確認なども行っていた。

郡奉行、代官はそれぞれ時には手代にその代理を務めさせながら、その持ち分を果たしていた。手代はそもそも武士の身分を有しない者から登用され、陣屋と各村の役人・領民との間を取りもつ役向きで、陣屋にとっては大切な役割を担っていた。

徒目付は、目付とも呼ばれ、押役と共に、主に祭礼や市の立つ日の見廻り、火災の身元調べ、水害の状況検分など領内の護衛に従事した。目付は江戸藩邸から交代で派遣された。文化・文政年間（一八〇四～一八三〇年）で一三人の目付が派遣されてきたと「御用留帳」は記録している。

中門は、陣屋の建物や庭の清掃・営繕などの維持管理にあたり、門番などの仕事を担った。足軽は、領内の農民から登用され、単身、陣屋内に居住していた。御用向きの書状の発送や送金業務の手伝い、普

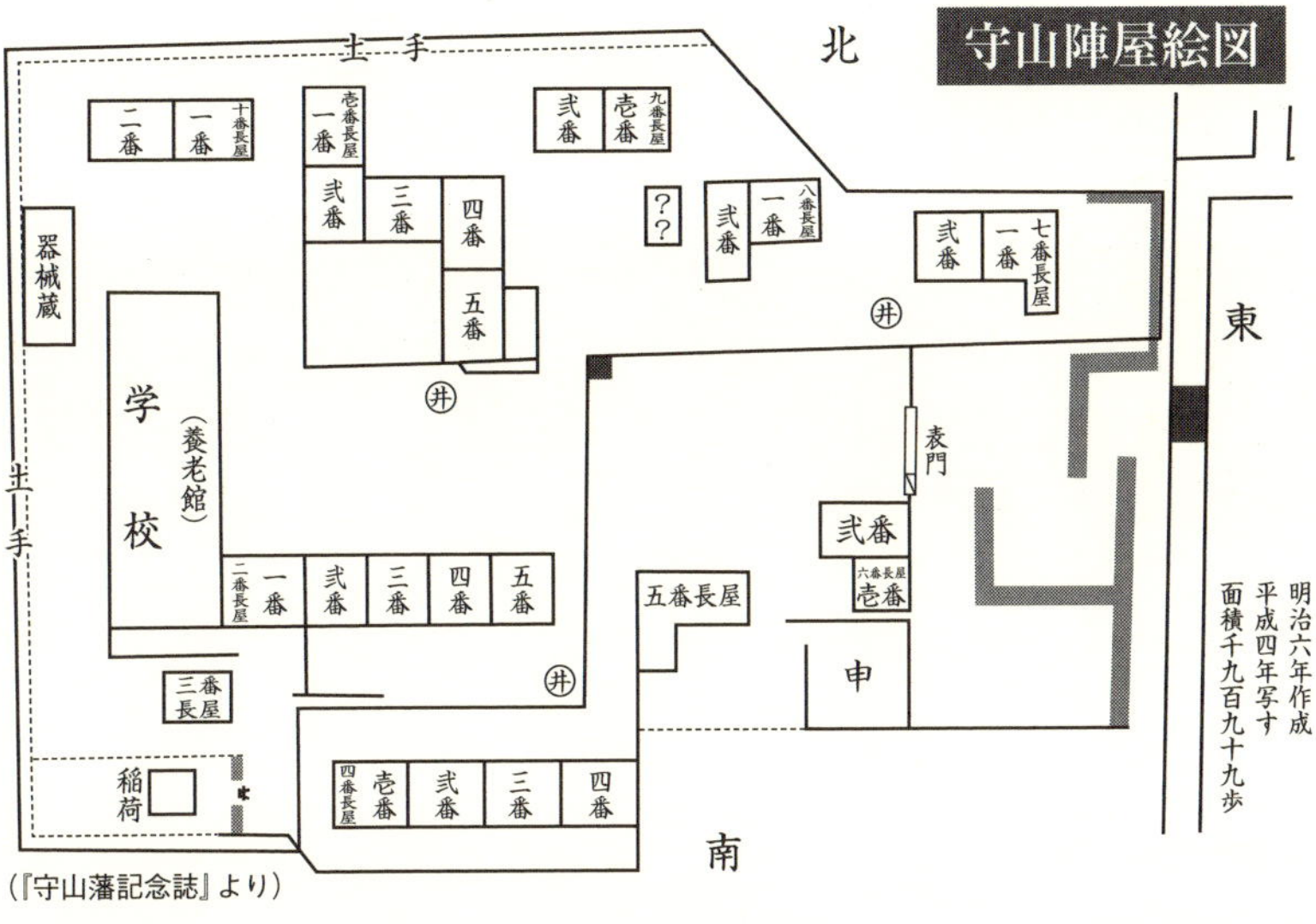

（『守山藩記念誌』より）

請の立ち会いや領内検分の梃子《てこ》の役割を担った。

歴代藩主は一人も守山領を自ら巡察したとの記録はない。しかし、藩主に就任する前、七代藩主となる頼之の巡察はあった。戊辰戦争中の慶応四年（一八六八）三月に、病弱であった六代藩主頼升は江戸から一族郎党三百余名を引き連れ、松川陣屋に逃れていた。

養子となった頼之は、明治元年（一八六八）十二月十六日、東京を出立、松川陣屋を経て、翌年正月六日、御《み》代《よ》田《た》、下行合《しもゆきあい》から村内を巡視した。管理地域巡見の本拠として、「居住之藩」のない白河城の拝借を願い出て滞在した。

七日にも村々を回り、各村で庄屋、組頭、長百姓らの出迎えを受け、無事に巡察を終えた。十日、松川陣屋に向け守山を出立し帰路についた。

唯一、守山領を巡察した藩主となった頼之は、最後の守山藩を担い、藩が廃された二年後、わずか十六歳で他界している。

最後の藩主となる頼之が参詣した鎮守山泰平寺大元帥明王・帥継院・善法院の全景古図
（田母神・鹿野氏提供）

これも守山

現在の守山藩邸跡

かつての水戸藩江戸上屋敷は、現在の文京区小石川付近である。屋敷内の庭園は、小石川後楽園として保存されており、国の特別史跡・特別名勝に指定されている。

小石川後楽園から、それほど遠くない同じ文京区の大塚三丁目付近に、守山藩の江戸上屋敷があった（下屋敷は武蔵国巣鴨村〈現・豊島区巣鴨〉）。

その跡地は、旧東京教育大学の設置（明治三十六年〈一九〇三〉）、移転（昭和五十三年〈一九七八〉）を経て、現在は文京区教育の森公園になっている。丸ノ内線茗荷谷駅から徒歩三分ほどである。

昭和六十二年に設置された入り口の説明板には「この地は徳川光圀の弟、徳川頼元が万治二年（一六五九）屋敷とした。その子頼貞は、元禄十三年（一七〇〇）常陸の国（茨城・行方）陸奥（守山）三郡二万石をうけ守山藩主として大学の頭を名のった。邸内敷地六万二千坪という」と書かれている。防災公園でもあるので、ゆとりのある広場や近代的な噴水池が整備されているが、守山藩の江戸上屋敷の遺構を探してみると……。

公園内の一部にうっそうとした「占春園」跡がある。隣接した筑波大学附属小学校の自然観察の場になっているのだが、これが、かつての守山藩上屋敷を偲ぶことのできる遺構であった。公開時間の制限はあるが、一般にも開放されている。足を踏み入れると、迷路のような小路、斜面を降りる階段が続く。そこを抜けると、池が現れる。夏に訪れたというのも相まってか、緑が深く深く生い茂っていた。

池の近くに、木々に揉まれて、古い碑が隠れていた。碑は、高さ一・四メートル、幅七七センチの鉄平石であり、占春園の由来が記されていた。篆刻が薄くかなり古いものである。旧東京教育大学が建てた説明板によると、碑は延享三年（一七四六）三月、守山藩二代藩主松平頼寛が、家臣岡田宜汎に命じて記させたものであるという。

「我が公の園は占春と名づく。その中観る所は、梅桜桃李、林鳥池魚、緑丈丹楓、秋月冬雪、凡そ四時の景有らざるは莫し。而し、名を占春と以ては何なり。園、舊は古桜樹有り。蔽芾藪丈。春花愛可し、夏蔭憩可し……」とある。

青山の池田邸、溜池の黒田邸と合わせて、江戸の三名園と称されていたという。冬・春には、多くの鴨が園池に集まり、また、ホトトギスの名所でもあったと伝わる。

ホトトギスは、『万葉集』に詠まれたり、戦国時代の天下人三人を表す句に使われたり、明治期には俳句雑誌のタイトルになったりと、古来より日本人に親しみのある鳥であるが、都心で、ホトトギスの声音が聞こえることは稀になった。

江戸定府であった代々の守山藩主は、この池を眺めながら、ホトトギスの鳴き声を聞いていたのであろう。遠い領内の藩政を仕切りながらどのように過ごしていたのであろうか。

③ 守山領と松川領の位置

守山領は福島県を南北に貫く阿武隈川のほぼ中ほどの東側の地にある。
松川領は茨城県鹿島灘沿いと涸沼、霞ケ浦、北浦に抱かれた地にある。
守山領と松川領は互いに遠国で、今は一本の鉄路で結ばれている。その周辺の地域を探ってみる。

守山領の周辺——福島県の概観からみて

守山領は福島県に属していた。福島県は、地形、気候、風土から大きく中通り、会津、浜通りと三つに区分される。

中通りは、県庁所在地である福島市、県の商工業の中心地である郡山市、さらに県の南玄関で律令国家づくりの最前線基地としての白河の関があった白河市の三つの都市が中心である。この線に沿って、阿武隈川が南から北に流れており、三つの都市を結んで東北新幹線が縦断している。

福島県の北部は、伊達家発祥の地であり、かつて半田銀山を抱えたその繁栄を今に留める桑折《こおり》町がある。陸羽街道（米沢市・山形市・秋田市へ通じる）の玄関口北隣、県境の町には国見《くにみ》町がある。国見町は史跡阿津可志山麓に広がる町で、

奥州街道と陸羽街道追分（桑折町）

名の通り、東北の雄藩として名を馳せた伊達勢力を養った信達《しんたつ》平野が一望できる土地柄である。この地形を利用して、平泉を根拠とした奥州藤原氏と源頼朝が一大決戦場とした。今その防塁を果樹畑に見ることができる。近年、平泉は世界遺産に登録された。

国見町から目を南に転ずると、二本松藩の中心であった二本松市がある。戊辰戦争では二本松藩は、幕府への忠誠から城はもちろん、町家まで壊滅的な攻撃にさらされた。戊辰戦争での二本松少年隊の悲壮な歴史は、大正四年（一九一五）に催された「戊辰戦争五十年祭」で少年時に従軍した水野好之によって明らかにされた。

現在の郡山市のうち、守山藩領に属する地域を除いた大部分は、二本松藩（十万石）の支配下にあった。藩の中心の安達郡が七万石余、郡山市にある安積郡が三万石余である。郡山市のなかでも守山領は比較的恵まれた土地柄であった。

本宮市は、平成十九年（二〇〇七）に安達郡本宮町と白沢村が合併して市制を敷いた町である。本宮は、二本松藩政下の商工・宿場町として栄えていた町で、明治時代は蚕糸業が盛んな町となった。磐越西線と磐越東線を建設するにあたり、当初の基軸の町は、本宮の予定であったが、ばい煙を嫌って、鉄路が変更された。

本宮の在郷商人として栄えた佐藤家を祖先としているのが、福島県前知事の佐藤栄佐久氏である。前知事は、国民を不安と恐怖に落とし入れた原発事故発生に

二本松少年隊士の墓所（二本松市・大隣寺）

往時の本宮町の街並み（佐藤栄佐久氏提供写真）

先立つ二十年余り前から、東京電力や通産省（当時）、経産省、保安院に警鐘を鳴らし続け、県民の安全と安心、国家経済社会への安寧にその意を尽くした人物である。元々、佐藤家は守山領で荷駄に欠かせない防水の桐油紙や雨ガッパを製造・販売した「合羽屋」の屋号で商人として栄えていた。のち、上杉時代の臣であった小沼伊賀守と共に、活動の本拠地を本宮に移し、南町づくりに活躍した家柄である。

さて、南に下ると、守山領と隣接する須賀川市がある。松尾芭蕉が、全行程の中で最も長く滞在した町である。早くから宿場町として栄え、近郷近在の物資の集積地で、守山藩の御用商人も須賀川の市村家が担っていた。戊辰戦争直後には、激戦地となった白河に置かれた医術講議所を引き受け、須賀川医学校が開校した。関東大震災の復興に尽くした後藤新平も学んだ医学校で、当時、日本に三校（東京の開成医学校、京都医学校）しかない医学校の一つであった。

このように、中通りは、宮城県境から栃木県境まで、一二〇キロメートル余りの距離がある。これは、下野国宇都宮から江戸へ、上野国高崎から江戸への距離に優に相当し、広大な面積を有していることが分かる。

次に、会津と浜通りについて略記しておく。会津は、全国的に知れわたった土地であるが、ひと口に会津といっても、広大な領域である。会津のうち南側は、

後藤新平
（岩手県出身、生没年1857～1929年）

白河医術講議所跡の碑（石塚次男氏の案内）
（白河市本町・平成二十二年四月一日撮影）

蔵入地と称されている。蔵入地は南山領として、会津藩の管理の下の天領であった。その土地柄は気高いものがある。会津への守山領からの街道は、本宮を経るか、郡山を経るかの道であった。「会津に凶作・飢饉なし」の言い伝えがあるように、古来より豊饒の地で、会津藩は内高二十三万石であったが、幕末までに内高は四十万石を超えた。会津は戊辰戦争の激戦の地である。

浜通りは、江戸から水戸を経て仙台に通じる陸前浜街道沿いである。旧磐城・旧磐前・旧菊多郡の石城郡であったいわき市のいわき地方と、旧楢葉・旧標葉郡の双葉郡と旧行方・旧宇多郡の相馬郡との相双地方とからなっている。東日本大震災に伴う原発事故で、特に相双地方は、幾世代にもわたる深刻な被害が考えられ、現在進行形で原発災害が最も悲惨な状態で生じている地域である。

守山領から浜通りへ入る街道は、中ノ作湊へ通じる石城街道と相馬中村城下に通じる中村街道であった。特に石城街道は、浜通りへ入る浜街道として塩や魚類をはじめ、海路による江戸への廻米など物資の流通がみられた。

古代律令時代の国名で分類すると、阿武隈川の東側が石城国、西側が石背国であった。江戸時代、石城国に平藩、中村藩、三春藩、棚倉藩、泉藩、湯長谷藩、守山藩。石背国に二本松藩、福島藩、会津藩があった。白河藩、下手渡藩はこの時期、他藩及び天領となっていた。これらを合わせて一二藩が現在の福島県にあ

会津藩初代藩主・保科正之

会津藩9代藩主・松平容保

った。

　このうち、平、中村、三春、棚倉、二本松、福島、会津、白河の各藩が城郭を持った藩で、このほかは守山藩と同様、本藩でありながら陣屋支配にあった。また、白石、笠間、高田、新発田、土浦等一五藩に及ぶ藩の分領と、塙代官や小名浜代官などの支配による天領があった。

　明治四年（一八七一）の廃藩置県後、中通りは福島県、会津は若松県、浜通りは磐前県（亘理郡・伊具郡・刈田郡を含む）とされ、明治九年にほぼ現在の「福島県」の原形が形づくられた（会津の東蒲原郡は明治十九年に新潟県に編入）。全国で三番目の面積を有する。

　明治四年の戸籍法則の発布によれば、福島県成立時における三県の県勢の概算は、福島県が石高四十七万石、戸数五万戸、人口二七万人、磐前県が石高四十二万石、戸数四万戸、人口二四万人、若松県が石高三十四万石、戸数四万戸、人口二〇万人であった。合わせて、石高百二十三万石、戸数一三万戸、人口七一万人であった。

　守山藩の守山領は、福島県のほぼ中央に位置し、その支配領域はごく限られた領地を支配していたに過ぎないが、江戸時代を強く生きた人々の歴史が残されている。

三県並立の頃
明治四年十一月（廃藩置県）から九年八月

松川領の周辺——茨城県の概観からみて

常陸国のほぼそのままの国域が、ほぼそのまま現在の茨城県になっている。松川領は、常陸国にあった。養老二年（七一八）五月、それまで常陸国の北端の菊多・石城・標葉・行方・宇太・亘理の各郡が割譲され石城国が置かれ、のちに陸奥国の一部となった。

常陸国は、延喜式にみる東海道のひとつで、最東端の大国であった。古代律令制下の国府は、現在の石岡市に置かれ、霞ヶ浦の西北端に位置し、利根川の水運で太平洋に漕ぎ出すことができる地の利があった。

利根川の河口には、古代から鹿島神宮が祀られていた。守山領の山中村に鎮座する大元帥明王は、坂上田村麻呂によって祀られている。田村麻呂は、鹿島神宮の祭神と香取神宮の祭神を蝦夷征伐の軍営に掲げ、久慈川沿いに軍を進めた。のち、征伐の地に鹿島神宮と香取神宮の祭神を分霊、祭祀した。

これが、守山領から南東の地・棚倉町に鎮座する延喜式内社・都都古和気《つつこわけ》神社（陸奥国一の宮。元々は日本武尊が白河・表郷の三森にある建鉾山に祀った古社としてあった）である。建鉾山の頂からは、守山領の地が一望できる（ちなみに、延喜式内社の最北端にある志賀理《しかり》神社の由緒も同じである）。

志賀理神社（岩手県紫波町）

建鉾山山頂
（石塚次男氏の案内。平成24年７月８日撮影）

常陸国は、豊かな歴史的風土に彩られており、和同六年（七一三）に官命により編纂された風土記のひとつに『常陸国風土記』があった。

中世には、平将門が活躍した舞台で、守山の地から北東の相馬（太平洋側）の地は、将門を縁としており、現在も「相馬野馬追い」の祭りが盛大に行われている。

南北朝時代の『神皇正統記』は、北畠親房により常陸国小田城で著された。これは、陸奥国の武将に向け、特に白河を本拠地とする結城氏に対し、南朝のあるべき姿を説いている。親房の長子・顕家は建武政権の鎮守府将軍として多賀城を根拠に活躍した。傘下には、当時、守山を本拠としていた田村庄司一族も馳せ参じている。守山地方の領主田村氏は、秀吉の小田原攻め、奥州仕置により、改易となった。

常陸国は、一二の郡に区分されていた。久慈川の北東の多賀郡、久慈郡。那珂川の北側の那珂郡。水戸を含む涸沼のある東茨城郡その西側の西茨城郡。霞ヶ浦の西北、筑波山がある新治郡、真壁郡、筑波郡。霞ヶ浦南側の信太郡。利根川沿いの河内郡。北浦の東側、鹿島灘に沿った鹿島郡。さらに霞ヶ浦と北浦に挟まれた行方郡である。松川領は、茨城郡、行方郡、鹿島郡の三郡に領地を有していた。

昭和九年（一九三四）、水戸と郡山間に鉄道（水郡線）が敷設され全通した。Ｊ

平将門
（10世紀中頃、関東地方を手中に収めた）

R水郡線水戸駅から、臨海鹿島線に乗り換えることができる。また、水郡線は上菅谷駅でV字形に常陸太田へ向け鉄道が敷設されている。常陸太田の北側には守山藩主の歴代の墓所がある。松川領と守山領が、現在も結ばれているようである。

　次に、松川領から守山領までの道のりを示すと、常陸太田から北に延びる国道三四九号線（常陸街道または棚倉街道と呼ばれる）を、塙町を経て棚倉町まで北上すると、久慈川の源流・白子川に至る。さらに北上し、丘陵を越えると、阿武隈川の支流で、北に向け流れるという珍しい社川が流れる。この一帯の地名は逆川といわれている。逆川から阿武隈川を越えることなく東岸を北上すると、守山領に至った。実に、風光明媚な地域である。

　松川領は現在の福島県民にも茨城県民にも馴染みがないが、確かに常陸国にあった守山藩領なのである。

ＪＲ水郡線のＶ字線と逆川付近（棚倉町）

守山あれこれ

下賜金と川崎銀行
——旧松川領のその後

旧松川領に現在も居住する小室家より、明治時代の様子について次のような話を伺った。

「幕末・維新も過ぎた明治八年（一八七五）、松川に移り住んだ旧藩士五一人に旧藩主から御下賜金二〇〇〇円が下された。旧藩士たちは、これを分けるのではなく、相互扶助の資金として一括して川崎銀行に預け、それぞれの家で用立てが必要な時に借りて生活資金として遣い、のちに年利三・五パーセントで返済するようにしたという記録が残る。返済を怠った者は一人もいなかった。時が過ぎ、太平洋戦争が激しくなった昭和十八年（一九四三）、預けていた資金を、一人当たり一六円をもって分配して御下賜金を清算した」という。

下賜金を長きにわたり運用できたのは、小室家、木内家、吉田家の三家で管理していたためであった。

これは、明治八年に断行された、明治新政府の旧藩家臣団解消政策である秩禄処分による金禄公債発行に伴う資金のことであろう。

資金は、川崎銀行に預け運用されていたという。明治九年、のちに安田財閥を形成する安田善次郎と共に第三国立銀行を設立した川崎八右衛門が関係している。川崎は、明治八年、川崎組を設立して保険・貿易・鉱業等の事業展開の足がかりとし、明治十四年に一人で東京・日本橋に川崎銀行を設立した。この間、川崎八右衛門は安田と共に発起人の一人として第百銀行も設立していた。

涸沼駅

小室家の口伝にある「川崎銀行に御下賜金を預けた」とは、川崎が川崎組を設立する際に、資金を寄託したのではないかと考えられる。川崎家は、涸沼西岸の海老沢村で代々、回漕問屋を営んでいた家であった。水戸藩徳川光圀に取り立てられ、家禄三十石を知行、水戸家御用商人で地方の名門であった。

さらに、「昭和十八年、清算した」理由は、以下に説明される。川崎銀行は、富国強兵・殖産興業の下で、金融機関として合併、併合を繰り返し、昭和二年、川崎第百銀行を経て、昭和十一年、第百銀行になった。そして、ついに昭和十八年四月一日に三菱銀行に吸収合併された。この合併は、「蟻が象を飲み込んだ」と言われている。合併により金融業から川崎家が手を引くこととなったことを機に、清算が行われたものであったのではないかと考えられる。

旧松川陣屋に残る、明治時代の貴重な話であった。

第二章　守山藩の展開

常陸国三四カ村、陸奥国三一カ村。変わらぬ領国支配が百七十年余り展開された。

①　領国支配

守山領三一カ村は、気候・風土を共にする一塊の地であった。
松川領三四カ村は、気候・風土を異にし散在する村々の相給地としての支配であった。
両領民が往来し、交流した記録は残されていない。

六五カ村について

守山藩は立藩当時、陸奥国にある守山領二六カ村、常陸国にある松川領三四カ村を治めることとなったが、その後、守山領が分村され三一カ村となったと前述した。

具体的に紹介すると、陸奥国田村郡内の三一カ村、常陸国茨城郡内の八カ村、鹿島郡内の一五カ村、行方《なめかた》郡内の一一カ村である。二国四郡六五カ村にわたる領地の拝領であった。

守山領三一カ村は、上郷、中郷、下郷の三地域に分け領国支配を行っていた。すなわち、南側から阿武隈川に沿って陣屋の置かれた守山村を基点として「上《かみ》郷《ごう》」★、ここから北方に位置する村々を「下《しもごう》郷」★、その中間の村々を「中《なかごう》郷」★と区分

▼上郷
上郷には、陣屋が置かれた守山村をはじめ、岩作村、山中村、大供村、正直村、御代田村、徳定村、大善寺村、小川村、金沢村、金屋村、手代木村、上行合村、下行合村の一四カ村。

▼下郷
下郷には、南小泉村、北小泉村、上舞木村、下舞木村、山田村、根木屋村、木村村、芹沢村、三城目村の九カ村。

▼中郷
中郷には、横川村、大平村、蒲倉村、荒井村、白岩村、下白岩村、安原村、阿久津村の八カ村。

していた。

　松川領三四カ村は、涸沼のほとりに陣屋が置かれた茨城郡★、太平洋鹿島灘と北浦に挟まれた鹿島郡★、北浦と霞ヶ浦に挟まれた行方郡★にそれぞれが点在していた。

石高について

　守山藩（二国四郡六五カ村）の石高の実際は、田村郡内が一万八千七百石余、茨城郡内が三千七百石余、鹿島郡内が一千六百六十石余、行方郡内が三千三百五十石余であり、合わせて二万七千四百石余であった。この内七千四百石余は、「込高也」と称されての石高である。

　頼貞の父頼元の額田領時代も石高二万石であったが、太平洋の鹿島灘と涸沼、北浦、霞ヶ浦に挟まれた所で、さらに、潮風や湿地により地味が悪く農耕には十分には適さない「悪所」と呼ばれる所であった。

　守山藩として拝領した領地は、表高二万石、込高七千四百石余と表高に対して込高が多い。これは、額田領の返上にあたって、領国支配の困難さを幕府に口上書として訴え、年々五千石が合力★として認められたことによる。

　新領を支配していく条件として、守山領は陸奥国という遠国で、年貢米の江戸廻送の出費が嵩むことや、領内の切支丹宗門や鉄砲改めなどに役人を多く抱える

▼茨城郡
茨城郡には、松川陣屋がある成田村をはじめ、神山村、神宿村、城之内村、下座村、柴高村、堅倉村、竹原上郷村の八カ村。

▼鹿島郡
鹿島郡には、白塚村、大竹村、青山村、安塚村、青塚村、津賀村、荒野村、小山村、清水村、神向寺村、平井村、国末村、泉川村、居切村、萱野谷新田村の一五カ村。

▼行方郡
行方郡には、長野江村、穴瀬村、金上村、帆津倉村、蔵川村、成田村、内宿村、小貫村、両宿村、次木村、於下村の一一カ村。

▼合力
援助・支援を受けること。

必要があることなど、部屋住み同様であった額田領支配時代と比べ、物入りが多くなったことが理由であった。

ちなみに、立藩当時の守山領の戸数は一六三五戸、人口は七三二八人であった。★

▼およそ三世代後には天明の大飢饉があった。天明六年（一七八六）の記録には戸数一三七四戸、人口が六二九〇人とある。

守山領・松川領の位置図

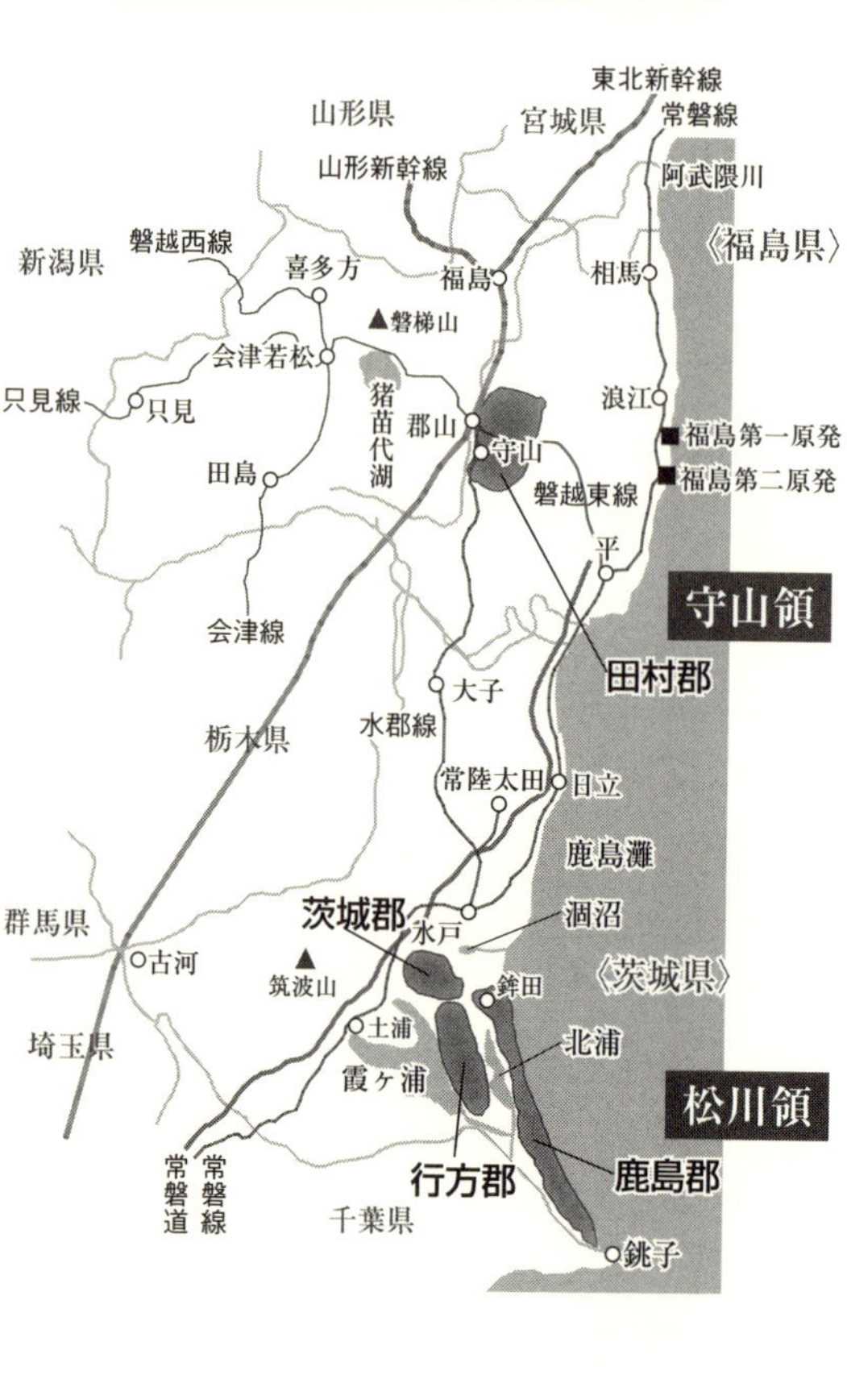

② 藩の台所事情

守山藩の年貢収納は、守山領がその多くを担い、松川領は、小物成・運上金に負うことが主であった。
守山領の年貢米の江戸廻米は、村人の手により行われ、みごとなものであった。
本道回し、那珂川回し、海上回しと、一路、江戸本所を目指したのである。

年貢米と小物成

守山藩の台所事情、いわば財政と産業は、六五カ村からの年貢である二万石（込高七千四百余石）の収納によって賄われていた。松川領についての記録は大部分が失われてしまっているので、主に守山領についてみることにする。

「守山御家譜大全」によると、年貢米の量は元禄～安永年間（一六八八～一七八一年）にかけて増加し、九八〇〇俵余を超えた。天明の凶作の時は、七〇〇〇俵から六〇〇〇俵台に減収した。

享和～文化年間（一八〇一～一八一八年）における守山領のほぼ平均した本途物《ほんともの》成《なり》の年貢米は、八九二〇俵余であった。

天保十年（一八三九）の大豊作を除き、弘化～嘉永年間（一八四四～一八五四年）

から幕末期にかけては、八九〇〇俵台の収穫米があった。

この他、小物成には、紅花、松雑木年貢、桑蚕、縄役、鰻漁運上役、漆役、菅笠などがあり、ここからの収納も財源となっていた。

守山藩の年貢の収納は、幕府領全般で行われていた毎年の作柄を見る「検見」取りである。宝暦年間（一七五一〜一七六四）には、各村の窮乏状態から年貢を三年から五年間一定にする「定免」取りが行われるようになった。

延宝の検地——守山藩の立藩前

年貢の収納は、村ごとの石高による村高である。つまり、守山領の石高（一万八千七百余石）は、三一カ村の村高の合計額ということになる。

各村の村高は、検地により定められていた。守山領内の検地は、守山藩が立藩して以降、行われることはなかった。すなわち、立藩する約二十年前の延宝《えんぽう》元年（一六七三）から八年間かけて行われた「延宝の検地」による村高を基にしていたのである。

立藩する以前の守山地方は、寛永二十年（一六四三）〜延宝六年までの三十五年間は幕府領で、阿武隈川の対岸西北に位置する二本松藩の預り領★であった。

延宝六年、幕府は守山地方を直接支配することとした。幕府は直ちに、守山領

▼預り領
二本松藩は丹羽氏が統治しており、寛永二十年に白河城主から転封されたばかりであった。これ以前の守山領は、会津の加藤氏の領地に属していた。

の南東にある棚倉《たなぐら》藩主内藤氏★に対し、守山地方の検地を命じた。これが、「延宝の検地」である。

内藤信勝は、脇田《わきた》次郎左衛門を検地奉行に任じた。脇田は、検地役人朝比奈平蔵、森田市郎兵衛、牧野三郎兵衛、中嶋平右衛門らと検地にあたった。この時、村の鎮守である坂上田村麻呂を祀る「大元帥明王」に誓いを立てている。

検地は、肥えた土地、痩せた土地、林や原野、広い狭いにかかわらず、延宝八年三月にすべて終了した。幕府は、脇田らに「銀時服羽織」の褒賞を与えた。

この褒賞をもってしてか、誓いを立てた大元帥明王の境内に、同年六月、脇田らは石造りの灯籠を一基寄進している。「誠に惶《おそ》れ多いことであるが敬って曰す」と銘文を刻み、検地状況の概要を記した。検地の検断を務めた者が実施状況を記し、後世に残したのは全国的に例がないといわれている。

このように、守山領の石高は、「延宝の検地」が基にされた。廃藩置県が断行されるまで変わらなかったことは、珍しいことといわれている。

守山領米の江戸廻送

年貢米の総量は、幕末に至るまでほぼ八九〇〇〇俵余であった。安永年間（一七七二～一七八一年）は、九〇〇〇〇俵を優に超える収納があった。このうち九割近く

▼**内藤氏**
内藤氏は、近江長浜よりの転封であった。丹羽氏が、寛永四年（一六二七）に棚倉藩から白河藩に転封（加増）されたためその後任となる。

全国的に貴重な碑

が、江戸に廻送されていた。★江戸への廻米は、寛政期（一七八九〜）までは、ほぼ七〇〇〇俵余であった。これ以降は、御膳米は江戸へ廻送し、そのほかは地元で売却され、その代金が江戸藩庁に運ばれ納められていた。

廻米先は、江戸本所石原町にある守山藩蔵屋敷（現・東京都墨田区の隅田川蔵前橋の近く）である。年貢米は、各村に割り当てられた人足によって、米蔵より矢吹まで運ばれた。矢吹から下屋敷までは、運送費は村負担の下、庄屋が運送の差配を務めた。運送の道筋は、本道回しと那珂川回し（那珂湊までの海上回しをも含む）があった。★

本道回しは、寺子から、大田原、佐久山、喜連川、氏家、そして鬼怒川の水運の中心といわれた阿久津河岸に至り、ここから鬼怒川の水運に乗り、利根川と合流し関宿に至った。

那珂川回しは、寺子から、那珂川の黒羽河岸に出て、松川陣屋がある涸沼を渡り、涸沼の西端の海老沢から巴川（小美玉市の下吉影で北浦に注ぐ）に至る。巴川を下ると鉾田市塔ケ崎で、北浦を渡舟し利根川の水運によって関宿に至った。

両筋とも関宿（茨城県と千葉県、埼玉県の県境）に着く。関宿から南本所石原町の下屋敷までは、両筋とも同じで、野田、松戸を経て、江戸に入り、中川、隅田川と下った。★

運送に要した労力は大変なものであったが、その経費は、時代によって違い、

▼天明の大飢饉があった天明三年（一七八三）の収納米は七四七八俵で江戸への廻米はわずか二〇〇俵であった。残りのうち二千俵は、三春藩をはじめ凶作の近隣の藩へ夫食米として売却し、同じく二千俵は領内の民の撫育米として備蓄している。

▼両道筋とも守山を出発し、矢吹、小田川、白河、白坂と進み、境明神を経て現在の栃木県に入り、寄居、芦野、そして那須野の寺子に至る。ここまでは同じ道筋である。

▼この道筋以外での廻米も行われたことがあった。石城（いわき）街道を利用する道筋である。守山から阿武隈山地の山越えをし、小名浜（いわき市）の中ノ作湊に出て、海運によって那珂川の河口那珂湊から涸沼川に入り、涸沼に至るという道筋であった。涸沼から江戸までは那珂川回しと同じとなる。

江戸廻米の行程図

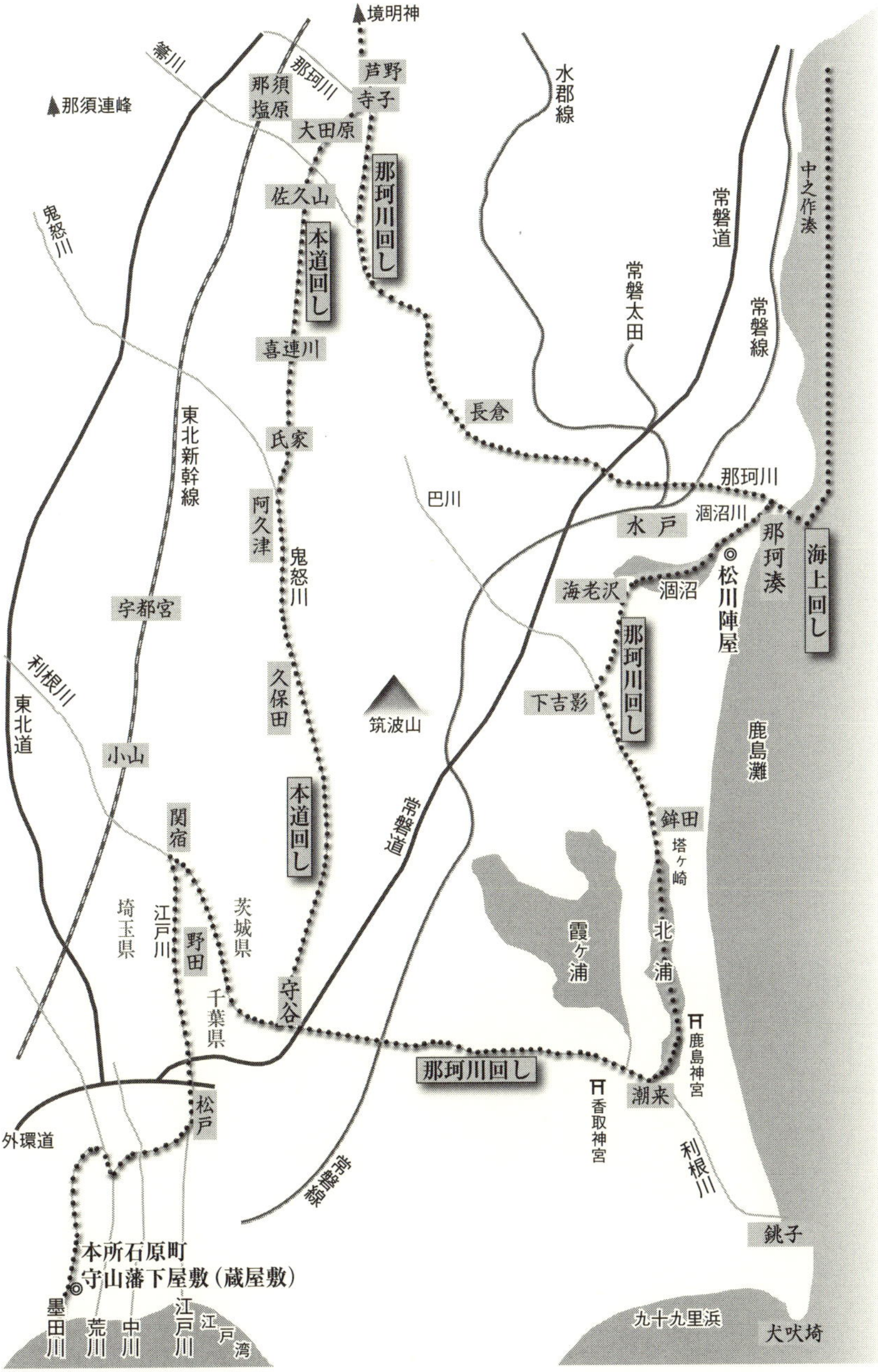

境明神
芦野
寺子
箒川
那珂川
那須塩原
那須連峰
大田原
佐久山
那珂川回し
本道回し
水郡線
常磐道
中之作湊
鬼怒川
常磐太田
常磐線
喜連川
長倉
東北新幹線
氏家
那珂川
巴川
涸沼川
水戸
那珂湊
海上回し
阿久津
鬼怒川
松川陣屋
海老沢
涸沼
宇都宮
那珂川回し
利根川
久保田
下吉影
東北道
筑波山
鹿島灘
小山
本道回し
常磐道
鉾田
関宿
塔ケ崎
埼玉県
江戸川
野田
茨城県
霞ケ浦
北浦
千葉県
守谷
鹿島神宮
那珂川回し
香取神宮
潮来
松戸
外環道
常磐新線
利根川
銚子
本所石原町
守山藩下屋敷（蔵屋敷）
九十九里浜
墨田川
荒川
中川
江戸川
江戸湾
犬吠埼

天候にも左右された。守山から江戸までの廻米の経費は、天明三年（一七八三）は四〇〇〇俵で二九〇両余を要し、時代は少し下るが、文化十年（一八一三）の松川から江戸までの廻米経費は、八八両余を要した。

稲作と村人の営み

守山領の人々の営みは、各村々にあった。

隣村の出来事は、日を置かずに伝わったように、守山領三一カ村はすべてが地続きであった。領内の南部から、上郷・中郷・下郷と区分していたにしても、同質の共通性があるものだった。

各村や村人にとって、一番の気がかりは、その年の稲作の作柄、秋の実りを迎える時期に毎年行われる領内大検見である。検見は陣屋役人総出で、四日から五日かけて全村一斉に順に巡った。陣屋にとっても各村にとっても一大行事で、稲作の出来不出来は、村全体の力仕事であった。

各村の庄屋は、村全体のその年の出来高や、個々の村人の日々の生活についても、陣屋役人に話をしている。田づくり稲作に専念した者、親孝行の者、農作業に工夫を凝らした者など、村人の営みは多岐にわたるものであった。

守山領に今でも残る稲作に関する営みを紹介しよう。年が明け、正月気分がさ

鎮守山泰平寺（現・田村大元帥神社、旧山中村）

める頃になると、村人は緊張した。村人がその年に守るべき条目を読み聞かせる陣屋役人が、各村々に派遣されてくるのである。

二月に入ると、この年の田仕事を中心とした農作業を無事行い豊作を祈る「田の神」を迎える神事が行われた。村の鎮守で行われる「どんど焼き」で正月様を送り、虫除けや雨乞いの祈りも行われた。

四月に入ると、阿久津村では「太々神楽」が奉納され、豊作が祈願された。藩の祈願寺である堂坂の妙音寺では、観音様の祭礼が行われ、近郷近在から大勢の人が訪れ、大変な賑わいとなった。

六月の山中村での「大元明王」の祭礼は格別であった。祭神は坂上田村麻呂、村人の英雄であった。陣屋では、領内の安寧のため目明しや押役を見廻らせた。

八月には、守山村の城山八幡宮の祭りが行われた。神輿渡御には、村人とともに陣屋役人も打ち揃って祭りを祝った。

九月に入ると、陣屋役人の大検見である。

十月には、馬市が開かれ、近在から大勢の馬買人が集まった。藩では駒役を設け、馬産を奨励していた。文化～文政年間（一八〇四～一八三〇年）の領内では、ほぼ八〇〇頭を超える馬が飼育されていた（毎年三月、領内の馬数が駒役の下で調べられていた）。天明六年（一七八六）の人別の調査による領内の戸数は、一三七〇戸余、人口六二〇〇人余であったため、馬は半数以上の家で飼われていたこ

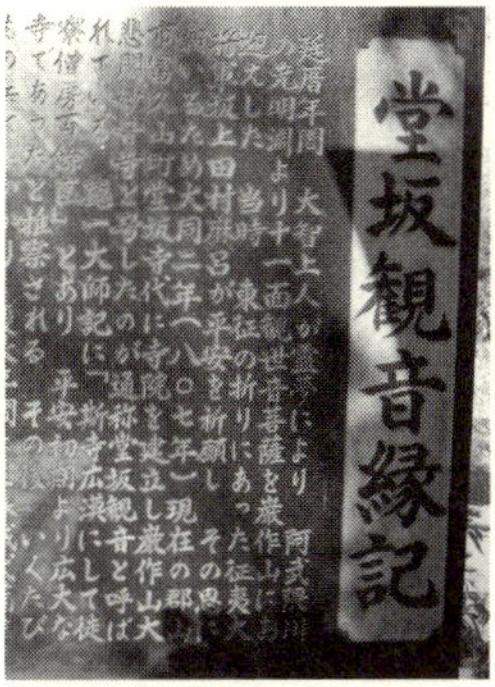

妙音寺・堂坂観音

玩具・三春駒

とになる。馬市は、陣屋の管理の下、その年の十月の中頃に行われた。せりの売上げの一割が藩に納められ「御増言《おましごと》」と呼ばれた。松川陣屋からも毎年馬買人が派遣され、せりに加わった。

守山領の東北隣が三春藩である。現在でも郷土玩具として「三春駒」が作られているように、三春領内では特に馬産が盛んで、せり市の馬は、三春産が多かった。文政年間（一八一八～一八三〇年）の初め頃には、守山領でも藩で買い上げた馬を藩内の村人に貸し付け、種馬として飼育させた事など、馬産を積極的に奨励している。

馬のせり市が行われている一方、各村々では、村人が助け合いながら稲の刈り入れ、畦《あぜ》かけによる天日干し、脱穀、するす（玄米にすること）と、収穫を喜びながらも気忙しい作業に追われた。

年貢を納めるための俵や筵《むしろ》作りも行われていた。脱穀した稲藁の束を下から水に浸し、水を切って柔らかく腰を強くする藁打ちをして、ひと俵ずつ村人たちが二人一組となって向かい合って編み上げた。

俵を形づくる左右の桟俵《さんだわら》★も作られ、俵を仕上げた。サンダワラは、現在でも坂上田村麻呂の生母を祀る伝承をもつ徳定村の谷地権現に安産や子育てを祈願する際に供えられている。

筵《むしろ》は一駄につき一枚の割で作られ、年貢として納められた。

徳定村の谷地権現の夏祭礼
（鹿野氏の案内にて、平成23年７月25日撮影）

祠の中のサンダワラ

▼桟俵
米俵の両端にあてる藁製のふた。

③ 寛延二年の一揆

寛延二年（一七四九）は寒冷の年であり、凶作であった。
守山領の村人は呻吟し、藩に対し「願いの儀あり」と立ち上がった。
義挙は語り継がれ、その慰霊は、平成の世に引き継がれている。

願いの儀あり

本節では、守山領で起こった一揆★の記録を紹介する。守山で生きた村人の叫びである。

寛延三年（一七五〇）七月二十三日、村人四人が「強訴《ごうそ》徒《と》党《とう》打毀《うちこわ》し」の科《とが》により、獄門・打ち捨てとなった。下郷・根木屋村の小右衛門、市左衛門、善兵衛と、中郷・白岩《しらいわ》村の七郎右衛門である。その罪は、前年である寛延二年十二月、下郷の村人たちが「願いの儀あり」と、騒ぎ集まったことから始まった。

経緯を示していく。十二月二十三日に始まった騒動は、二十四日の夕暮れには、上・下舞木《もうぎ》村周辺に大勢の村人が集まり、根木屋村、木村村へと飛び火していった。木村村の村人たちは、隣の三城目村に向かい、口々に「よき（斧）、なたを

▼守山藩での一揆の発生は一二回を数える。例えば、質物奉公に関する一揆（一七三六年、一七四六年）、名主不正に対する一揆（一七九〇年、一七九四年、一七九八年、一八四六年）、村役人不正に対する一揆（一七九〇年）、助郷反対一揆（一八三五年、一八六三年）などである。

持って出てこい、出てこなければ家をつぶすぞ」と怒鳴って回った。

この動きを、いち早く陣屋に通報した者がいた。上郷にある木賊田村《とくさだ》（安永九年〈一七八〇〉に徳定村と改名）に出向いていた陣屋役人河野善右衛門で、木賊田村の村人から下郷の村々の不穏な動きを聞き取っていたのである。

一方、同日の夜半、大平村の観音山に大勢の村人たちが集まった。その勢いは、ついに一揆となった。二十五日の昼過ぎ、一揆勢力は陣屋を目指し、山中村の大元帥明王を祀る明王山に集結し、周辺の村々★も、次々と一揆に加わっていった。

そして、陣屋を目指し南下する道々で陣屋支配の末端を担っていた庄屋・長百姓・目明し宅を襲い、打ちこわし、その勢いは守山領三一カ村すべてに及んだという★。

二十五日暮れ六ツ半頃、陣屋に「御目付様」と宛名書きされた投げ文があった。陣屋では、徒目付小泉津右衛門が中間《ちゅうげん》らを従え応対し、一揆勢の村人の要求を聞き届けた。

これにより、暮れ四ツ半（二十三時）には村人たちは退散し始めた。

徒目付が受けた要求は、「御百姓願之次第口上之趣」として一四カ条にわたっていた。

その主な要求とは、「一つ、年貢を納めるため、種・夫食《ぶじき》・鍋釜まではたいて

▼村々
阿久津、安原、横川、下白岩、木賊田、御代田、正直の村人たちである。

▼
二十五日に一揆の被害に遭った者の記録が詳細に残る。山中村・新兵衛（目明し）、大善寺村庄屋・次郎左衛門、木賊田村庄屋・喜左衛門、守山村・七郎左衛門（陣屋の取次役）は、家屋敷が徹底的に打ちこわされた（七郎左衛門は家具をはじめ衣類、穀物、酒桶、書類、帳簿類に至るまで打ちこわされた）。このほか、守山村（常右衛門、仁左衛門）大善寺村（善蔵）、金屋村（善右衛門、初右衛門）、安原村（兵左衛門）、下行合村（孫左衛門、半之充、伊右衛門）、小川村（長右衛門）でも白米や酒の蔵などが打こわされた。打ちこわしの対象の多くは、庄屋、長百姓など村役人を務める村人たちで、兼ねて商いを営んでいた。その中には、山中村の武兵衛のように、居宅や家財道具への打ちこわしの凄まじさを恐れ、自ら米飯や酒を提供した者もあった。

しまったので来年も『百姓ニ相成申候様』にしてくれ。二つ、隣藩の三春や二本松と同じように年貢を半減免にしてくれ。三つ、年貢米は一俵四斗入りの勘定なのに、実際は四斗五升三合も詰めさせているため、これを十九年前の星庄兵衛の時の扱いにしてくれ。四つ、年貢米の搬送の津出しは矢吹宿としているが、駄送と駄賃で困苦しているから、村々から一番近い舟場にしてくれ」というものであった。★

村人たちの要求に対し、陣屋では回答を与える何らの権限ももっていなかったので、三日後の二十八日、代官庄司弥一右衛門と徒目付小泉津右衛門が松川陣屋に向けて出立した。

松川陣屋では、これを受け、郡奉行大和田仲右衛門が江戸藩庁へ出府して、正月四日に吟味が始まり、六日に二代藩主頼寛が以下の命を下した。

「何しろ百姓たちの激叫も、『下賤の者共、礼儀をも存ぜず、慾をもって強訴』の挙に出たもの。年貢については、いろいろ売り払い納付し、もう食料も何も残っていないだろうから、藩が借金をして百姓に貸し与えよ。村人の質物奉公人の借金は、年賦払いの延長とせよ。年貢米廻送の駄賃は免除しないが、矢吹までの駄賃の内、年貢金だけは免除すること」となった。このほかの要求は、奥方の死去などで藩の財政が物入りであったため、と退けられた。

▼このほか、藩から借用している質物奉公人（借金の担保に人質として奉公人を金主に渡すこと）の身代拝借金を無利息にしてくれ、江戸まで行った廻米の不足が生じても御免してくれ、取次役の七郎左衛門には遺恨はないが、村の負担を考え廃止してくれ、日頃から村人たちが不満を抱いていた「目明し新兵衛」を申し受けたい、村々の庄屋が奢り贅沢をしているから替えてほしい、陣屋役人の交代を三年から一年にしてほしい、などという要求で、あらゆる方面への不満があったことが分かる。

大平村の観音山

近隣諸藩の動きと一揆の断罪

そもそも守山領の一揆は、自然発生的に起きたものではなく、隣藩の一揆が導火線となっていた。三春藩では、寛延二年（一七四九）十二月十二日、領内にある笹山村（現・田村市笹山）の村人辰五郎ら十数人によって一揆が始まった。凶作による生活の困窮と、潰れ百姓の手余り地へ他領（上総国）の領民が移住したことへの不満などが原因であった。三春城下での米穀屋・酒屋が打ちこわしに遭った。

三春藩の一揆は、家老秋田治平らの裁断により、村人たちの要求がほぼ受け入れられ、十七日に収束した。年貢の半免や、郡代、郡奉行の百姓方への引き渡しなどであった。

発火となった三春藩の笹山村と守山領・根木屋村や木村村は、さほど離れていない集落であった。

二本松藩での一揆は、十二月十四日に始まっていた。★規模は現在の安積《あさか》郡一帯の郡山市、安達郡二本松市、本宮市内の村人一万人以上が集結したといわれている（積達《せきたつ》騒動）。

会津地方でも、十二月二十一日に猪苗代湖畔にある金曲村の村人が、年貢の半

▼二本松藩の一揆は、十二月二十一日に鎮定された。一揆鎮定に尽力した二本松藩の冬室彦兵衛の功績を讃える石碑が、本宮市に建立されている（「積達騒動鎮定之遺蹟」昭和二年八月建立）。

奥州街道沿いにある石碑（現・本宮市）

金曲村（現・猪苗代町）の現況

減等を掲げ、若松の城下に向けて蜂起しており、一揆は会津領全域に広がっていた（寛延の会津一揆）。

守山領での一揆を含め、連鎖した村人たちの激叫は、延享年間（一七四四〜一七四八年）から続く天候不順、稲の開花期の長雨がもたらした凶作にそもそもの原因があったといわれる。

寛延三年一月二十六日、打ちこわしによる被害調査のため、陣屋が動いた。翌日、目明しの金十郎に騒動の中心を成した村を調べるよう内命した。二月には、三春藩と二本松藩の一揆の事後措置についても調べさせている。

一方、藩庁から各村に対し、「強訴徒党前々より御停止之処不届至極ニ候、急度吟味埜上、頭取之者、仕置可申付候」との達し★が出された。

これに基づき、二月一日より守山領の全村にわたった一揆についての詮議《せんぎ》がなされ、目明し金十郎、同新兵衛らが探索をはじめた。これにより、江戸藩邸から下向してきた大和田仲右衛門ら七名と下役人五名で二月四日までの間、全村の庄屋・組頭・長百姓・村役人らが陣屋に呼び出された。この詮議を基に、再び目明し金十郎らに命じて五月から六月十一日の山中村の大元帥明王の祭りまでに「頭取之者」を確認するようにと決められ、約束の六月十日まで探索されたのである。その結果、六月十日までに探索が終わり、「頭取之者」が報告され、八カ村二三名の名が挙げられた。

▼達し
達しは、藩庁で奉公人を務めていた芹沢村（下郷）・惣右衛門によって守山陣屋に届けられた。

八カ村とは、獄門・打ち捨て四人を出した白岩村・根木屋村を含め、御代田村、木賊田村、下行合《しもゆきあい》村、舞木村、芹沢村、山田村である。これらの村は下郷に属している村が五カ村で、計一四人おり、一揆の発生が下郷であったことを裏付けた。

捕縛は、同月十八日暮五ツ過ぎ（二十二時）から一斉に行われ、★二六人が捕縛された。うち一〇人が投獄、残りは村預りとなった。

七月十日までにその罪状が明らかとなり、同二十三日、冒頭に示した四人の断罪が決まった。四人は獄門・打ち捨て、四人（根木屋村助三郎・津右衛門、御代田村治右衛門・幸内）が追放となり、ほかは、村預りとなった。

これに先立ち、陣屋では村々に触書を出し、捕縛はすべて終わったので農作業に専念せよ、と村人の動揺の鎮静化を図っていた。

寛延二年の一揆を契機として、守山陣屋に専任の郡奉行が置かれるようになったのである。

獄門・打ち捨てと追善供養

寛延二年の一揆で断罪（獄門・打ち捨て）された四人は、根木屋村の小右衛門、市左衛門、善兵衛と白岩村の七郎右衛門であった。これは阿部善雄氏の調査に従ったものである。

▼郡方手代庄司弥一右衛、目明し新兵衛ら六人が舞木村、根木屋村方面に、代官手代増田薗右衛門、目明し金十郎ら六人は白岩村・山田村方面に、新組鈴木久次右衛門ら五人が御代田村に向かった。

地元に伝えられてきた処刑場の「磔刑の図」
（熊田昭勇氏提供）

断罪は、守山領から南隣の白河領に至る須賀川道で、白河領との境となっている岩作村権現壇（通称、江持ケ原）の処刑場で行われた。刑場は須賀川道から東に二三間余、南北に一三間ずつの方形の縄張りがなされた。東端の中央に礫壇が築かれ、壇の前に穴が掘られた。壇の南斜め前には焚火が焚かれた。礫壇の真向かいの西端に藩御用の高張提灯が掲げられた。壇に向かって右側に囚人が引き立てられた。その後ろ少し離れた位置に罪人の親類らが控えさせられた。

その左隣に村役人と目明しが控えた。さらに、その左手前に取次役の坂本元右衛門が控えた。壇に向かって左奥に控えたのは警護役の郷足軽らであった。その右手前に、陣屋役人吉田直四郎が床机腰懸で陣を取った。小林権蔵・柳沼藤兵衛が差配に立った。

下図のように刑場が整えられ執行されたと伝えられている。

岩作村権現壇の処刑場

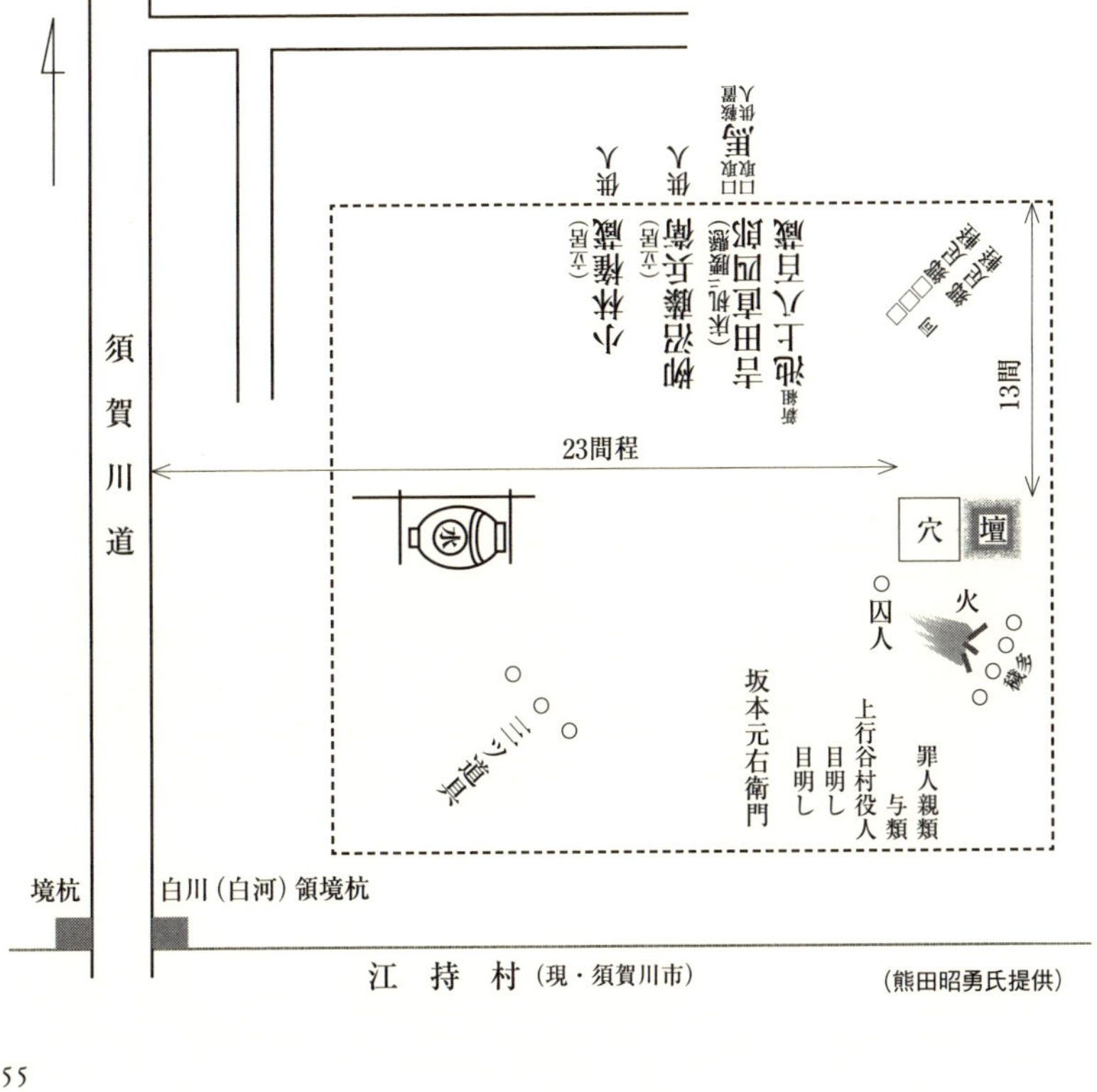

（熊田昭勇氏提供）

時代が下り、平成七年（一九九五）三月、四人の子孫らの手により、処刑場跡に「寛延之碑」と刻んだ慰霊碑が建立された。子孫・家族らの碑の除幕式の後、旧守山村・円通寺、旧木村村・建福寺の住職の読経で法要が営まれた（これまでは卒塔婆のみの供養であったため、碑の施主・地主の矢吹勝一氏によって実現された）。

碑の裏面には、「農は國の基なり。寛延二年十二月百姓大一揆の鬨の声が聞こえる。今日日本農業の変革期にあたり、農民のために処刑された義民、諸霊の冥福を祈る。建福寺十六卋　宗信。平成七年春彼岸　円通寺沙門至道（赤木町・増子輝彦、西田町・増子年明、増子吉朝、増子勝利、陰山辰弥、石匠　西田町木村・服部猛）」とあった。

碑の後方、追善立塔のいわれ書きには「所謂之が卋に喧伝さるる国騒動である。藩は則に悖るとして、寛延三年六月十八日夜半左記四名を首謀の廉により逮捕、無惨にも同年七月二十三日朝、守山の江持ケ原に於いて、三名は死罪、五平は追放となり、西田町根木屋に晒首されたのである。體玄一如信士・市右エ《ママ》門、虚明自照禅男・伊佐エ門、真如宗空禅男・善兵衛、五平は追放になりし由、住民窃に精霊の菩提を追善立塔したものである」と記載されている。

獄門・打ち捨ては「三人」ということである。これまで伝えられていた四人の

根木屋村と山田村の境の「寛延之碑」

「寛延之碑」と碑の裏面（左）
（ともに守山領の南境、権現壇にある。田母神・鹿野氏の案内。平成24年10月２日撮影）

うち善兵衛は名前が一致する。市佐衛門は伊佐衛門のことと考えられる。小右衛門は市右衛門のことか。追放された五平は、七郎右衛門であったのか。口伝によれば、五平は若年であり、処刑直前で獄門を免れ追放の刑に減刑されていたことが分かった。陣屋郡奉行の憐憫の情がそうさせたのだろうか。

三人の首は根木屋村と山田村の村境に晒された。今も村境には、いつの頃からか供養碑か墓石ともいわれる石塔が三基建てられている。風雪に耐えた碑である。この地にも昭和五十九年三月に「寛延之碑」が子孫と地区住民の手によって建てられ供養が営まれた。

碑の近くには、晒された首を洗ったという「史跡　首洗清水」の碑も建てられている。

「史跡　首洗清水」の碑

これも守山

守山古城趾について

「守山古城趾」は、坂上田村麻呂による東夷追討の時、東奥守護のため築かれた城地である。東夷降伏のあと、田村麻呂の次子・浄野《きよの》がこの地に残り、以来、代々本城を拠点として覇権を掌握した。その後、田村義顕の代（永正元年〈一五〇四〉正月）に、三春へ移るまでの居城であった。

しかし、口伝によれば、「守山古城趾」は田村麻呂が築いた「膽澤（胆沢）城趾」（岩手県奥州市水沢）ではないかとする説がある。この説は、『田村郡郷土史』によると、田村麻呂が東夷追討で軍を進める中で、延暦二十一年（八〇二）から二十二年にかけて存廃した鎮守府膽澤城、志波城、秋田城の駅伝の距離間の関係から「地理上失當ナルヲ疑ハザルヲ得ズ」とするものからであった。さらに、「志波城ハ、今ノ志波郡ニ在リトセバ、膽澤城ハ遠キ守山ニ在ル妥當ナルヲ信ズ」といわれているが、郷土史は「識者ノ考證ヲ待ツ」とまとめ、後世の考証に託していた。

平成十二年（二〇〇〇）夏、「守山古城趾」は、郡山市の文化財担当による緊急発掘調査がきっかけとなり、地元民をはじめ、郷土史研究者、城郭研究者を色めき立たせる姿を現した。草に覆われていた土手から、城郭の一部として築き上げた石垣が発掘されたのである。これまでは、城山八幡宮が祀られている本丸跡をはじめ、守山小学校がある三ノ丸跡、二ノ丸跡など守山城は土塁による築城と考えられていた。

石垣は、二ノ丸の西外側の堀と考えられる法面《のりめん》から、その姿を現した。高さ約六メートル、長さ七〇メートルに渡る長大なものであった。その手法は、穴太《あのう》積みといわれるものであった。築城がいつで、誰の支配下であろうかということについては、確認されていない。

城郭研究者は、手法が穴太式の石垣による築き方であると考証した。とすると、築城の名手といわれた穴太衆の存在が浮かぶ。穴太衆は、百済王朝に縁をもつ近江国の石工たちの集団で、安土城を築城した歴史が残る。福島県内の棚倉・亀ヶ城、白河・小峰城、二本松・霞ケ城は、丹羽長重とその孫光重によって築城された。

これを考える時、かつて守山領の地を支配していた蒲生《がもう》氏が考えられる。蒲生氏は近江国の出身であり、大名として一族の田

守山古城趾の略図と地名

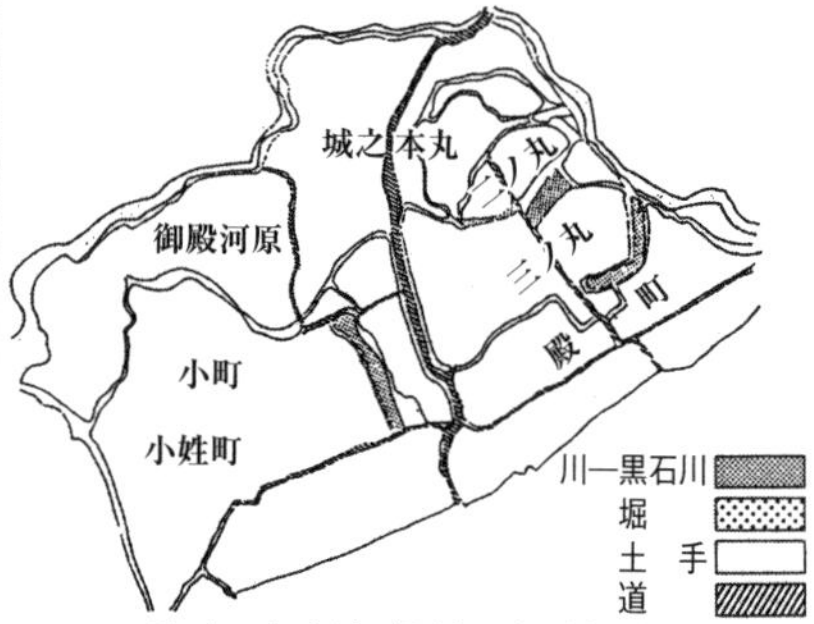

往時の守山城（別名胆沢城）略図

丸氏がいた。当主田丸直昌は、天正十九年（一五九一）十一月に須賀川城主三万石から加増の上、守山城主四万二千石として守山城を本城としていた。さらに、文禄四年（一五九五）六月二十一日、本知に八千五百石余を加増され、五万五百石をもって、守山を含む田村郡一帯の領主ともなった。

加増は、蒲生氏郷が朝鮮出兵（文禄元年）に際し、「名護屋御留守在陣衆」として出陣したことで、田丸氏が秀吉より会津・蒲生領の留守居を命じられ、無事に果たしたことによるものとされている。その後、蒲生氏は氏郷が亡くなり、蒲生家家中の不行き届きがあったことから、世子・秀行が下野国・宇都宮に移封された。と同時に、田丸氏も信濃国・海津《かいづ》城四万石に移封（慶長三年〈一五九八〉正月）となった。

つまり、二ノ丸で検出された長大な穴太積みの石垣は、田丸氏が守山城主として在城し始めた天正十九年から海津城に移封されるまでの時代に、田丸氏により築かれたととらえられなければならないと考える。守山城の石垣を含めた城郭研究について、さらなる考証が待たれるのである。

現在の海津城跡（長野県長野市）
かつて海津城は武田氏の居城で北信濃支配の重要拠点であった。城は山本勘助が築城したといわれ、千曲川の流れを利用した平城である。

また、かつての守山古城趾地には、立藩間もない宝永四年（一七〇七）三月二十八日に斬首の刑に処せられた名主関左衛門、組頭平左衛門の供養碑が残る。

事の起こりは、名主宅の屋敷境の争いであった。全村あげての騒動となった。立藩時であったため、厳罰に処したのか。守山藩初めての事件に関する碑が、ひっそりと佇んでいた。

守山古城趾地にある御殿河原処刑場跡の碑
（鹿野・田母神氏の案内。平成24年10月２日撮影）
後方に見える森が守山古城趾。

守山領内の主要社寺と渡舟場

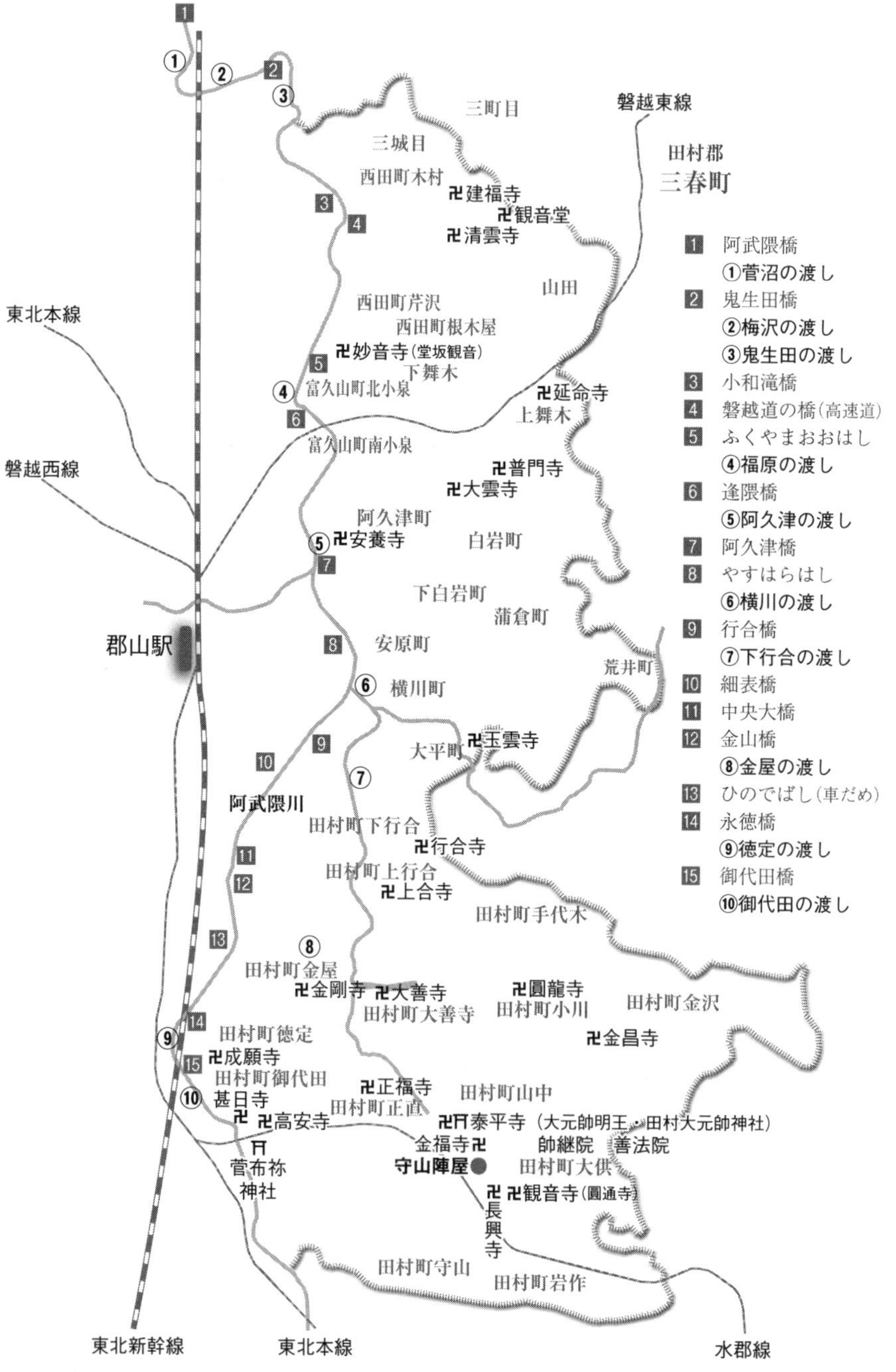

(作図協力・磯松教彦氏)

第三章　守山領の村人の生活

村人は、温かさや安らぎを求め、村の寺を大切に生きた。

① 村人の姿――商い・湯治・参詣

守山領は山間地であったので、山間の湿田に菅を植え、菅笠を編んで生活を凌いだ。菅笠作りは、坂上田村麻呂の故事に遡る。村人は仕事に励み、いそいそと湯治にお伊勢参りにと、連れ立って遠くまで楽しげに出掛けた。

領内での商いや領外への他出

守山藩は他の藩に類を見ないほど、村人に関する記録が多く残っている。本章では、守山領の村人の姿を紹介していく。

村人は、農作業のほか、陣屋役人の下仕事をする者、養蚕《ようさん》を営む者、糀《こうじ》売り・鍛冶屋《かじや》・小間物商い・合羽《かっぱ》商い・菅笠《すげがさ》作り・紅花《べにばな》商い・酒造業などを農間稼ぎとして営む者、一家の生活をぎりぎりで支える者と、村人たちの生業とその姿は多彩であった。

そのような中、村人の中には、守山領内に止まらず、生業や生活の延長として、他領に出掛ける者も珍しくなかった。領外へ村人が出掛けるためには、他出《たしゅつ》願いを陣屋に届け出る義務が課せられていた。目的は、商売や参詣、湯治《とうじ》、病気治

陣屋跡地からみた守山の街並み

療などであった。

例えば、養蚕が盛んであった上行合村や徳定村の庄屋が、用向きで上州（群馬県）や野州（栃木県）に出掛けている。

また、隣藩の三春藩や二本松藩の城下や、郡山、本宮の宿場にも、農間稼ぎで作ったものを行商の棒手振りなどで出掛けた。

領外への他出で目立つのは、湯治へ出掛けていることだ。

立藩して間もない享保～宝暦年間（一七一六～一七六四）について、『駈入り農民史』（阿部善雄著）には「百姓にとって、芝居が見たいくらいに温泉にも行ってみたかった。遠いのもいとわず、米をかついで、五日、一〇日と湯治に出発する姿は、みちのくでも享保の末ごろから珍しいものでなくなってくる」、「しかも当時、わざわざ湯治に出る者は、熱心に入浴した」と記されている。また「藩主に御用金や年貢の先納金を出せるような金持ちの百姓と限らず、また世の不景気にもあまりとらわれることなく、やがて、湯治の熱が農村に普及していく」ともある。

湯治には、何人が出掛けていたのか。享保元年（一七一六）には、九人であったものが、二十年後には一八五人に上っている。一八五人の湯治者の行き先は、那須温泉へ四九人、信夫《しのぶ》温泉へ二五人、土湯《つちゆ》温泉へ二五人、嶽《だけ》温泉へ二二人、羽州上之山《かみのやま》温泉へ二〇人であった。残り四四人についての行き先は明らかでないが、

信夫温泉図

甲子《かし》温泉や釜ヶ崎温泉、熱海《あたみ》温泉などの湯治場へ出掛けたのであろう。

湯治に出掛けた人数を年代順に追ってみると、享保元年に九人、[★1]同三年に一四人、[★2]同八年に三五人、[★3]先ほどみた享保二十年は一八五人。元文三年（一七三八）に六八人、[★4]寛保元年（一七四二）に一〇九人、[★5]寛保三年に一〇二人、[★6]延享三年（一七四六）に五一人[★7]である。

村人たちは、信夫温泉と那須温泉へと数多く出掛けている。守山領から見て、信夫温泉は北に向かい、二本松領を越え、福島盆地から遠景できる吾妻《あづま》小富士の山麓に位置している。那須温泉は南に向かい、白河領を経て、陸奥国と下野国を隔てている黒川を渡り、綱子に至り、那須岳の中腹に位置している。夜明けと共に出立し、その日の夕暮れ時には、湯治宿に身体を休めることができる湯治場であるふたつの湯が特に人気であった。

次に、いつ頃出掛けたのか。例えば、享保二十年に那須温泉に出掛けた四九人は、そのうち、二四人[★]が一団となって閏三月十二日から出掛けた。十二泊十三日に及ぶ温泉旅行で、地縁や血縁で結ばれた楽しい仲間であったのだろう。

同年閏三月には、守山村の夫婦が二本松領にある熱海温泉に出掛け、七月には大供村の男九人が那須、金屋村の男九人が信夫、御代田《みよた》村の二組の夫婦と隠居婆ら三人の七人連れで甲子温泉、三城目村の一家が五人連れで嶽温泉に出掛けていた。相当な数である。

▼1　内訳は、那須温泉三人、信夫温泉二人ほかである。

▼2　土湯温泉九人、信夫温泉二人ほか。

▼3　信夫温泉二六人、那須温泉四人ほか。

▼4　信夫温泉二五人、那須温泉一三人ほか。

▼5　那須温泉三三人、信夫温泉二九人ほか。

▼6　那須温泉一六人、嶽温泉二三人、土湯温泉一七人ほか。

▼7　信夫温泉一七人、那須温泉一一人ほか。

▼　二四人の内訳を見ると、北小泉村が四人、南小泉村から九人、白岩村九人、根木屋村二人といった隣村や近在の村の村人たちである。隠居夫婦が六組、夫婦が一組、隠居した男が一人、女が四人、このほか男二人と女三人という出立ちであった。行き先の那須温泉が、那須湯本なのか、北湯、坂室、三斗小屋か、どの湯治場かは定かではない。

寛延二年（一七四九）末に、一揆があったにもかかわらず、九六人が出掛け、信夫温泉一五人、那須温泉九人、上之山温泉に半数近くの四五人が出掛けている。一揆は、守山領の隣藩の三春藩をはじめ、二本松藩、白河藩、近隣の幕府領でも激しい騒動があったので、村人たちは福島県と山形県の境をなす板谷峠を越え、羽州上之山まで足を延ばしたのであろうか。

これらについて、前出の書には、「副業的な農業や産業は、近世中期の姿であるが、守山領の百姓たちは、自分たちの米を売るほかに、ずいぶんと貨幣経済の波に洗われていた。しかしやはり、年貢が過重なため、小百姓などの零細な収入の大部分は、これにふりまわされたから、ひとたび凶作とか米価の低廉が容赦なくおそいかかれば、富農は別として、小農の存立など物の数ではなかった。それでいて根強く生きていくのが、百姓の湯治欲だった」とある。

羽州上之山温泉の図

化政期の湯治

時を経て、ほぼ百年後の文化・文政年間（一八〇四〜一八三〇）の湯治に出立する村人の姿はどのようなものであったろうか。

その特徴は、夜明けと共に出立し、その日のうちに湯治宿に着ける距離の湯治場に混じって、何泊かしないと行けない遠国の名立たる温泉場に足を向けている姿がみられる。

文化年間は、湯治に出掛けた村人の件数は五八件であるが、このうち、明らかに途中一泊以上しなければ辿り着けない温泉場が三六件を数えている。文政年間には、五四件のうち三件を除いて、その日のうちには着くことができない温泉場であった。

行き先は、上州草津温泉、伊豆の箱根温泉、熱海湯本温泉をはじめ、仙台釜ヶ崎温泉、羽州五色沼温泉、上之山温泉などの温泉場であった。その期間も短いものでも十日から十五日と二週間ぐらいで、遠国での湯治はほとんど一カ月にもわたるものであった。出立する時季は、大半が七月〜八月にかけてである。田植えを終え、稲の活着を見届け、草取りをして、日々の生活の煩雑さを始末し、物見遊山へと出立したのである。

これについて、『陣屋日記を読む』には、「湯治人の大半は、村の庄屋や組頭など村役人のクラスであることから、広く一般の村民まで普及していたとはいえない」とある。確かに、他出願いを出し、遠国まで足を延ばす湯治はそうであったであろう。

しかし、近在の領外への他出願いは、徹底していたわけではなかった。これを知る手掛かりがある。文政七年（一八二四）八月上旬から、二本松領、三春領、白河領、そして守山領において大雨が続いた。この大雨のため、同月十五日に二

現在の草津温泉の湯畑（群馬県）

草津温泉図

本松領安達太良山頂近く★で、大規模な山崩れが発生した（嶽山《だけやま》崩れ）。享保年間以降の湯治場のひとつであり、守山領の村人が一日の行程で行ける湯治場として、大いに足を運んだところであった。

　山崩れに、北小泉村と白岩村の者が巻き込まれ、重傷を負った者、死亡に至った者がおり、この中に無届けで領外へ出立した者がいたことが発覚した。庄屋たちは慌てふためき、自らに累が及ぶことを恐れた。守山陣屋では、二本松藩へ内々に取り扱うよう働きかけ、表沙汰にならないよう事を収めた。

　小泉村《（ママ）》の庄屋の手記に「湯治人三百人程もコレ有り候由、宿の者或は商人、番所に居り候者等一夜帰りの者、売女等百人余もコレ有ルベキ、右人数の儀ハ二本松に於いても未だ一切相分ザル由に御座候」とある。二本松藩では、翌十六日に藩医の動員と救助隊として六百余名を派遣した。被災者は一九六人、死者六五人、大怪我二〇人であったと、二本松市史は伝えている。

　偶然にも、大惨事に巻き込まれた守山領の村人の姿から他出願いの実態が知れたのである。

　湯治欲は、村人全般に引き継がれ、日々の農作業の力仕事のいやしとして、村の祭りの楽しみや芝居見物と同じような気持ちで、物見遊山を兼ね村人の中に広がりをみせていた。

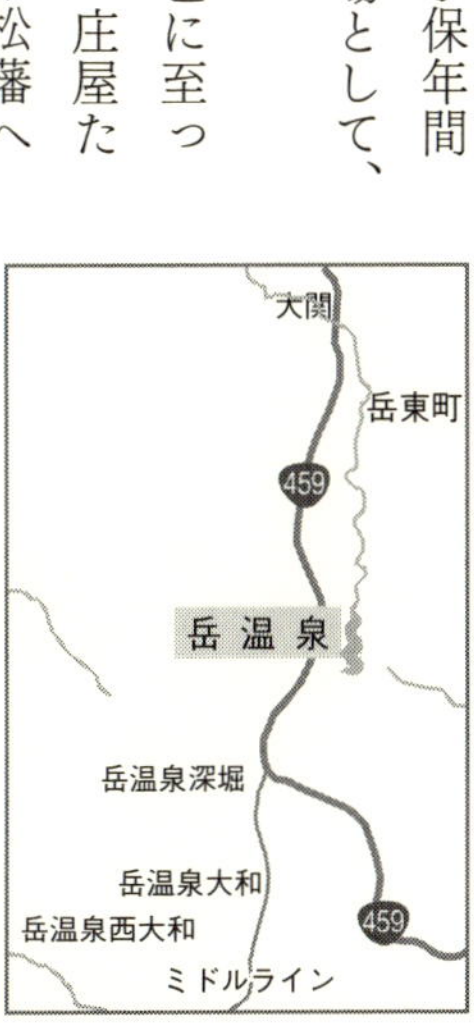

嶽（岳）温泉図

▼右の地図は、現在の岳温泉図である。当時の湯元は山頂近くの「くろがね岳下の湯元」で大小十数軒の湯小屋があった。

お伊勢参り

湯治への道行きと同じように、村人の領外への他出で多くみられたのが、お伊勢参りであった。

享保元年（一七一六、正徳六年六月に享保と改元）にみる参宮は、正月に五八人もの村人★が、お伊勢を目指し出掛けた。田作り、田植えが終わるのを待ち、六月には七日に根木屋村一六人、十日に山田村三人、十一日に北小泉村一一人、二十五日に舞木（ママ）村七人が出立した。正徳六年の逃参《にげまい》りと合わせると九八人もの村人が参宮に出掛けていた。日程は五十日前後〜八十日もの許可を得ての出立であった。出立する日をみると村を超えて一団となって出発したか、村ごとの一団であったかは、明らかではない。

村人は道行きを楽しみながら、中山道《なかせんどう》を通り善光寺《ぜんこうじ》参りをしながら、あるいは東海道を通り箱根や熱海の湯につかりながら伊勢を目指した。享保元年に伊勢参宮へ村人を駆り立てた理由として、『駈入り農民史』には「これほど参宮が多かったのは、全国的な盛行の波に乗ったもので、特殊な現象だった」とある。享保元年以降の年は、田仕事はじめ農作業が一段落する十一月〜翌年二月にかけて出立するのが通例であった。

▼内訳は、七日に蒲倉村の村人八人、上行合村二人、下行合村一〇人、守山村五人、大供村四人、荒井村二人。八日に岩作村一人、小川村二人、手代木村七人。九日に阿久津村三人、下白岩村九人。二十二日に舞木（ママ）村五人が出立した。

一方、領外他出で商用によるものが、文化年間（一八〇四〜一八一八）では一七件あり、このうち勢州《せいしゅう》山田に向かったものが四件★を数える。文政年間（一八一八〜一八三〇）には、一四件あり、勢州山田が七件★を数える。商用といっているが、共にお伊勢参りを兼ねていた。

金毘羅まで足を延ばした庄屋

伊勢参宮を兼ね四国讃岐の金毘羅参りをした村人の姿を紹介する。江戸時代を生きた人の足跡が知れる貴重な史料である。

旅人は、北小泉村の庄屋水野水之助で、文化二年（一八〇五）正月十四日から八十三日間の旅に出立している。その道程を記す。

村の産土《うぶすな》神にお参りし、山中村の大元明王に参って、陣屋に旅の挨拶をして出立した。矢吹、中畑を経て、棚倉、常陸大子に出て袋田の滝を見物、その後、水戸の城下に入った。城の大きさに驚いている。

水戸を出ると、ほどなく涸沼に至るので、松川陣屋にも立ち寄っている。その後、涸沼を渡舟して海老沢に至り、巴川の水運を利用して北浦に出て、北浦の南端の鹿島神宮、続けて利根川の対岸の香取神宮に参拝した。江戸では藩邸内の守山代官屋敷に二泊し、水戸藩の屋敷、大店の越後屋、吉原の遊郭を見物して回っ

▼金屋村の長次右衛門、大善寺村の庄右衛門、北小泉村の文十、南小泉村の半三郎の四人。

▼上行合村の金作・織三郎、下行合村の重右衛門、手代木村の亀右衛門、徳定村の十蔵、白岩村の庄屋某、大善寺村の周助の七人。

鹿島神宮正門の鳥居

た。

江戸をあとにし、鎌倉八幡宮に参拝、江の島を見て、箱根の関所を越える。富士のお山の雪を見て、日本平、三保の松原に感嘆している。箱根峠、鈴鹿峠と並ぶ東海道の三大難所である小夜の中山で、名代の名物餅に舌鼓を打ち、大天竜を越え、浜名湖に至り、これを渡って豊川稲荷を詣でた。名古屋城下に近づき熱田を拝み、津島に出て桑名へ舟で渡った。

二月十四日に鈴鹿、松坂を経て伊勢の外宮《げくう》、内宮《ないぐう》に参拝した。宮川沿いから熊野路を南下、新宮本社に参拝し、那智の滝を見て、熊野本宮大社に詣でた。本宮から高野山への山道を辿り、二月二十五日に高野山金剛峰寺にお参りした。大和路を吉野に向かい、二十八日には奈良見物をした。

奈良から竹内街道を経て大坂に至り、大坂城を見学。兵庫の須磨の浦を経て、須磨寺に詣でた。明石を経て加古川を渡り高砂まで行き、いよいよ瀬戸内海を渡り、小豆島を見ながら讃州丸亀に至った。すぐに金毘羅大権現の宮に参拝した。「象頭山金毘羅大権現」参りの大願を果たす。

帰路につくため、玉野日比の湊まで船で渡り、瀬戸内の海に浮かぶ島々を見ながら播磨に戻って姫路城下に入り美しいお城を見物した。三月十日には、京都に入って四泊した。京見物の後は、いよいよ帰路につく。

中山道に道を取り、中津川から木曾福島に出て、千曲川に至り、これを渡り川

姫路城（兵庫県姫路市）

熊野本宮大社拝殿
（和歌山県田辺市本宮町）

那智大滝
（和歌山県那智勝浦町）

中島に出る。三月二十六日、善光寺参りを叶えた。小諸・笛吹峠から難所の碓氷《うすい》峠を越え、松井田宿に出て、高崎に至る。高崎から日光まで足を延ばし、日光東照宮に参詣、この参詣の後、心は「帰心矢のごとく」古里に向かう足取りも早まり、大田原、黒磯、白河、そして帰村したのが四月六日であった。

実に三カ月にも及ぶ大旅行であった。これは、水野水之助が書き記した『諸道中日記』によるものであるが、この道中は、大変充実した旅行であるが、一面ではせわしい日程となっている。こうしたのが当時の普通の伊勢参りだったようである。

この例に限らず、阿武隈川の対岸、三城目村の小和滝、阿久津村の渡舟場跡にある庚申塔や野仏石の石造群の中に「金毘羅大権現」の文字が雄々しく刻まれた巨石（二メートル以上）を現在も見ることができる。小和滝の石造は文政三年（一八二〇）建立、阿久津の石造は安政年間（一八五四〜一八六〇年）の造立である。

水野水之助のほかにも、金毘羅参りまで足を延ばしたであろう村人は多く存在した。現代を考えると交通の不便な江戸時代といっても、遠くまで足を延ばして旅を楽しむ村人の姿が、巨石に刻まれた「金毘羅大権現」に投影されているのである。

阿久津の渡しの碑（安政年間造立）

小和滝の碑（文政３年造立）

②

村人たちの医療と学び

多種多様な流行病に村人たちは苦しみ、そうした姿は、別章にある大供村の磨崖仏が今に伝えている。陣屋は祈禱に頼り、医者を病家に差し向けた。子どもは寺子屋に「登山」し、筆兄弟の絆は、生涯、親子同然であった。

村人の病と薬

不老長寿の言葉を語るまでもなく、いつの時代でも、健康で元気でありたいと思う。時代は違っても、守山領の村人も同じであった。

守山藩では、文化・文政年間（一八〇四〜一八三〇）、年の初めに卒寿（九十歳）を迎えた村人を調べ★、その長寿を祝っていた。一年分の食い扶持にあたる米を「養籾」として一人に二俵あて、生涯にわたって贈呈した（宝暦十二年〈一七六二〉には、守山村で白寿を迎えた老女もおり、銭一貫文を送って祝っている）。

前述（第二章）したが、守山領の人口は立藩時（元禄十三年〈一七〇〇〉）に七三二八人であったが、天明の大飢饉後（天明六年〈一七八六〉）には六二九〇人となっていた。村人たちは、天候不順や凶作に地に伏して慟哭《どうこく》し、生活の困窮に耐え、

▼文化・文政年間に卒寿を迎えた村人は男が一二人、女が二一人を数えた。

苛斂誅求《かれんちゅうきゅう》に喘ぎ病苦に呻吟《しんぎん》した。

文化・文政年間の村人が罹患した病気の主なものは、次のような病名と流行病であった。「眼病」、下腹部の疼痛の「疝気《せんき》」、喘息の「痰気《たんき》」、脳卒中後の「中風」、腹部・胸部の疼痛の「疝癪《せんしゃく》」、胸や腹部の痙攣《けいれん》の「癪気《しゃくき》」、「痔疾《じしつ》」、「疱瘡《ほうそう》」、皮膚病の「湿瘡《しっそう》」、「風邪」、認知症の状態の「放心」、不衛生による皮膚病の「髪瘡」、流産の「血荒」、「蛇喰」、時疫病である。

時疫病は、集団感染の疫病による流行病であった。文政十二年（一八二九）十月に、三城目村で二四〜二五人、大善寺村でほぼ同数の村人が「取臥す」ほどの集団感染による流行病が蔓延した。同年十一月には、阿久津村でも一七人が疫病になり『近世庶民の医療事情』（昼田源四郎著）には「寝込んでしまい、麦作ができないばかりか、稲の収穫もできないありさまなほど悲惨な状態の疫病にかかった」とある。

藩でも、村人たちの疫病による苦しみに対策を行った。医師たちに病家を個別に往診させ、予防や治療のための廻状を発行し、領内の社寺に祈禱《きとう》★を命じた。

享保一八年（一七三三）の飢饉《ききん》・疫病《えきびょう》流行では、同年十二月に薬剤と薬効についての廻文が出されている（前年の大飢饉を受けて出され、天明の大飢饉時にも再発行された）。

天保八年（一八三七）に書き写されたものを一部、紹介しよう。

▼祈禱

陣屋は、社寺に病気平癒の加持祈禱を行わせた。例えば、「寛保元年（一七四一）、疫病のため、大元明王山で疫病除祈禱、大般若経転読。天明三年（一七八三）、疫病のため、神職で各鎮守での祈禱。天明八年夏、痢病・疫病のため、城山八幡宮社地で草角力と神事。寛政十一年（一七九九）、時疫のため夏から冬にかけて、大般若経転読。病難除祈禱のため、各村々を僧侶が巡行。文政元年（一八一八）、疫病のため、堂坂妙音寺、各村の鎮守で祈禱。大般若経転読、神職を病家に訪問させて祈禱。天保六年（一八三五）、流行病のため、大元明王山にて病難除祈禱。大般若経転読の後、病家を一軒一軒順に回り転読」といったように、無病息災、病気平癒と、病難除去に合わせて豊作のための祈願祈禱が真剣に行われていた。

「時疫（流行病）流行候う節、この薬を用いて煩いをのがるべし。
一、時疫には、大つぶなる黒大豆をよくいりて壱合、かんぞう壱匁、水にてせんじ出し呑みてよし。
一、時疫には茗荷の根と葉とつきくだき、汁をとり、多く呑みてよし。
一、時疫には牛房（蒡）をつきくだき汁をしぼり、茶碗半分ずつ二度呑みて、その上、桑の葉を一と握り程火にてよくあぶり、きいろになりたる時、茶碗に水四盃入れ、二盃にせんじて壱度に飲みて汁をかきてよし。若桑の葉なくば、枝でもよし。
一、一切の食物の毒にあたり、又、いろいろの草、木の子、魚、鳥、獣など喰い煩いに用いてその煩いをのがるべし。
一、一切の毒にあたりてくるしむには、いりたる塩をなめ、又はぬるき湯にかき立て飲みてよし。
但し、草木の葉を喰いて毒にあたりたるには、いよいよよし。
一、一切の食物の毒にあたりてむねくるしく、腹はり痛むには、苦参《くじん》★を水にて能くせんじ、飲み、食を吐きいだしてよし。
一、一切の食物にあたりくるしむに、大麦の粉をこうばしくいりて、さゆにて度々飲みてよし。右、本草綱目に出る。
一、一切の毒にあてられて、鼻より血出てもだえくるしむには、ねぎをきざみ

茗荷

▼苦参
豆科のクララの根を乾燥したもの。

て壱合、水にてよくせんじ、ひやしおきて幾度も飲むべし。血出やむまで用いてよし。
一、一切の毒にあたり煩うに、大つぶなる黒大豆を水にてせんじ、幾度も用いてよし。魚にあたりたるには、いよいよよし。
一、一切の食物毒にあたり煩うに、赤小豆の黒焼きを粉にして、はまぐりがいに一つ程水にて用ゆべし。獣の毒にあたりたるには、いよいよよし」

これによると、薬材として、黒大豆、茗荷《みょうが》、牛蒡《ごぼう》、桑の葉、芭蕉、大麦、ねぎ、赤小豆など、今日でも身近にあるものが使用されていた。一つひとつの項目の薬剤・薬効は諸書のうちより吟味された。

片田舎や山深い所では、凶作の年は山野草を雑食するのでその毒にあたっていた。そのため、凶作の後には、必ず疫病の流行が発生するので、より身近で簡便な方法を選んだと書き添えられている。

陣屋では、領内三一カ村の庄屋にこの廻文を通達し、「この廻文の趣旨をよく理解し、村人のすみずみまで徹底して申し聞かせるように、この廻文を写し取り庄屋宅に張り出して村人が見られるようにせよ。村でこの廻文を止めおかないで、すみやかに次の村にやるように」と念が入れられていた。

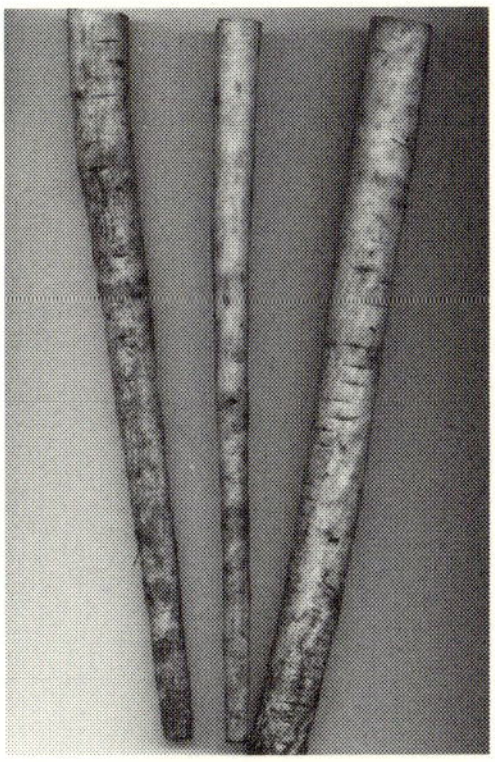
牛蒡

医療と医者

時疫（流行病）の時には、病家を回って治療に務めていた医者は、どのような状況にあったであろうか。宝永四年（一七〇七）から嘉永年間（一八四八～一八五四年）までの守山領内の医者の数は、二八人を数えている。★この期間は、ほぼ守山藩が存続した年月に相当する。

藩が成立した当初、守山に医者はいなかったが、正徳年間（一七一一～一七一六年）に鎌田順庵という医者が現れる。鎌田は隣藩・三春城下出身で、守山の村人たちが藩に願い出て招聘《しょうへい》した。それまでは、守山村には医師がなく、急病人が出た時は、三春、郡山、須賀川に飛脚をやり、医師を呼ばなければならない状況であった。

文化・文政年間（一八〇四～一八三〇年）、安政年間（一八五四～一八六〇年）にかけての医者は六名が確認され、名前が分かっているのは、矢部祐伯、栗山元林、志賀玄格、貝原祐碩、藤大瞭である。

矢部祐伯は襲名で、享保年間（一七一六～一七三六年）にも同名を見ることができる。文政四年（一八二一）頃に活躍していた祐伯が、家業の継承を願った記録がある。

▼守山領での享保年間～安政年間の医道稽古願いは、延べ三四人を数える。守山領三一カ村の内、一一の村（守山村八名、山中村七名、木賊田村五名、大供村と下行合村三名、大善寺村と下舞木村がそれぞれ二名、南小泉村、阿久津村、北小泉村、上行合村がそれぞれ一名）から出されている。

修業先は、隣藩の三春が一番多く一二名、江戸八名、郡山五名、白河二名、二本松と仙台が一名。京都にも二名を数える。修業の期間もそれぞれ違った。

例えば、安政二年（一八五五）に医道稽古願いを出した下舞木村の松次郎は栗山元林の下に、十四歳の時より弟子入りし、さらに江戸で三年間修業したいと願い出ている。

陣屋の許可を得て、息子二人（春作と紋次郎）を三春城下の医者の下で医道稽古に就かせた。親として息子に期待したが、いずれも不向きだったようで用に役立ちそうもなかった。人命に関わるような大切な仕事はさせられない、と医者を継がせることを断念している。

祐伯は、陣屋の奥医師としてだけでなく、村人を診察する医業に積極的に働いた。陣屋の行事にも「病用」のため不参加としたことが多々あった。

栗山元林は、息子元作を医道稽古に就かせた。元林は、文政十年三月に陣屋郡奉行に息子の医道稽古願い★を出している。跡取り息子という理由だけでなく、病身の者で稲作や田作りの施業に耐えるものでなく、これらの仕事は二男にあたらせるから、このほうの心配はないので願いを聞き届けてほしいというものであった。

元林は、医業に精を出し、村人たちからは大変頼りにされていた。陣屋では、文政八年三、四月の風邪の大流行に尽力したということで、外出時の提灯の使用や扶持を加増するなどの褒賞を与えている。

志賀玄格は上行合村の市郎右衛門の息子で、明和五年（一七六八）二月に二本松領笹川村から妻を迎えた。安永五年（一七七六）、息子市郎次（この時まだ十歳未満）に、農作業の合間に医道稽古をさせたいと陣屋に願いを出した。また、文化十四年（一八一七）にも、息子森八を医道稽古のため、三春の医師武田玄伯の

▼**医道稽古願い**
史料を紹介すると、「恐れながら書付けを以て願い上げ奉り候う事。私世伜（跡取り息子）元作儀、病身の者に御座候うて、御百姓相続相成りかね候う間、医道稽古仕り、行く行くは医業仕られたく存じ奉り候。尤も御百姓の儀は、次男宇仲多を以て仕らせたく願い上げ奉り候。御仁恵（おなさけ）を以て右両様願い上げ奉り候う、通り仰せ付けられ下し置かれ候わば、有難き仕合わせに存じ奉り候。已上」という願書であった。

下で修業に就かせた。森八は、玄格の後添えの連れ子であったようだ。

玄格も矢部祐伯と同様、陣屋の奥医師を務めながら、文化十二年十月に大流行した疫病の治療のため病家を回り、医療に尽くしていた。

家業としての医業を継がせる★ためだけではなく、村々の医療を担う人づくりに努力している姿を、このことから窺い知ることができる。

村々の寺子屋での学び

村人たちは男子が七、八歳、女子が九歳ぐらいになると、その年二月の初午《はつうま》詣《もうで》に合わせ、寺子屋を設けている庄屋や村役人宅、あるいはお寺や社家、修験者宅、陣屋役人の武士宅を訪れた。

初午詣は稲荷信仰のお祭り（稲荷《いなり》は稲生《いねなり》の意で五穀豊穣をはじめ、商工漁業の繁栄を祈る）で、これにあやかろうと子どもの健やかな成長と一人前の大人になってくれることを願った。

村人たちは寺子屋に酒肴及び赤飯を持参し、同門の子どもたちにも振る舞い、師匠には酒杯を献じ子弟の契りを結ぶ慣わしになっていた。師匠へのお礼や報酬としては、年の暮れや年始に糯米《もちごめ》五升を贈り、お盆や節句、また新穀を収める八《はっ》朔《さく》に、お餅や赤飯を、あるいは野菜、豆腐、冬期の炭などを贈っている。

▼このほか、木賊田村の村人に長五郎という人物がいた。長五郎の父は人見周二と名乗っており、医業に就いていた。長五郎は息子丈蔵の医道稽古を願い出て聞き届けられた。これを機に丈蔵は周二と名乗り、祖父周二は隆説と名を改めた。周二は医道を志した孫に自分の名を与え、改名したのである。孫も祖父が文政五年（一八二二）四月に亡くなった後、隆説の名を継いだ。孫は、文政九年七月、「医術未熟」につき修業したいと願い出て、江戸二本松藩医土屋三隆の下で修業に励んだ。翌年六月に帰村し、以後は生涯にわたって村人から大変慕われ医療に尽くした。

寺子屋では、平仮名いろはなどの手習い、読み、行草二体書きが中心で、珠算や行儀作法、俳句、謡、武術などもあった。女子には、針子として寺子屋の師匠の女房による裁縫も併せて習わせた。

守山領には、幕末近くになると五四の寺子屋があり、なんらの制約も受けることなく設けることができた。

上郷では、岩作村と大供村には寺子屋がなく、これを除く一二カ村の村に寺子屋があった。陣屋のある守山村には六つ、庄屋をはじめ陣屋役人の武士や僧侶、修験者が教えていた。金屋村には五つ、庄屋、村役人、僧侶が教えた。大元明王が祀られている山中村には四つ、庄屋と修験者が教えた。庄屋の一人である橋元家の女房は、女子に裁縫を教えた。上行合村には四つ、庄屋と僧侶、村役人が教えた。御代田村には三つ、庄屋、神官、医者が教えた。徳定村と下行合村にはそれぞれ二つ、徳定村では庄屋と僧侶が教え、下行合村では、庄屋と神官が教えていた。大善寺村、小川村、正直村、手代木村、金沢村にはそれぞれ一つあり、それぞれ庄屋が教えた。

郷士に列せられた守山村の庄屋樫村重之★は、祖父の代からの寺子屋を引き継ぎ、公務の合間に村の子どもたちをよく教えていた。

中郷では、白岩村に四つの寺子屋があり、庄屋、村役人、僧侶が教えた。阿久

▼樫村重之
樫村家の当主は代々、当時の年中行事や守山領内の出来事、民俗を知る上で貴重な史料となる「公私日記」を書き記している。

旧庄屋樫村家近景

津村には三つ、庄屋と僧侶と武士が教えた。この武士とは、村田八郎という元二本松藩士で武術の中でも槍を教えていたといわれている。横川村には二つ、庄屋と僧侶が教えた。蒲倉村、下白岩村、安原村には各一つあり庄屋が教えた。大平村には一つあり修験者が教えた。荒井村には寺子屋がなかった。

下郷では、上舞木村に三つ、庄屋、僧侶、医者が教えた。木村村と芹沢村には、各二つずつあり、木村村では庄屋と僧侶、芹沢村では庄屋と修験者が教えた。南小泉村、北小泉村、根木屋村の各村には一つずつあり、庄屋★が教えた。下舞木村、山田村には、寺子屋がなかった。三城目村には、幕末から明治にかけ皇学を教える「教義塾」を渡邊樹之が開いている。

このように三一カ村の内、二六カ村に寺子屋が五四カ所も設けられ、村人たちの学び場があったことが詳細な記録として残っている。

子どもたちは、寺子屋で学び始めることを「登山」「寺入」といっていた。学ぶ子どもたちは、「寺子」「筆子」「手習子」と呼ばれていた。登山によって契りを結んだ寺子・筆子と師匠の情誼は、「極メテ親密ニシテ其因縁親子間ヨリ重ク、且ツ深キモノトシ退学後モ其禮義ヲ持続」するものであった。

また、共に学ぶ子どもたちを、「筆兄弟」と呼んで、終身、同門弟として「厚誼ヲ厚ク、喜憂ヲ共ニ」した。「吉凶ノ慶弔殆ンド親子ト同一」といわれるほどの結びつきであったといわれている。

▼寺子屋で教えていた根木屋村の庄屋増子平野右衛門は筆まめで、文化十三年（一八一六）七月、村人の藤右衛門が妻子を連れて欠落したことにより入牢となった顛末を書留帳に記し、当時の姿を今に伝えている。

藤右衛門入牢諸書留帳
（旧・根木屋村、伊藤哲氏提供）

③ 欠け入りと寺の訴訟

守山領は、時代を超え、領主が替わっても一魂の地であった。
そこでの掟は、お寺であった。お寺は村人の命であり、親であった。
村人の欠け入りの記録は生々しい生き様を、今にみせてくれる。

金福寺への欠け入り Ⅰ

守山領の村人たちは、何か不都合なことや非違な行為をして陣屋役人に咎《とが》め立てされそうになると、寺に「欠け入り」をしていた。博打《ばくち》で見つかりそうになった時、出火してしまった時、湯治や江戸見物などに出掛け無届けがばれそうになった時などである。

村人たちだけではなく、陣屋による領国支配の末端を担う庄屋などの村役人、犯罪を探索する任にある目明《めあか》しも欠け入った。駈け込む先の多くは寺であったが、女子は神社や修験《しゅげん》者宅に欠け入った。★「欠け入り」は寺に「駈け込み入る」からきており、守山領では、駈けを欠けと言い習わしてきた。

江戸時代、縁切寺・駈け込み寺として知れわたっていた寺は、相州（神奈川

▼大平村の大祥院は、村々の霞下（かすみした〈配下〉）の修験者宅が院・坊と呼ばれていた。女子は寺へ欠け入ることができなかったので、女子にとって身近な欠け入り先となっていた。延享三年（一七四六）十月十四日の話が残る。正直村の儀右衛門の嫁まんが大祥院に欠け入った。まんは、ある日の昼下がり、大善寺村に薬を貰いに行くといって、領外へ欠け落ちた。家庭の不和により離縁を願ってであった。大祥院では、儀右衛門の菩提寺である御代田村甚日寺の住職と陣屋に赦免のための訴願を行った。人別改めのため、陣屋での叱りはきつかったが赦免され、離婚の話も進み、まんは山中村の実家に帰ることができた。

県）・東慶寺、上州（群馬県）・満徳寺★であった。東慶寺と満徳寺は、男子禁制の尼寺として、幕府公認であった。寺に駆け入った妻には、離縁の訴えを一定の寺法に基づいて、寺の名において裁くことを行っていた。

守山領の村人が欠け入った寺々は、このような所縁とは全く無縁のもので、また、幕府の庇護はおろか、守山藩そのものからの庇護もなく、各村の村人によって支えられた寺にしか過ぎない。

守山領に残る「御用留帳」には、多くの欠け入りの記録が残されているが、比較的多く欠け入りがあった守山村の金福寺の欠け入りについて紹介する。当時の村人の姿が面白く知れる。

金福寺は、山号を阿弥陀山と号し、宗派は真言宗である。守山陣屋と（大元帥明王が祀られている）泰平寺とのほぼ中程に位置している。

享保二十年（一七三五）十一月二十九日、金福寺に欠け入りがあった。欠け入ったのは、守山村の左源太と八兵衛で、宿元として博打を開帳していた。陣屋では、かねてから射倖心《しゃこうしん》をあおる博打禁止の触れを出すなど、その流行に神経を尖らせ、過熱しないように取り締まりを計画し、寝待ち月の日を待って、取り締まりに着手することにしていた。

当日は寝待ち月で、月の出が遅く、漆黒の闇夜であった。村人たちは闇夜をつ

▼各寺については本書九三ページのコラムを参照。

満徳寺正門

東慶寺棟札

いて、それぞれの宿元に、三三五五集まって、カルタ博打の「どんつく」に興じていた。陣屋役人の徒目付、郷足軽の押役ら召り捕り方が、子《ね》の刻を過ぎた頃、それぞれの宿元に踏み込んだ。

博打に興じていた村人たちは、蜘蛛《くも》の子を散らすように手当たり次第に筵《むしろ》や菰《こも》で身を隠しながら、逃げ惑った。陣屋役人は、大仰に威嚇《いかく》して回り、集まっていた村人らには構わず宿元の左源太と八兵衛を捕まえようとしたが、両名は這々《ほうほう》の体《てい》で逃げ延びてしまった。

陣屋では守山の村役人に、夜が明けたら、両名を引き捕らえて陣屋に連れてこいと命じた。村役人たちは、左源太と八兵衛を咎めて立て陣屋に引き立てようとしたところ、両名は恐れをなし、刻を待たず金福寺★に欠け入ってしまったのである。

欠け入られた金福寺は、どのような対処をするのか。また、左源太と八兵衛はどうなるのか。金福寺では、まず両名が、自分の寺に欠け入ってきたことを陣屋に報告、併せて、両名を寺に止め置き、寺抱えにしてほしいと訴訟し、これを認めるよう陣屋役人に迫った。

陣屋では、寺に入ったこととはいえ、罪状の糾明《きゅうめい》を避け、処罰を逃れることはできない、早速に寺から追い出すように、と金福寺に命じた。

金福寺では、「是が非でも両名の者を寺から引き出せというが、『師旦の儀★』が

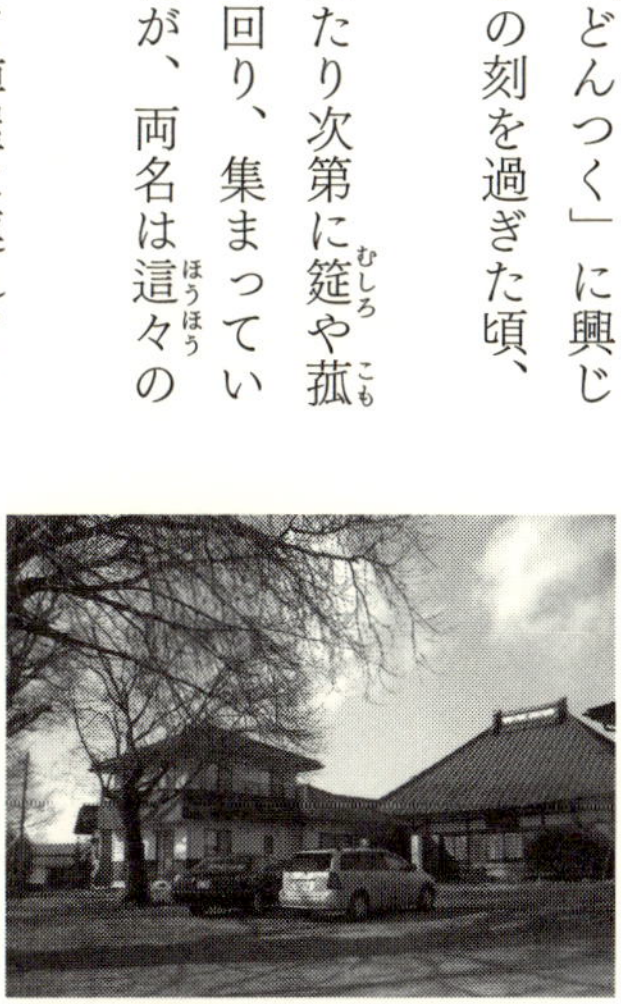

金福寺前景

▼金福寺は、境内の左側に公孫樹の大木が屹立していたが、近年、境内側の枝が大きく切り落とされてしまい、公孫樹の樹形が損なわれてしまった。

▼**師旦の儀**
村人を教え導く師は寺であり、その寺の旦那が村人であるという師檀の関係にある意。

あるからそれはできない。それでも引き出せというなら、住職である自分が寺を出てしまう。寺は廃寺にするが、それでもいいか」と、陣屋役人に強硬に言い張った。

住職に寺を出られてしまってはと、陣屋では、金福寺に両名の寺抱えをしぶしぶ許可した。金福寺では、それならばと改めて陣屋に出頭し、禁令に背いて申し訳ないと謝罪しているからと罪状の赦免《しゃめん》の訴訟を願い出た。

その願いが再三にわたったので、陣屋では、ついに金福寺の「師旦の儀」による願いに抗し切れず、十二月五日に両名を赦免することにした。左源太と八兵衛は、金福寺に欠け入ってから、六日目で陣屋からの糾弾を逃れることができた。

収まりがつかないのが陣屋である。そこで、陣屋では、かねてから博打の禁令を触れ出し、村役人を通し、村人一人ひとりから禁令を守る証文を出させていたことを盾にして、次のような処置に出た。

「守山村は、領内三一カ村の親郷なのだから、諸事万端手本になるようにしなければならない」、「これにもかかわらず、村役人たちが、常日頃の取り締まりを怠った結果、今般の博打の開帳になったのだから」と、村役人たちの咎を責め立てた。

そこで、村役人を務める庄屋・組頭・長百姓らは、この追及の手が延びることを恐れ、十二月十二日の朝、金福寺とは違った村内にある観音寺★に欠け入ってし

▼観音寺
観音寺は、現在はなくなっており、昭和十六年（一九四一）に寺名を改称して円通寺という寺名になった（所在地は、当時と同じで守山村の東南端、隣村の岩作村との村境）。山号は、千手山と号し、真言宗である。寺名の観音寺から円通寺への改称について尋ねてみると、そんなに古い話ではないが、先の住職が亡くなりその奥さんの代となっており、不明であった。開山時の本尊は千手観音菩薩、元禄年間（一六八八〜一七〇四）の火災の再建後は不動明王を本尊とした。正式には「千手山観音院円通寺」、門前の石塔の内側に「三昧堂円通院」と刻された文字が残る。円通寺と改称したのは、これに由来するのか。

まった。

観音寺ではさっそく、庄屋ら村役人が欠け入ったことを陣屋に報告し、併せて、取り締まりが不十分であったことを詫びているから、と村役人たちの寺抱えを認めてくれと訴訟に及んだ。

陣屋では、許すわけにはいかないと取り合わなかった。

観音寺では、夕方になるのを待って、再び陣屋に出向き、村役人たちが謝罪していると願い出ているので、寺抱えを許してくれと引き続き訴訟した。これを受け、陣屋ではしぶしぶながら取りあえず、寺抱えを命ずることにした。

翌十三日、観音寺では三度、陣屋に出向き、謝罪しているから赦免してくれるようにと訴訟した。それほどならばと、年の若い順に庄屋と組頭を赦免し、年長の長百姓はだめだと、観音寺を帰した。翌十四日になり、四度目、観音寺が陣屋に許しを乞うため、請願にきたので、陣屋では止むを得ず、年長の長百姓も赦免することにした。

陣屋では一連の動きを踏まえ、この日のうちに村役人、騒動の元となった博打宿元の左源太、八兵衛を呼び出し、博打の禁止を固く守るよう厳しく叱り付け、この旨を申し渡した。

これにて、決着をみたことになる。

観音寺（現・円通寺）

三昧堂円通院の刻銘

金福寺への欠け入り Ⅱ

左源太と八兵衛の「欠け入り」そのものは、宗門人別の関係に止まらず、寺と檀家との死後の世界に至る固い絆があるから、寺に救いを求めて「欠け入った」ことにより、陣屋では、寺に踏み入ることを思い止まっていた。

このことは、陣屋の科人《とがにん》を捜索し、糾明する警察権が消滅してしまっていることを表している。寺では、俗世で科人であっても二名の身柄は渡せないと剛情に言い張り、陣屋に入寺を認めさせ、訴訟に及んでいた。

文中では、金福寺が「訴訟し」と記したが、現行法制の訴訟ではなく、請願とか要請とかいう意味で使われていると解されている。また、陣屋の寺に対する態度は、訴訟に及んだ住職そのものより、寺それ自体に対する尊厳と寺のもつ世俗と彼岸への恐れと共に、これによる独立した存在として、いわば「法的人格」を尊重したからといわれている。

これにより、陣屋役人は境内に踏み込むことを控えた。陣屋では、科人を審理し処罰する司法権まで寺に委ね、寺による訴訟＝請願によって放棄していた。

だから、左源太と八兵衛は金福寺への欠け入りによって、また、村役人たちは、観音寺への欠け入りによって、無罪放免を得ることができたのである。

金福寺本堂

その後、陣屋では、これら関係者を陣屋に打ち揃って出頭させ、一同揃ったところで、博打の禁止を改めて厳しく申し渡し、陣屋として領内支配権の体裁を整え、体面を保った。

金福寺に欠け入った最も古い事例は、守山藩が成立して間もない元禄十六年(一七〇三)、出火による欠け入りであった。火元は、守山村の長作の家、借家住まいで炭小屋からの出火であった。この借家は、権七の屋敷内にあり、家主権七が責任を感じて欠け入ったという記録である。

ほかには、村役人である庄屋の欠け入りもあった。大平村の庄屋金右衛門は、かねてから身持ちが悪く、素行がよくなく、庄屋の務めも怠ってばかりいたので、享保六年(一七二一)九月に陣屋から庄屋役を取り上げられた。この間、陣屋から咎め立てされると、金福寺に欠け入り、ついで、白岩村にある大雲寺にも欠け入るなど、信用がおけない庄屋であった。金右衛門は、同年十二月、舅親と村役人に置き手紙を残して、出奔してしまい、その後の消息の記録はない。

これほどの細かい記録が残っているのも、守山藩の特徴である。

金福寺への欠け入り III

今度は、金福寺への年貢に関する珍しい欠け入りについて紹介する。守山陣屋

大雲寺(旧・白岩村)

の長い藩政下にあって、年貢の納期による欠け入りについては、一件のみが記録されており、異例の出寺を伴うものであった。

守山村では、年貢はその年の十二月初旬に完納することになっていた。享保十九年（一七三四）、陣屋の郷蔵で、陣屋役人が年貢の納付状況を調べてみると、未納者何人かのうち、小作ではあるが源七が悪質だと分かった。

守山村は、陣屋のお膝元だから、ほかの村よりも早く完納して範を示さなければと、村役人が源七に対して再三再四、未納分三俵を納めるよう催促したが、親類も含めて埒が明かなかった。仕方なしに取次役らの村役人が、陣屋に処罰してくれるように願い出たのであった。これを察して、源七は、二十一日にさっそく、金福寺に欠け入ったのである。

金福寺では、欠け入りが年貢のことであるので、寺入りではすまされないと取次役にどうしたものかと相談の伺いを立てた。陣屋では、取次役と村役人に対し、どうして寺に欠け入りさせたのかと叱り付け、源七を連れて来いと命じた。寺では、源七に対する訴訟をやめ、出寺させることとした。源七は、陣屋に出頭し、未納や村役人を欺いていたことを糾弾され、入獄となった。

牢獄に源七は入れられたが、その牢番は、守山村で当番を決めて夜三人、昼二人で当たらなければならなくなった。これに掛かる費用は村の負担となった。そこで、未納三俵のうち、一俵は源七の地主が立て替え、二俵は村役人たちと親類が立て替えて納めることとなり、これらの者が金福寺に入獄免除を陣屋に頼んでほしいと願い出た。

金福寺では、二十四日、陣屋に、「師旦の儀、是非なく」と、源七の出獄を願い出た。陣屋では、二十八日、金福寺からの願いでは致し方ないと源七を放免した。「御用留帳」にある年貢に関わる欠け入りは、この源七の件のみ★で、村役人や親類が自分の問題として主体的に解決にあたった。

「欠け入り」の意義と性格

守山藩における「欠け入り」は、藩が成立した当初から行われ、幕末まで続いていた。その数は、一〇〇〇件以上に及ぶものであった。

一説には、守山藩の陣屋の牢獄は入獄者が少なく、軒下には篠竹や草が生いしげり、内部の壁も破れ果てていた。見方をかえれば、これは、駈け込み寺自体が守山藩の牢獄の役割を果たしていた結果といえる。

奈良仏教（南都六宗）を経て、平安仏教（天台宗、真言宗）の創始により、仏教は信仰の対象となり、世俗に煩わされないため、修行の場が求められた。山岳・山林の修行の場は、神仏の支配する無垢《むく》な、清浄にして俗世の支配者や権力者が存在し得ない世俗と縁切りの「無主」の場であり、「無縁」の原理が、

▼普段から、年貢納入の是非を論ずることはなかった村人たちにとっては、然るべきことであった。欠け落ち人の防止や確認など三年ごとの宗門人別改めは、このために行われるのである。藩の統治のすべては、年貢が確実に収納されることにあった。

時間・空間において生きる場とされた。

寺には、修行の場が不可欠なものであり、多くの山岳・山林にその場を求めた。そこは、すべての人々にとって「無主」の場である。これを示すため、平安仏教以降の寺々は奈良仏教にはない固有の山号を掲げ、寺院名を付している。

中世を経て、無主・無縁の修行の場としてきた社寺は、権力者、村人も入ることが自由で、開放的な精神性をもった。

守山領の場合は、藩として小規模で統治機構が不十分なので、警察権や司法権に相当する権力作用の役割を、寺への欠け入りで、寺・陣屋・村役人との間で塩梅よく、経験的に世代を超えて整えていたことが分かった。

また、守山領は立藩する以前、領主田村氏が居城を永正元年（一五〇四）、守山から三春に移していた。これにより村人は領主の目から遠いものとなっていたのである。領主田村氏は、弘治三年（一五五七）四月、村人に対し触れを出した（福聚寺蔵★）。触れ書の掟のひとつを意訳すると「罪などを犯して、寺に走り入った村人らについては、命を助けることは構わないとするが、いつまでも、寺の中に留め置くことはあってはならない」とある。触れ書は、領内の寺々にも一様に触れ出されていることは、十分考えられる。

小田原参陣、奥州仕置によって田村氏が滅亡した後、江戸時代に入っても、会津の蒲生《がもう》氏、田丸氏、加藤氏、二本松藩の預り領、幕領と、守山の地は、領主が

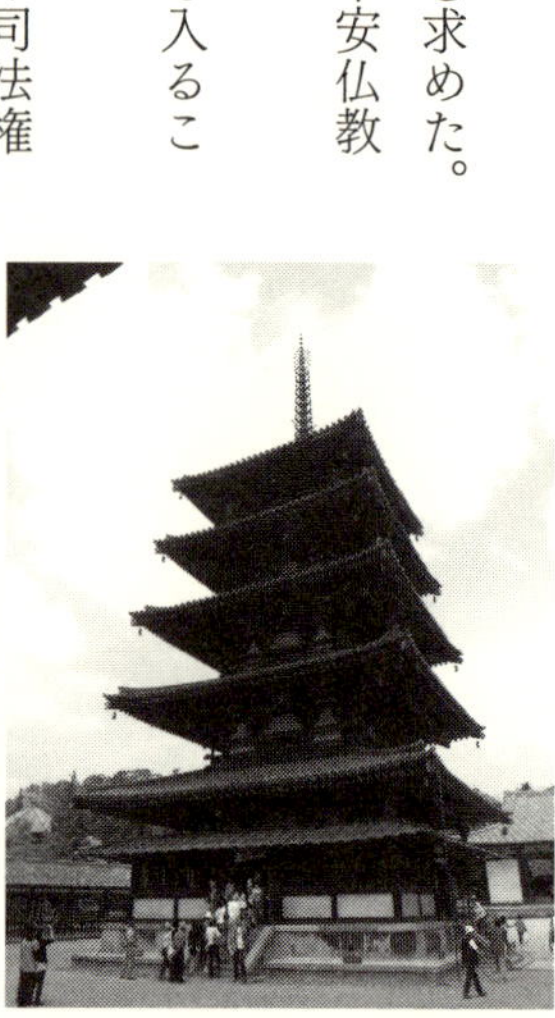

山号がない寺・法隆寺学問之寺（五重塔）（奈良県生駒郡斑鳩町）

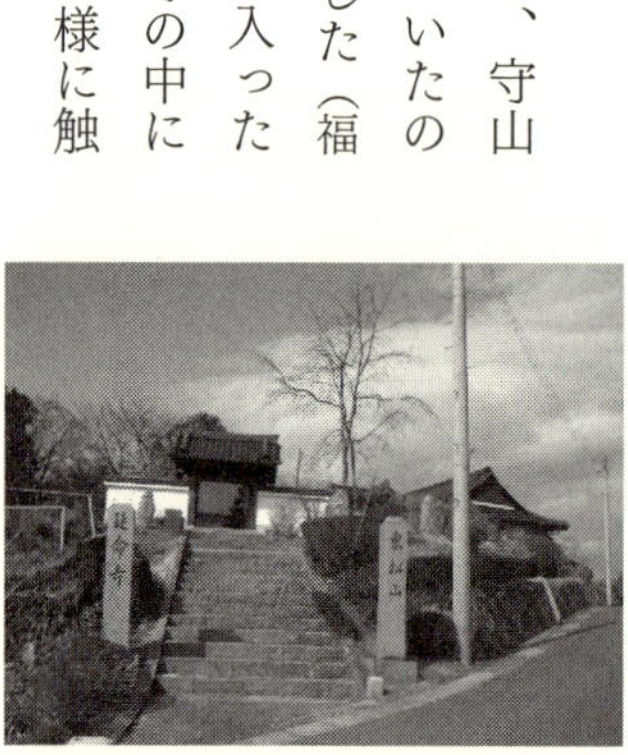

「東松山」と山号を掲げる延命寺（舞木村）

▼福聚寺
田村氏の菩提寺で、田村家三代の墓所が現存している。

短い期間で目まぐるしく替わり、領内の村人たちに対して、警察権、司法権がすみずみにまで及ぶことがなかった。

守山領の村人たちにとって、触れ書の掟にある寺への走り入りが生き続ける余地が、日々の生活の中で世代を重ねていった。いわば、日本の社会で江戸時代を通し流れてきた「縁切りの無主・無縁の観念」が、現実に「庶民生活の奥底に生き続けてきた」ことを表している。

まとめると、守山領の欠け入りは、幕府公認の東慶寺と満徳寺の駈け入り、縁切り寺とは性格を異にし、原始的な山岳信仰に始まる日本社会が庶民の中で醸成してきた、神仏の支配する場、無主・無縁の縁切りの場として、守山領の寺々は役目を果たしていた。つまり、現実的には守山陣屋の統治の一翼を担っていたといえるのである。

一方、松川領は沿岸漁村(霞ヶ浦四八カ津、北浦四四カ津)が多く、守山領とは異なる形での「縁切りの無主・無縁の観念」があった。

霞ヶ浦・北浦の津は、江戸時代中期、特に、享保の改革(一七一六〜一七四五年)を契機に、幕府の支配に屈服した。この周辺は、江戸からあまり遠くなく、幕領として旗本知行地が当然のように各村に分封されていた。沿岸漁村も例外ではなく、年貢として鯉漁などの運上金の収納の強化が図られた。

田村氏3代の墓所(三春町・福聚寺)

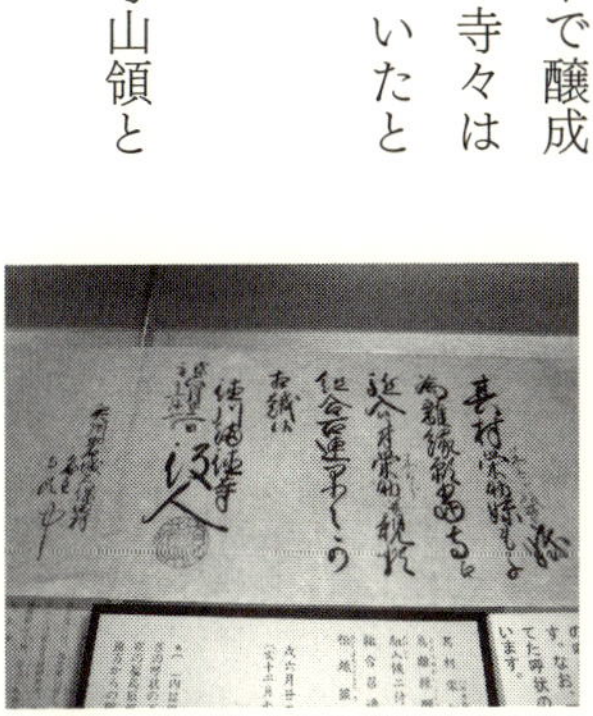
満徳寺に残る守山領の隣村久保田村からの駈け入り

しかし、享保以降も漁民たちは、互いの生業が成り立つ場を無縁の場としていた。それは、沿岸の村人＝漁民たちは、それぞれの入り会いの海として自主・自治的な場をつくり、この場を「裏切った者は打ち殺す」ことを定法として互いに認め合い、長く津での生業を営んでいたのである。

津の場を作っている漁民たちそのものが、この中に居る時やほかに居てそこから逃れ、逃げ帰ってくると、その場は世俗の権力から切り離された無縁の世界として、漁民は互いに受け入れていたのであろう。

金上村から見る北浦

守山雑感

駈け込み寺とは
——相州と上州の場合

東慶寺の駈け込み

縁切寺・駈け込み寺が江戸時代、庶民の中で知れわたっていた寺がふたつあった。

これらの寺と守山の欠け入りと何が違っているのだろうか。両寺の縁を尋ねながら、縁切寺、駈け込み寺と呼ばれた、東慶寺（相州・神奈川県鎌倉市）と満徳寺（上州・群馬県太田市）を紹介する。

東慶寺は、弘安八年（一二八五）、鎌倉幕府八代執権・北条時宗の夫人覚山志道尼が開創した。時宗は元寇「文永の役（一二七四）」、「弘安の役（一二八一）」に当たった執権で、弘安の役の三年後に、三十四歳で亡くなった。

若くして亡くなった時宗が、亡くなる直前に無学祖元に帰依し、出家。この時、時宗夫人も共に出家し、覚山志道尼と名乗った。時宗の病が重く、夫婦揃っての授戒であった。夫人は、幕府の御家人と、得宗家の家臣との争いである霜月騒動で滅亡した安達義景の娘であり、このような憂き目が、開山の動機ではないかといわれている。

東慶寺は、開山の時分から尼寺として夫からの離縁状がなくても、妻の方から離縁できる女人救済・男子禁制の寺であった。鎌倉時代・室町時代を通し、そうであったか否かは定かではなく、男子禁制の尼寺として「女の人は困った場合にきっと守っていただける」寺であった。これが寺法として受け継がれてきた。

時代が下り、東慶寺に天秀法泰が尼として入った。

天秀尼は、豊臣秀頼の側室の遺児で、豊臣家滅亡の時に処刑された国松の妹にあたる奈阿姫である。家康の孫娘・千姫は、この奈阿姫を養女として守り抜いた。家康は、かわいい孫娘の千姫の意を受け、天秀尼を東慶寺に入寺させた。

これにより、東慶寺は、「権現様御声懸り」の寺として、徳川幕府の社寺統制の中で存続し、寺領として五百石余が朱印された。

伝承として語り継がれているのは、天秀尼が、家康から入寺に当たって「願いはないか」と尋ねられ、「開山よりの御寺法を断絶しないようにしていただければ、これに過ぎた願いはない」と答え、これが許されて、元和元年（一六一五）以来、江戸時代を通じて男子禁制の縁切寺法が維持されたといわれている。このため、東慶寺は、宗門人別に関係しない檀家のない寺院であった。

東慶寺は、正式名を「松岡山東慶総持禅寺」といい、臨済宗の寺である（明治三十五年〈一九〇二〉、最後の尼僧が亡くなり、尼寺ではなくなった）。

鎌倉（神奈川県）という東京からの地の利もあり、たくさんの観光客が訪れる寺である。本堂の前の小径《こみち》を山の手に進むと、明治以来の文化人や学者の墓所がある。昭和四年（一九二九）以来、ここに眠る人々の檀家として、男子禁制でも駈け込み寺でもなく普通のお寺となっているのが現在である。

満徳寺の駈け込み

次に、満徳寺である。満徳寺の開基は、鎌倉時代、源義家から六世孫の新田義季によるものとされている。開山は、義季の娘浄念尼で、この跡を継いだのも義季の孫浄院尼と、新田氏縁の人たちが代々住職を務めたと伝えられている。新田氏の没落後は二百年余、寺の歴史が途絶えている。開山が尼僧によるのでその後も長く尼寺であったと思われる。十六世紀の初め、時宗の尼寺であったことが確認されている。

満徳寺の所在する現在の地名は、群馬県太田市徳川町と呼ばれる。その昔、この地は、「得川」だったが家康の先祖がこの地の遊行僧徳阿弥であり、ここから徳川の名が起こったと伝えられている。満徳寺の門前の茶店には、「徳川氏発祥の地」の看板が掲げられている。

時代が下り、東慶寺とも関連する家康の孫娘・千姫が、この満徳寺とも深い縁を結んでいる。千姫は、大坂夏の陣の翌年の元和二年（一六一六）、桑名藩主本多忠政の嫡男忠刻に再嫁した。千姫は大坂夏の陣で落城の直前に救出された。仲睦まじくあった秀頼の豊臣家は滅亡。これを経験しての再嫁であった。

千姫の秀頼への輿入れは、家康が征夷大将軍に任ぜられた約半年後の慶長八年（一六〇三）七月、千姫七歳の時である。この輿入れに、千姫は乳母の刑部卿局を伴って大坂城に入った。

本多家への再嫁に当たって、これまでの縁の菩提を弔うためか、千姫は満徳寺に一旦入寺する形をとり、改めて、乳母の刑部卿局が千姫の身替わりとして尼僧となり、満徳寺に入寺した。

満徳寺の境内、南東の地に、歴代住職の墓所があるが、その一隅に、義季と浄念尼、さらに千姫の法号天樹院を共に刻んだ立派な墓標が建立されて、今にこのことを伝えている。

正式な寺名は「徳川満徳寺」という。本山、末寺を持たない時宗の一本寺で、徳川家のみの菩提所で檀家を持たない男子禁制の尼寺であり、寺領として東慶寺と同じように五百石余の朱印が与えられた。

江戸時代に入り千姫との深い縁を結んだ満徳寺は、徳川幕府から東慶寺と共に男子禁制の尼寺として認められた、女性の縁切寺であった。

現存するものと鵜呑みにして訪ねたところ、満徳寺は、徳川家のみの菩提を弔う寺院として、幕府の直接の手厚い保護の下にあったので、幕府が瓦解し、廃仏毀釈の嵐の中、明治五年（一八七二）に廃寺となった。現在、満徳寺は、平成六年（一九九四）に本堂と境内を歴史的遺産として復元し整備されている。本堂の側に満徳寺資料館があり、縁切寺の実態を知ることができる（群馬県指定史跡・縁切寺満徳寺遺跡）。

＊　＊　＊

守山の寺々と東慶寺・満徳寺との違いは後者が尼寺であったこと、権力の後ろ盾があったことである。守山の寺々は村人のものので、人々の生活に密接な関係にあった。それ故に、欠け入り寺の詳細な記録は貴重であり、生きた歴史を知ることができるのである。

④ 目明し金十郎の捕り物帳

「御用留帳」には、村人の生活や、金十郎の姿が活写されている。平成の世にあっても、守山を知る人は、「目明し金十郎」を我がことのように話をする。それが金十郎であった。捕り物帳としてその実態を紹介する。

目明し金十郎の生涯

欠け入りは村人にとって救いであったが、追い込まれる多くの場合には、「目明し」の探索があった。

目明しは「通り者」であり、その土地の顔役となる。通り者の中でも、犯人の探索・捕縛の特命を受け、それを可能にするだけの度胸やはったり、胆力を備えた人物が、陣屋から任命された。

村人にとって祭りや芝居見物などの見張りなどでは、頼りになる存在であったが、普段は陣屋の威光を笠に着ており、事が起こると出張ってくる煙たい存在であった。

陣屋にとっては、犯人捜しや徒党・強訴・けんかや欠け落ちなどに、手先とな

金十郎の菩提寺、長興寺

長興寺本堂

って領内や他領にも顔をきかせ、探索ができる頼れる存在であった。

守山領の「目明し金十郎」は、今日に至っても、口の端に上る目明しである。吉田金十郎★は、父親の代から守山の町の顔役であり、博徒の頭目であった。その勢いは、近在に知れわたっていた。

金十郎は、村人の生活に根ざしていた。時には恐れられ、頼りにされ、陣屋からは力強い味方で信頼に応えるまさしく目明し人生を送った。

「御用留帳」には、目明し金十郎の活躍と、時には暗躍した姿が克明に記録されている。

▼吉田金十郎
目明し雇い、目明し分、通り者役と呼ばれていた。

金十郎、召し捕り事件

初代の金十郎が目明しに任命されたのは、元文三年(一七三八)八月のことで、七月に起きたある女房刃傷事件の手柄が認められたことによる。

刃傷に及んだのは、女房の婿藤吉で、隣の須賀川から守山村の源左衛門に婿入りした。藤吉は、理由は定かではないが、同年三月九日に離縁となった。ところが、同月二十三日に守山から須賀川に向かう街道筋の長興寺の取りなしで、復縁となった。源左衛門の家では、子どものことも考え、いったんは矛を収めたが、養父母との不和の状態が続いていた。

須賀川に残る芭蕉ゆかりの「軒の栗」碑

夏に向かった七月十三日晩、藤吉は、井戸端で行水に漬かっていた女房を脇差しで、肩先から背中にかけて切りつけ、重傷を負わせ逃亡した。陣屋ではすぐに対応に追われた。その場で藤吉を取り逃がした源左衛門を不届きと叱りつけ、通り者の金十郎と源左衛門の五人組の八兵衛を捕り方として、須賀川から白河へ繰り出すように命じた。

十四日、金十郎と八兵衛は連れ立って召し捕りに出発、須賀川町から矢吹宿、白河や白坂まで足を延ばしたが手掛かりがなく、十八日、陣屋にこの旨を報告した。領内には婿養子が珍しくなく、陣屋では藤吉が親類宅に隠れてしまわないように策を講じることとした。

探索は中止だとの流言《るげん》を広めさせた。この策に応えるように藤吉が、白河城下の手前、小田川宿に現れたとの情報が、陣屋に届けられた。陣屋は、金十郎だけを召し捕りに出向かせた。召し捕りの宿賃などは、守山村の負担とし、江戸に向け街道筋を探索することから、御用の鑑札を持参させた。江戸藩庁の用人や目付宛の御用状も携行させた。★

金十郎は小田川宿で藤吉の足取りを確認し、白河城下に向かった。城下から白坂まで探索し、境の明神に詣で、下野国に入り、境町で藤吉を召し捕って守山に帰ってきたのは、八月二日夜のことだった。

金十郎が出立する時に携行させた江戸藩庁への御用状には、捕縛したら「仕

小田川宿（白河市小田川）

境の明神
（白河市白坂、陸奥国側）

▼陣屋では、金十郎に召し捕りの際の注意も与えた。召し捕って縄をかける時はその他の役人に断ること、応援を頼んでも召し捕ること、大人しく縄をかけられることがない時は役人に断る必要はないこと、召し捕って縄をかけた時は関所は縄を外して通ること、召し捕りに日数が掛かると町の負担が増えることになることなどである。

置」に処するようにと陣屋としての考えを書き添えておいた。これにより藤吉は、直ちに獄舎に押し込められた。★藤吉には「仕置」の処罰が下り、九月二十五日に追放された。

藤吉は縄をかけられ、獄舎から引き出され、徒目付から領外への追放を申し渡された。その上、藤吉は、陣屋役人の押役・郷足軽らと村役人によって、守山の村中を引き回され、山中村、金屋村を通り、守山領の北隣で領外の高倉村に出た。ここはもう二本松藩領であり、二本松の城下を経て、油井の宿を越え、二本柳の宿で追放となった。

先の小田川宿も、この二本柳宿も、今日においても往時を想いおこさせる宿場の家並みが色濃く残っている。藤吉の実家は、守山領の南隣の須賀川であり、追放されたのは、これとは逆の土地であった。藤吉のその後についての消息は、「御用留帳」に一切残されていない。

金十郎は藤吉を召し捕り、目明しに任命され、ここに「目明し金十郎」が誕生した。以後、三十二年間にわたり目明しの任を務め、★明和七年（一七七〇）六月に孫源之助が目明しに任命されると退任した。この時、金十郎は、古希《こき》を超える歳となっていたことであろうと思われる。

源之助は、祖父である金十郎の名を陣屋に届け出、襲名した。金十郎の名が、村人にとって目明しそのものであったため、むしろ、陣屋が襲名を願ったともい

▼守山藩での一番重い刑罰は、火焙り・斬罪・獄門、次が入獄の上領外へ追放（十里四方外）であった。三番目が入獄、そして手錠をした上での村預けである。欠け入りで入寺を認められた者は、これより罪一等軽いものとされていた。仕置は入獄の上追放以上、これ以外は手当と称された。

二本柳宿（二本松市渋川）

▼実は金十郎の「目明し」としての仕事の初見は、享保九年（一七二四）六月の大元帥明王の祭礼の取り締まりからである。この年月から数えると、実に四十六年間務めていたこととなる。

える。

村人にとって、金十郎が身近な存在であったのは、全村を巡回し、村人の生活、よそ者が領内に入っていないかなどの治安状況をみて回るのも重要な仕事であったことによる。

村の巡回にあたっては、食事・泊まりはすべて村役人の下、村の負担とされ、「喰捨て」の証文を携行し、その特権に浴していた。

一方、村では目明しに睨みをきかせてもらえるだけ、平穏を保てた。目明しとしての特別な手当は陣屋から支給されなかったが、特権と、年貢を納める額が極めて低く取り扱われていた。

このほかにも、どさ回りの歌舞伎芝居興行を打つことをはじめ、内々での博打打ちや薬売り、軽業師など領外の目明し(通り者)や芝居一座を宿泊させる旅籠《はたご》などが主な稼ぎであった。金十郎は、このような生業で生計を立て、目明し稼業に勤しんでいた。

金十郎の欠け入り

金十郎が正式な目明しに任命される直前、自身が欠け入りに追い込まれる失態を犯していた記録が残る。この失態から、金十郎の男気と羽振りの良さと、陣屋役人に従順な姿を読み取ることができる。

事件は、目明しに任命されるわずか二カ月前のことであった。六月に入ると、坂上田村麻呂を祀った大元帥明王の祭りの準備が始まった。大元帥明王の境内には、近郷・近在の村から集まる人をあてこんで、芝居小屋や出店が立ち並ぶのが例年の賑わいで、慌ただしくなってきた。

祭りは、十三日から三日間が本祭りで、村は祭りに浮かれて大騒ぎの様相であった。これに便乗し、他領からの見物客や通り者が大勢集まり、この中には他領で良からぬことを犯した者も紛れ込むのが珍しくなかった。

当時、金十郎は通り者として、近在にも顔を知られていたので、祭りに来た他領の通り者の中に、顔見知りがいることは当然のことであった。祭りの最中に、守山領の南隣の須賀川町の通り者権之助が、金十郎に接触を求めてきた。

須賀川で猿回しの芝居を打った者が、泥棒をしでかし、祭りに紛れ込んだから探索を頼むということであった。金十郎は、男気を出して「お互い様よ」と請け合った。相手が猿回し一座であるところから、その所在を突き止めた。

ここで、金十郎は陣屋の許可を求めた上で捕縛するのを怠った挙げ句、十六日になって、権之助に身柄を引き渡してしまった。これを聞いた庄屋は、すぐさま陣屋に報告した。

陣屋では、庄屋が普段から金十郎をきちんと指導しないから、このような勝手

芝居興行や祭りがあった大元帥明王
（現・田村大元帥神社）境内

をすると叱りつけた。陣屋では、他領の者には権限が及ばないことと、よそ者の良からぬ者に土地を汚されたこと、何よりも、金十郎が陣屋の許可を得ないで探索をやるとは許せない、不始末だと、金十郎を連れて出頭することを命じた。

十七日、金十郎は庄屋に伴われ陣屋に出頭した。陣屋では、白土伝内代官が列席しての訊問となり、不届き千万と叱りつけ、再び問いただすからといったん帰宅させた。

すると、金十郎は、恐れをなしてその日のうちに金福寺に欠け入ってしまった。十八日の朝、金福寺の住職が陣屋に金十郎の欠け入りを報告した。報告と一緒に、再訊問されても申し開きが立たないから、寺抱えを認めてほしいと訴訟に及んだ。

陣屋では、再訊問するから寺から出しなさいと、住職にきつく申し渡した。金福寺では、その日の夕方にも陣屋に寺抱えを願い出に来た。住職は、金十郎の様子は、「法衣に取り付き、なんとしても離れない、棒をもって追い出そうとしてもこれも叶わない」といった状態で反省しているから、お慈悲をもって許してやってほしいと懇願した。陣屋では寺から追い出すようにと取り合わなかった。

住職は、翌日も陣屋に出向き、陣屋の門前に居座ってでも訴願すると言い張った。陣屋では、そこまで言うなら寺抱えは認めようと、寺入りの許可を与えた。次の日もまた、金福寺では陣屋に出向き、寺入りを認めたなら、金十郎は今回の不始末を十分に反省しているから再訊問は勘弁してやってくれるようにと、再び訴願した。陣屋では住職がそこまで言うのならと再びこれ以上吟味しないことを申し渡した。

金十郎は、庄屋ら村役人に伴われ、陣屋に出頭し、再びこのような不始末を犯したら厳罰に処すると申し渡され、恐れ入り、一件落着した。

金十郎は、男気の羽振りの良さが災いし、欠け入る羽目になったが、住職の衣に縋りつく殊勝な人物であった。そのため、事件の直後に発生した藤吉の刃傷沙汰の探索を懸命に行い、所期の成果が認められ、正式な目明しに任命されたともいえる。

以後、金十郎の目明し人生は、陣屋から全幅の信頼が寄せられるものであった。

守山領の村人の姿の記録は、人間味にあふれ実に面白い、江戸時代を生きた村人の記録であった。

これも守山

領内の寺と欠け入りの記録〈1〉

★各寺の場所は本書六〇ページ参照。

①上郷 （岩作村、大供村、手代木村は寺なし）

守山村（他に金福寺、観音寺）

●**長興寺**（萬年山・曹洞宗）

①享保十六年（一七三一）八月二十六日、宗門人別改めに伴い、領外に欠け落ちした伝吉について詮議を受けた村役人が欠け入った。

②享保十九年（一七三四）八月三日、生活が苦しく、生活することができないと、太郎八と孫三郎がそれぞれ陣屋に無届けで髪を落として山伏となり、道心者となったところ、陣屋から呼び出しがかかったので欠け入った。

山中村

●**泰平寺**（**学頭**）・**善法院**（天台宗）

●**泰平寺**（**別当**）・**帥継院**（真言宗）

延享二年（一七四五）三月八日、金屋村の庄屋、組頭伝左衛門・庄右衛門、村人五人の欠け入り。金屋村の金剛寺で行われることとなった芝居興行がきっかけ。芝居を開く場所をめぐって、目明しとやくざ者、金剛寺と小屋掛け作業の人足となる村人たちの間で、地代金や豊楽（地廻りの踊り）として見物料を只にすることなどの話し合いがこじれた。村人たちは、組頭伝左衛門の家に集まり、相手方が勝手な芝居をするのだから、一日たりとも見物しないなどと申し合わせ、連判状に捺印するなど結束を固めた。芝居興行には目明しが絡んでいたので、村人たちの動きをさっそく、陣屋に報告。陣屋では目明しに、金屋村の庄屋に対し、連判の事情を陣屋に報告するように伝えさせた。陣屋からの出頭命令で八名の者が陣屋に出頭。陣屋の代官方や徒目付の役人は「連判などは、徒党を組むことで、天下第一の禁制だ、不届き至極だ、お縄にした上、入獄だ」と縄をかけようとした瞬間、八名は脱兎のごとく逃げ出し、善法院に欠け入った。理由は、芝居興行のいざこざに金剛寺が絡んでいたこと、陣屋から金屋村に逃げる道筋に善法院があったこと、金剛寺の本山で力があることが考えられる。善法院は、定法通りの手順で陣屋に対し訴訟を行い、十五日に至るまでに、全員が寺を出て金屋村の自宅へ帰ることが許された。

〈現在の様子〉泰平寺は、神仏習合で信仰を集め、学頭寺と別当寺が支えていた。廃仏毀釈により、両院は衰え廃寺となった。跡地は、善法院は国道四九号線が通る商業地域、コンビニやガソリンスタンドとなっている。帥継院はこの東側の山裾に位置し、民有地として人家となっている。

御代田村

●**高安寺**（神護山・臨済宗）

〈現在の様子〉弘安元年（一二七八）開山。寺の南側の畑地に、坂上田村麻呂の蝦夷

高安寺

征討の宿営の拠所、子孫の居城となった星ヶ城跡の碑が建てられている。

●**甚日寺**（恵光山・天台宗）

隣村の六介が二十年以上前に欠け落ちして、行方知れずになっていた。享保七年（一七二二）十一月、二本松領笹川村の親類の家に現れ、帰住願いのため甚日寺に欠け入り。本人が欠け入っている間、村役人と親類が欠け落ちの理由や、悪事を働いたのではないこと、欠け落ちの間は何をやっていたかなどを調べ、帰住願いを陣屋に提出してその許可を受けた。

〈**現在の様子**〉弘仁二年（八一一）開山。無住。御代田の渡しがあった岩盤上の鬱蒼とした森の中にある。毎年、八月七日の祭礼日には、檀家の人々によって守られてきた寺宝の曼荼羅や釈迦十大弟子の軸物が開帳される。

正直村

●**正福寺**（真言宗）

元文三年（一七三八）十一月十九日。正直村の喜曾右衛門（兄）と浅右衛門（弟）が、互いの家の境にある居久根をめぐっての争いから、公事（訴訟争い）を起こした。陣屋では、「兄弟同士が公事を起こすとは何事か、人の道にそむくことだ」と叱りつけ、兄が正福寺に、弟が隣村の甚日寺に欠け入った。

〈**現在の様子**〉廃寺。境内跡地には、公孫樹の大木の雄姿、桜の古木が残る。正直公民館が建てられ、子どものための遊具が設けられている。平成十二年（二〇〇〇）十二月、「正福寺跡」の碑が建立。境内北西側の眺望は、手前に広がる青々とした稲田越しの阿武隈川の川堤を前景とし、安達太良山を右手に磐梯山、額取山等々の山を抱く奥羽山脈の翠黛とした峰々が見え、実に壮観である。

徳定村

●**成願寺**（阿弥陀山・天台宗）

〈**現在の様子**〉徳定の中心地へ続く参道から見る成願寺の大屋根は重厚である。坂上田村麻呂の故事が多く伝承されている土地である（成願寺の裏手の二渡神社の北東に伝承の地がある）。田村麻呂の生誕に関わる事例は、別項を参照。

大善寺村

●**大善寺**（慶味山・真言宗）

寛保元年（一七四一）十二月十一日、大善寺村の平兵衛の息子と金屋村の五人の子どもが逃げ参りで伊勢参宮に出掛けた。帰ってきたのが一月二十四日。さっそく、平兵衛の息子は、大善寺に欠け入り、金屋村の五人の子どもたちは、金剛寺に欠け入った。

〈**現在の様子**〉村の中心地は谷田川の出水を避けるように、丘陵の上に形成。谷田川と丘陵の間に国道四九号線が開鑿された。集落は、国道から見ると丘陵の尾根伝いに見える。寺は集落の北端。集落から続く山門をくぐると静謐な佇まいである。

金屋村

●**金剛寺**（産湯宝山・天台宗）

〈**現在の様子**〉金屋の中心地に位置。境内全体に陽が射し込む広々とした寺。かつて、寺の北西側に「金屋の渡し」があったが、阿武隈川の旧河川として取り残され、現在では三日月湖として野鳥の楽園となっている。

小川村

●圓龍寺（太子山・天台宗）

享保十九年（一七三四）三月。小川村の弥五兵衛が十九日に欠け落ちし、他領の近くの村で探索人によって発見され、帰村したその足で二十九日、圓龍寺に欠け入った。陣屋では、村役人に陣屋への出頭を命じた。村役人は弥五兵衛が住職に抱きつき、引き離すことができないと報告。四月九日になって、陣屋では今後また同じことをしたら仕置すると申し渡し、仕方なく赦免した。

〈現在の様子〉寺の北西側に居久根の森、南東側に田畑が広がる。山号を太子山と号するのは、境内東側に太子堂があり、聖徳太子への信仰が息づいているからである。

金沢村

●金昌寺（立石山・曹洞宗）

延享元年（一七四四）七月十七日。金沢村の六郎右衛門の甥沢之助と権七の息子次郎が博打にのめり込み、欠け落ち。両方の親類が探索に出掛け、関東まで行き、沢之助だけを見つけて八月八日に帰村。沢之助は、帰村すると同時に金昌寺に欠け入った。金昌寺の訴訟もあったが、八月三日に初代藩主が逝去されたばかりで、特赦された。

〈現在の様子〉谷田川に注ぐ白石川に洗われた北岸の岩盤の上に位置。境内に大賀ハスが咲く。住職は江戸時代の欠け入りに詳しかった。守山領内の寺々でこのような話を口承してくれる住職は珍しい。

上行合村

●上合寺（阿弥陀山・天台宗）

①享保六年（一七二一）七月二十四日、下行合村の忠右衛門の息子忠蔵が、逃げ参りによる伊勢参宮から帰り、行合寺に欠け入った。行合寺の住職が体調を崩しており、隣村の上合寺の住職が代わって陣屋に訴訟し、二十九日になって赦免された。上合寺へは上行合村の神職長門守が欠け入った。神職の欠け入りに上合寺では重大な事柄だからと、同じ宗派の金剛寺に同道を頼んだ。共に陣屋に出頭し、寺抱えを訴願した。

②寛保元年（一七四一）八月一日、長門守は欠け落ちにより欠け入った。神職の身分のため、陣屋では厳しく詮議した。両寺の訴願により、八月七日赦免。神職の身分も、家族の不幸が続いたことによる欠け落ちであると、守山領内のほかの神職による復帰願いが叶い、八月十日に復帰が申し渡された。

〈現在の様子〉上行合の北側、山門に六地蔵、地蔵堂。寺域は居久根で囲まれ、木漏れ日の中、本堂・庫裡と楚々とした佇まいである。

下行合寺村

●行合寺（真明山・天台宗）

〈現在の様子〉集落の中ほどにある。村道から石垣が積まれた参道を登り、さらに一段高い石垣の山門があり、潜ると境内が眼前に広がる。右手に観音堂、隣に「歴代住職之塔」が建立。

これも守山

領内の寺と欠け入りの記録〈2〉

②中郷と下郷

中郷（横川村、荒井村、下白岩村、蒲倉村、安原村は寺なし）

大平村

●**玉雲寺**（瀧泉山・曹洞宗）

〈現在の様子〉正保元年（一六四四）開山。集落の上の少し大きめの農家の造りを思わせる端正な佇まい。山号が示す泉が湧き出るような山麓に抱かれた静謐な寺である。

玉雲寺入り口

白岩村

●**大雲寺**（学石山・真言宗）

●**普門寺**（福石山・真言宗）

享保十三年（一七二八）八月十七日は三年ごとに行われる宗門人別改めの日であった。弟角平は他領の近在に商売に出掛け、当日になっても帰ってこないので、兄権八が迎えに行ったが間に合わなかった。陣屋では村役人の責任ではなく二人の不届きだとして出頭を命じた。八月二十六日、兄は普門寺、弟は大雲寺に欠け入った。大雲寺と普門寺の訴訟によって、兄は三十一日に、弟は九月二日になって赦免された。

〈現在の様子〉大雲寺は師継院の末寺として開山。本堂は、昭和五十四年（一九七九）に再建。寺域一帯は墓地。西側は旧白岩小学校があった。今は、住民の広場として親しまれている。

普門寺は、右側寺名、左側山号の石の門柱を持つ。参道は両側が篠竹の垣根で、短い草と苔を敷き詰めた山道。本堂は、森を背にした杉木立に抱かれている。境内は西側に少し広がり、落ち葉や杉の枯れ葉が幾重にも積もる。本堂北西側の森の小径には、普門寺に仕えた住職の墓石が祀られている。

普門寺入り口

阿久津村

●**安養寺**（風早山・曹洞宗）

享保十七年（一七三二）八月十六日、北小泉村の太衛門の家が出火により焼失。太衛門は山に柴刈りに出掛け、女房が隠居で赤子に乳を飲ませていた時、急に火の手が上がり、火災になったという。消火には、近在の村をはじめ阿武隈川の対岸・福原村からも駆け付けた。陣屋では、村役人に火元の太衛門を連れて出頭するように命じた。太衛門は処罰を恐れ、陣屋に向かう途中、安養寺に欠け入った。安養寺では、陣屋に訴願を続け、二〇回になってようやく赦免された。

〈現在の様子〉永禄九年（一五六六）開山。創建当時、阿武隈川の「阿久津の渡し場」の旧村道手前右側の高台にあったが、宝暦年間の阿久津村の大火で類焼し、現在地に再建。当時の寺跡には現住職により、「阿弥陀堂」が建立された。郡山の市街地から県道五七号線の阿久津橋を渡ると、左手前方に本堂大屋根が見える。旧地の高台には「桃里満門」の額を掲げた「阿弥陀堂」がある。住職によると「桃里満門」は人々が門に満ちあふれ昔日のように賑わうことを願ってとのこと。

下郷（南小泉村、北小泉村、山田村、下舞木村、根木屋村、三城目村は寺なし）

木村村

●**建福寺**（法輪山・臨済宗）

　村役人は庄屋は世襲が原則だが、組頭は村人による入札でその都度、決められた。享保十九年（一七三四）一月二十六日、木村村の組頭善十郎が病で退任した。陣屋では入札の白票は禁止していたが、二十九日に入札を開票したところ、白票が出てきた。陣屋では、禁止令に触れることなので、白票を入れた者を処罰、再投票と命じた。白票は二郎兵衛であった。名前を書いたが、投票の時に白紙と取り違え、封印して投票したらしい。陣屋では違反は違反だとして出頭するよう命じたが建福寺に欠け入った。寺では、気の毒がって早速、訴願に動いた。

〈現在の様子〉境内前の道路沿いには、磐越自動車道の開鑿の記念碑があり、その北側の高台に本堂がある。山門への参道を進み、階段を登る右手側にしだれ桜の古木。

建福寺

●**清雲寺**（無量山・真言宗）

〈現在の様子〉嘉永三年（一八五〇）の記録ではすでに清雲寺は無住、建物は観音堂境内に移転、旧境内は竹藪となっていた。現在は磐越自動車道郡山東インターチエンジ、スポーツ広場の一部。昭和五十三年（一九七八）の国土調査で寺の跡地が所有者不在と分かる。地区民が納税等管理を継続してきた実績をもとに木村区の名で所有権を確認し、裁判所に提訴、国有地化を免れた。

　寺域にあった石仏や石碑、祠は建福寺の境内に移築。観音堂は、建福寺の東南に位置し、高台に本堂がある。本堂東側は子どもたちの遊び場。戦国の世、天正の頃、領主木村氏が離散、館は廃され観音堂のみが残ったといわれる。正月参り、お盆、節句等の神事には、観音堂の鐘の音に惹かれ、近在から老若男女が集い、良き交流の場であった。鐘も復元に至っていないと、地区民は残念がっている（今泉五郎氏談、平成

往時を彷彿させる清雲寺の石塔群
(今泉五郎氏所蔵の記録集より)

清雲寺跡
(磐越自動車道郡山東インターチェンジの下)

二十三年〈二〇一一〉三月十一日、大地震発生時に聞き取り)。

上舞木村

●延命寺(東松山・真言宗)

明和元年(一七六四)の欠け落ちによる帰住願い。前年に三代藩主が亡くなり、四代藩主への家督相続により祝儀としての恩赦を期待してのもの。領内でも一二人が願い出た。このうち、舞木《(ママ)》村の源治郎と荒井村の伝治郎は五月、江戸藩邸の許可のもと、探索人(親類、五人組)が陣屋に願い出、探索に出掛け、六月四日に延命寺に欠け入った。

〈現在の様子〉集落の上方に位置し、坂を登ると左手に門、庫裡や本堂は門柱からの傾斜のゆるい坂の上にある。本堂は、鉄筋コンクリート造り。元々は「寺入」の地にあったが昭和二十九年(一九五四)に火災となり、昭和五十年に現在地に再建された。

芹沢村

●妙音寺(厳作山・真言宗)

正安二年の供養塔

〈現在の様子〉通称・堂坂観音。芹沢村堂坂は市町村合併により郡山市富久山町堂坂となった。妙音寺・堂坂観音堂は守山藩の祈願寺であった。明治初期より衰微し昭和七年(一九三二)に本尊(十一面観世音菩薩像)が鎌倉市の常盤山文庫に移座。平成五年(一九九三)、関係者の努力により本尊が木村村の建福寺へ帰住、地元民は建福寺の檀家有志と共に、観音堂の整備に努め、二年後、完成した。坂上田村麻呂の東征時に創建された縁や正安二年(一三〇〇)の刻字を持つ供養塔が境内に祀られている。

守山あれこれ

水戸藩・徳川斉昭の改革

守山藩の幕末を知るには、まずは本家である水戸徳川家との関係を記しておかねばならない。

水戸市内に建つ「徳川斉昭公像」（平成二年建立）

水戸藩二代藩主徳川光圀は、『大日本史』の編纂、社寺整理に力を入れ、水戸では、光圀を「義公」と称し、その功績を今も讃え偲んでいるが、光圀と並んだ名君として讃えられているのが、「烈公」と称される九代藩主徳川斉昭である。市内には、光圀・斉昭の銅像が幾つも点在している。

斉昭は、寛政十二年（一八〇〇）に七代藩主徳川治紀の三男として、江戸上屋敷で生まれた。この年は光圀の死後ちょうど百年目にあたる。

斉昭が藩主として就任するまでには、ひと騒動があった。文化十三年（一八一六）、長兄の斉脩《なりのぶ》が八代藩主に就任したが、病弱であり子ができなかった。文政十一年（一八二八）頃、正室の峯姫（十一代将軍徳川家斉の七女）が、家斉の二〇男徳川（清水）恒之丞を養子に迎えようとしているとの風説が流れ始めた。

これを推す在江戸の水戸の執政榊原照昌、在水戸の執政赤林重興らは、時の老中水野忠成と気脈を通じていた。将軍家との血脈を強固にすることにより、藩財政の救済を図ろうとしたのである。

これに対し、儒学者藤田幽谷の門人である藤田東湖・会沢正志斎らは、養子導入の阻止を図った。家老の息子山野辺義視と連絡を取り、江戸の彰考館総裁である青山延于の協力を得ることに成功した。彼らの主張は、初代藩主以来の血統が途絶えないよう、治紀の三男斉昭を推すものであった。

間もなく、斉脩が病死すると、跡継ぎに斉昭を指名していた遺志が判明した。これにより、文政十二年、斉昭が藩主に就任する運びとなった。この時、斉昭の擁立を画策した藤田・会沢らの藩士は、多くは中・下士層であった。彼らは、九代藩主となった斉昭の下で、藩政改革の担い手となっていく。

斉昭は、就任早々、人事の刷新（藤田東湖・会沢正志斎を郡奉行に登用）、質素・倹約の励行、武備の充実、農村の立て直し、社寺改革など様々な藩政改革に着手していった。

武者姿の斉昭（追鳥狩の姿）
（萩谷蘷喬画・江戸末期に描かれた）

天保四年（一八三三）には、最初の就藩（水戸入り）を果たし、積極的に領内巡見を行った。この時、新政の理想と心構えを示した『告志篇』を藩士たちに提示し、四大目標を掲げた。すなわち、経界の義（全領検地）、土着の義（藩士の地方移住）、学校の義（藩校・郷校の建設）、惣交代の義（定府制の廃止）であった。

昭和六年、茨城県農業祭の時、斉昭の遺徳顕彰として復元された農人形（弘道館展示資料）

これらの改革は、天保の飢饉、大塩平八郎の乱の衝撃もあり、途中で頓挫したものもあったが、徐々に実現に向けて動いていった。

また、斉昭は「愛民謝農」の心深い人物であったと伝えられる。自ら小さな農人形を作って食前に据え、食事のたびに最初の一箸を初穂として人形に供えてから、食事をとっていたという。水戸藩内では、藩主に倣い、尊農精神が広まっていった。

勝海舟は、斉昭について「世人の毀誉栄黜（ほめられたり、けなし《ママ》たり、しりぞけられたり）逢ひ給ひし御方は、近此これなきにや、果して治世の英傑とも申すべきか（『籬の茨』）」と評したと『幕末日本と徳川斉昭』は伝えている。

改革は、賛成する者がいる一方、反感や非難がつきものなのが世の常であり、斉昭の政治もそのようであった。揺るぎない持論をもっていた斉昭の革新的な政策は、守山藩の志士たちにも影響していったのである。

第四章 江戸後期の守山藩

異国船出現により守山藩が担った海防と領内を混乱に陥れた天狗党の乱。

1

守山藩と海防

十八世紀末から頻発した異国船の出現に対する海防体制に、守山藩もまた負担を背負った。つながりの強かった本家・水戸藩では改革派と保守派の対立が激化する。そして、ペリー来航に始まる幕末の動乱が始まったのである。

異国船の出現

本章から、江戸後期から幕末の擾乱《じょうらん》期における守山藩の姿を紹介する。本藩である水戸藩の動きと同調している歴史が多いため、水戸藩、特に九代藩主徳川斉昭《なりあき》★の動向と共に探っていこう。

天保四年（一八三三）、斉昭は沿岸を巡視し、磯浜《いそはま》村と多賀郡助川《すけがわ》に海防陣屋を設置した。その後、水戸藩では大筒・人員ともに強化が図られ、海防に注力していった。十年のちには、幕府に大船建造の解禁を建言した記録も残る。

それというのも、文政年間（一八一八〜一八三〇）に入ると、常陸国沿岸で異国船が頻繁に目撃されるようになっていたからである。

すでに十八世紀後半には、蝦夷地沿岸にロシア船が姿を見せていた。寛政三年

徳川斉昭の像（弘道館入り口）

（一七九一）、幕府は異国船について、検分に応じない場合は、船に乗り移り船員を斬り捨てることもやむなしとの指示を全国に通達していた。

そして、ロシア使節ラックスマンが根室に来航し、大黒屋光太夫を引き渡すと共に通商を求め、長崎にはロシア使節レザノフが来て通商を求めた。これを断ったところ、ロシアは蝦夷地の樺太《からふと》や択捉《えとろふ》島などに攻撃を加えた。

文化三年（一八〇六）、幕府はロシア船について、なるべく穏便に帰ってもらうよう取り計らうようにとの指示を出した。その後、イギリスやアメリカの船も日本近海に姿を現すようになっていた。

那珂湊《なかみなと》近辺では、文政六年（一八二三）六月、異国船が四日連続で目撃され、うち一日は海岸から乗組員の姿が認められるほどに接近したため、水戸藩では上陸に備え、数十人の藩士を派遣する騒ぎとなった。

そして、文政七年五月二十八日、水戸藩領北側の大津浜にイギリス捕鯨船員一二名が突如上陸するという事件が起きた。幕府は、翌年に異国船打払令（無二念打払令）を発令するが、藤田幽谷《ゆうこく》と門人たちは、易々《やすやす》と異国人の上陸を許してしまったという藩政の現状を打破すべき、という意見をもつようになった。

斉昭に仕える儒学者、会沢正志斎《あいざわせいしさい》は、この現状に対して『新論』★を著した。「単に鎖国を継続しようという現状維持的な議論ではなく、幕府を中心とした内政改革を実現し、武備の充実で国威を海外にまで発揚する」という構想であった。

▼徳川斉昭は子どもが多かった。正室のほかに、側室が九人居り、子女は総勢二二男一五女もいた（早世は一七人）。水戸藩十代藩主徳川慶篤、十一代藩主徳川昭武、のちに十五代将軍となる徳川慶喜も斉昭の七男である。斉昭の子どもたちは、鳥取、川越、岡山、浜田、島原などに養子に出されていったが、守山藩にも頼之が養子として迎えられた（守山藩は、これまでも斉昭の同腹の姉、苞姫〈ほうひめ〉が五代守山藩主松平頼誠の側室として嫁いでおり、水戸藩との親戚関係はあった）。明治六年（一八七三）、頼之は十六歳で病没、八代藩主には、会津藩に一時養子に出されていたが、維新後、水戸家へ復帰していた頼之の兄である喜徳が就いた。斉昭の十九男である。

▼『新論』は、写本で流布し、長州藩の吉田松陰、久留米藩の真木和泉などに強い影響を与えた。

守山藩でも、平磯以南の鹿島灘沿岸に領地が点在しており、武備を充実させることについて、例外ではなかった。守山藩松川陣屋の砲台場が、浜欠《はまかけ》（現・茨城県東茨城郡大洗町夏海）に設けられた。

守山藩の海防体制

『大洗町史』には、守山藩の海防の役目について「松川陣屋から鹿島郡居切《いきり》村まで一三里（約五二キロ）の鹿島灘沿岸防備の責任を負う」とある。

文政年間（一八一八〜一八三一年）以降、広大な範囲を任された守山藩は、小藩であるがゆえ、手薄である防備の不安を取り除くべく、水戸藩の援助を受けながら海防の体制を整えた。

水戸藩からは、筆談の者二人、先手物頭（同心）二人、徒目付（下役二人、大筒方の者二人）が応援として予定された。さらに、装備として大筒一挺も援助されることになったが、すべての人員を藩士で賄うことは困難となり、藩領の村々から農民が動員された。

そもそも、松川陣屋は、現在の大洗町松川の高台、涸沼《ひぬま》に突き出た要害の地にあった。遠くには日光の連山、近くには筑波の峰、眼下には涸沼が展開している。この地は、水運・海防の要衝であり、重要な役目を担っていた場所であった。

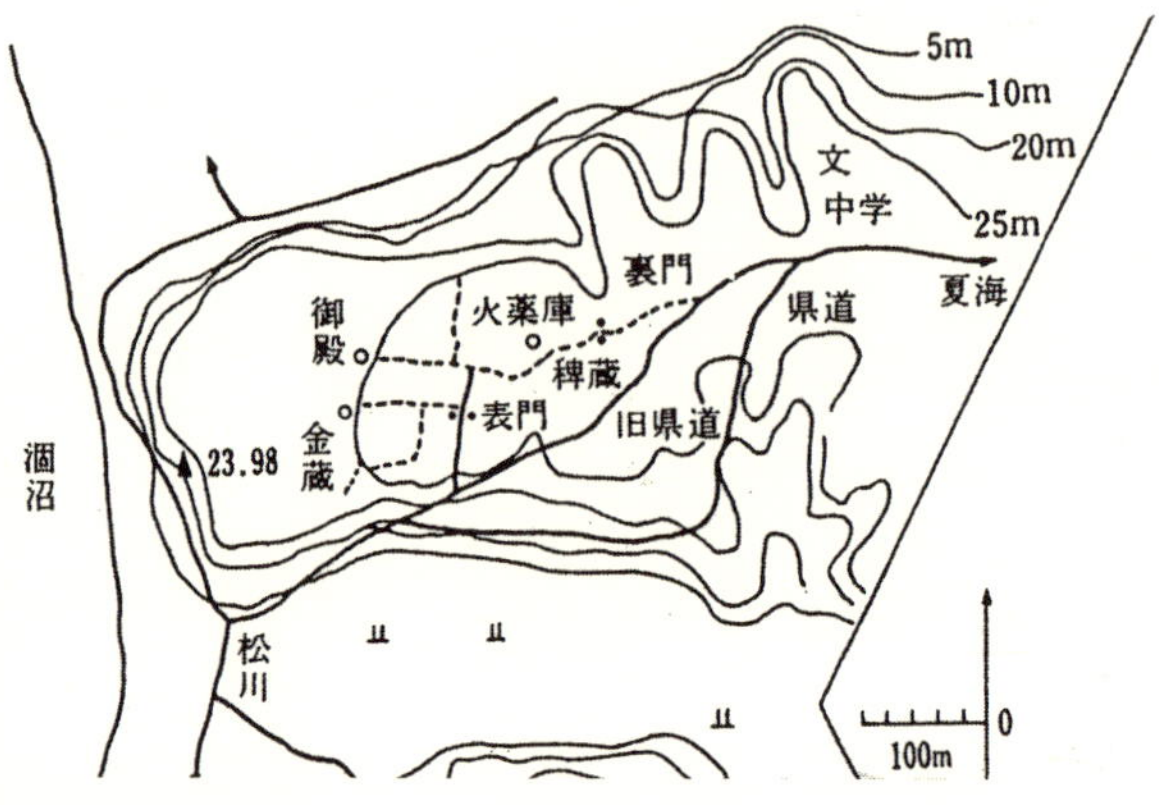

松川陣屋とその地形図
（『大洗歴史漫歩』八二ページより転用）

そして、幕府は天保十三年（一八四二）八月九日に「異国船渡来之節取計方」を通達した。

通達には「警備をいよいよ厳重に致し、人数と武器などの手当て等、これまでより一段と手厚く心得るように」とあり、「備えの人数、かねて用意して置くように命じた鉄砲、石火矢等の数をくわしく書きだすように」と命じられた。また、手薄であっても咎めはしないので、現状を隠さず報告するように、と付け加えられていた。

備えの人数は、以下のようであった。合計は一〇三人である。（　）内はこれまでとの比較、合わせて五四人が増加されたことが分かる。

郡奉行　一人
平士　一二人（七人増）
徒目付　一人
足軽小頭　八人（六人増）
足軽　三〇人（一〇人増）
雑人　五一人（三一人増）

守山藩から幕府への海防手当て状況の報告の記録は、寛政五年（一七九三）、文化年間（一八〇四〜一八一八）、天保十五年（一八四四）が残る。報告の項目は、防備人数、村ごとの異国船出現・漂着の有無、海岸の海図ならびに浅深、松川陣屋

松川陣屋旧砲台場跡地付近（大洗町）

満々と水を湛える涸沼

までの里程、大筒台場・遠見番所の有無などであった。

鹿島郡の弓形の海岸線は見通しがよく、この時期設置された荒野村の見張番所（遠見番所）からは北は磯浜・大貫を、南は波崎まで一望できた。松川陣屋から一三里にわたる鹿島灘沿岸の守山藩領村は相給を含めて一二ケ村である。例えば、

鹿島灘沿岸の海防手当ての状態

（天保15年に異国船監視報告のあった村々）

（『大洗町史』より転用）

海防報告は他領村も合わせて、「天保一五年は二七ケ村、二八ケ所である」と記録されている。★

守山藩の海防体制はどうであったのか。守山藩の備えの人数は以下のようである。これらのうち、寛政以降に増備されたのは、鉄砲のほかの大筒（台場）すべてと遠見番所であった。大筒五挺は、成田村《なりた》（現・大洗町）、大竹村（現・鉾田市《ほこた》）、荒野村《こうや》、平井村、国末村《くにまつ》（現・鹿嶋市）の各村に砲台を建設して据えられたという。

大筒（大砲）　五挺（五〇目筒一挺、二〇〇目筒二挺、三〇〇目筒二挺）
鉄砲　三〇挺（一〇挺増）
船　一〇艘
遠見番所　一カ所
大筒台場　五カ所

守山藩では、海浜山野において、甲冑《かっちゅう》の着用、鉄砲の稽古などが行われた。甲冑着用はなるべく質素に目立たぬように、大筒無玉火薬の練習は、人数調練のない時にするなどの藩庁の指導が加えられた。

▼報告に示された異国船出現状況は、文政六年〜十三年（一八二三〜一八三〇）までは成田村から居切村間で、成田村の一二件を最高に全二三件、天保元年〜十五年（一八三〇〜一八四四）までは四件であった。
一方、水戸藩領では、文政四年〜天保六年（一八二一〜一八三五）までに大津浜の上陸事件以外に三三件、延べ三九艘もの異国船出現情報が幕府に届けられた。

徳川斉昭の失脚と改革派対保守派

徳川斉昭は、天保十一年（一八四〇）の二度目の就藩より水戸に在しており、自らが改革の陣頭指揮をとっていた。天保十四年三月から六月までの十二代将軍家慶の日光社参に従ったあと、江戸にしばらく滞在した以外は、実に四年もの間、水戸に居続けた。

藩政改革に勤しんでいた斉昭の藩主生活は突然終わりを迎える。天保十五年（一八四四）五月、江戸より登城の命があり、その際に隠居・謹慎を幕府より命じられた。斉昭の失脚は、寺院の整理・改革（仏教弾圧）や軍事力強化の急速な推進、水戸藩内の保守派が大奥に働きかけたことなど、様々な要因があった。藩内の保守派が、急進的な改革に歯止めをかけたのである。

それに伴い、藤田東湖、会沢正志斎、戸田忠敞《ただあきら》（忠太夫）らも蟄居、免職となった。家督を譲られた斉昭の長男慶篤《よしあつ》は、就任時十三歳であった。水戸藩の連枝大名である高松藩（十二万石）、府中藩（二万石）、そして守山藩（二万石）の藩主が後見役として命じられる。

水戸藩の藩政は、改革派に代わって保守派の人々が藩の中心に登用された。中でも結城《ゆうき》寅寿《とらじゅ》が実権を掌握した。斉昭は、結城を「姦人」「俗物姦物」と呼んで倦厭《けんえん》していたという。

一方、結城をはじめとする保守派は、改革派を「天狗」と称していた。改革派には軽輩の者が多く、「成り上がり者が天狗になって威張る」という軽蔑の念が籠められていた。

これについて、斉昭は、老中阿部正弘に宛てて「江戸にては口慢者抔を天狗と申すが、水戸にては義気有る者を天狗と申し候。……より義気強く国家のために忠を存候者は何れも天狗の仲間」（弘化二年書簡、「新伊勢物語」）といっていた。斉昭が好評したように、「天狗」と呼ばれた改革派の人々は、最も深く斉昭の志を継承していくこととなる。

同年十月に、農民四〇〇〇〜五〇〇〇人が水戸街道の吉田村（現・水戸市元吉田）から長岡宿（現・東茨城郡茨城町）に集結し、江戸へ上って斉昭の雪冤《せつえん》を運動しようとした。藩庁は、江戸での訴願を強行した者を捕らえたり、農民らの出府を阻止したりしたため、藩内は保守派と改革派の対立が激化していった。

十一月、幕府は斉昭の謹慎を解除した。以後、老中阿部正弘と書簡を交わし、外圧の危機とその対策を熱心に説くこととなる。

そして、嘉永二年（一八四九）三月、阿部正弘は、水戸藩の連枝大名による後見の廃止と斉昭の藩政参与の復活を伝えた。翌月、会沢正志斎などの改革派の幽閉が解除され、改革派は藩政に復帰できるようになった。

ペリー来航による海防強化

嘉永六年（一八五三）六月三日、ペリーが来航した。翌日、福井藩主松平慶永

徳川斉昭が創設した弘道館

斉昭による「弘道館記」の碑が納められた八卦堂

は徳川斉昭に書状を出し、処置を議した。のち、しばしば書状を交換するようになる。時の老中阿部正弘に至っても将軍家慶の命で、斉昭へ再三にわたり意見を問うている。幕府にとって、斉昭の存在が大きかったことが分かる。

ペリーの退去後の七月、斉昭は、幕府の海防参与に就任した。水戸学派の総帥《そうすい》として尊皇攘夷を強く主張していた斉昭を国論一致のため幕府内部に取り込むためであった。

さっそく、斉昭は、「海防愚存《ぐぞん》」と題する一〇条五事の建議書を提出した。一〇条には和親すべからざる理由、五事には海防の手段、という内容であった。海防については、「武士のみならず百姓・町人まで挙国一致の覚悟で国防に当たらせると共に、大船の建造、鉄砲の訓練によって海岸防備を厳にしなければならないが、特に農兵の整備を急務とすべきである」と述べた。

その後、鎖国を堅持しうる軍事力の養成のため、欧米の軍事技術の導入を図っていった。水戸藩では、同年十二月に水戸で鋳造した大砲七四門を幕府に献上した。

また、幕府は、水戸藩に大船建造を命じ、隅田川河口の石川島を造船所の敷地と定め、水戸藩にその設立と運営を委託した。★

守山藩でも、軍事力強化のため、松川領にある各村からの人足徴用があった。

福山藩７代藩主・阿部正弘

▼旧石川島播磨重工業株式会社の基礎となった。明治九年（一八七六）に民間の平野富二に払い下げられ、現在のＩＨＩとなる。

嘉永七年一月の人足は、くじ引きで決められ、人足四人と馬が徴用された。松川陣屋からは金一分、村からは月三分の賃金が払われた。

各村からの人足役割分担は、大筒台引き、大筒玉持ち、鉄砲足軽、陣太鼓持ち、番頭足軽、槍持ちなどであり、総勢一二一人が徴用★された。

この間、ロシア使節プチャーチンが長崎に来航し、外圧の危機がさらに迫った。翌年五月、斉昭の攘夷の意志とは裏腹に、日米和親条約が締結される。斉昭は、条約の締結前に海防参与の辞任の意志を三度にわたり請うたが、幕府は慰留に努めた記録が残る。攘夷を志す志士たちが多く存在する中、条約により下田・箱館は開港され、鎖国の時代は終わりを告げた。

鹿島灘沿岸の海防を担う守山藩では、安政二年（一八五五）四月十九日、異国船が現れ、松川陣屋に緊張が走ったという記録がある。

それは、松川陣屋の役人が夏海村（現・茨城県鉾田市と大洗町にまたがっている）にて大鉄砲で陣立てて、村々から人足を引き出し、二日一晩防備したというものであった。このような守山藩の海岸防備の任務は、藩の財政と領民の生活を窮乏化させていった。

ちなみに、条約が締結されると、日本国の船印が問題となった。これにも斉昭はひと役買った。これまで全国の総船印は「中黒」、幕府は「日の丸」、各藩は各家の紋章とまとまっていたが、日の丸を再三主張した斉昭の意見が通り、日本の

▼徴用
内訳は、鹿島郡一三カ村から四六名、行方郡九カ村から五一名、茨城郡七カ村から二四名であった。

船はすべて白地に日の丸の使用と決まった。

その後、明治政府も日章旗を「日本船の目印」として定め、慣用的に用いた歴史がある。平成十一年（一九九九）、正式に国旗となった。

安政の大獄

斉昭は、連日の登城を免じられ、外圧に対応する軍備の充実★を重視して藩内の強兵に努めるようになった。那珂《なか》湊（現・ひたちなか市）に西洋式の反射炉を建造したのもこの時期である。

そして、幕府の軍制参与を再び命じられ、安政二年（一八五五）八月から幕政に復帰した。人材登用、武備充実のため諸大名の登城拝廟の礼の省略、宗門改制度の改正、屯田農兵制の創設などについて意見を述べていたが、反対論も強く、なかなか進展はしなかった。

同年十月、安政の大地震が起きた。江戸は甚大な被害を受け、改革は自然中断となってしまう。この時、側用人であった藤田東湖、側近の家老戸田忠敞が水戸藩邸倒壊により、共に圧死するという惨事に遭う。水戸藩改革派にとって大きな打撃であった。重臣の死により、ほかの家臣が斉昭の行動を抑えることは難しく

▼**軍備の充実**
兵器の製造、軍備訓練の強化、軍制の改革、軍事教育など。

藤田東湖の墓（常盤共有墓地・水戸市）

なった。

安政三年には、弁明の機会を与えず、元家老結城寅寿を死罪、斉昭暗殺の謀略を理由に側医十河《そごう》祐元を斬罪にした。

水戸藩内の改革派と保守派の対立は激化していった。

一方、アメリカ総領事ハリスが下田に着任し、貿易に反対する斉昭の立場は苦しいものになっていく。この頃、十三代将軍徳川家定の継嗣問題が表面化していた（譜代大名と親藩・外様大名の対立。前者は、紀州徳川家の慶福《よしとみ》を推す南紀派、後者は、斉昭の子一橋慶喜を推す一橋派であった）。

安政五年、井伊直弼《なおすけ》が大老に就任、日米修好通商条約を締結し、十四代将軍は慶福（のち家茂《いえもち》）となった。南紀派の行動に、斉昭、尾張徳川家の徳川慶恕《よしくみ》（のち慶勝）、福井藩主松平慶永らは、不時登城して井伊を詰問した。★

八月、朝廷が動いた。水戸藩に「戊午《ぼご》の密勅《みっちょく》」と呼ばれる勅諚を与えたのである。孝明《こうめい》天皇は攘夷派であり、「攘夷実現のため幕府を助け、諸藩と協調して尽力する」ことを命じた。朝廷が直接、個別の藩に命令を下すことは異例のことであり、幕府は、水戸藩にこれを差し出すよう求めた。藩内では、密勅の取り扱いをめぐって藩論が二分した。

尊攘派は、農民に呼び掛け、実力で密勅の返還を阻止しようと画策した。阻止しようとする藩士・領民の有志は、一〇〇〇人以上にもなり、水戸から江戸へ向

13代将軍・徳川家定

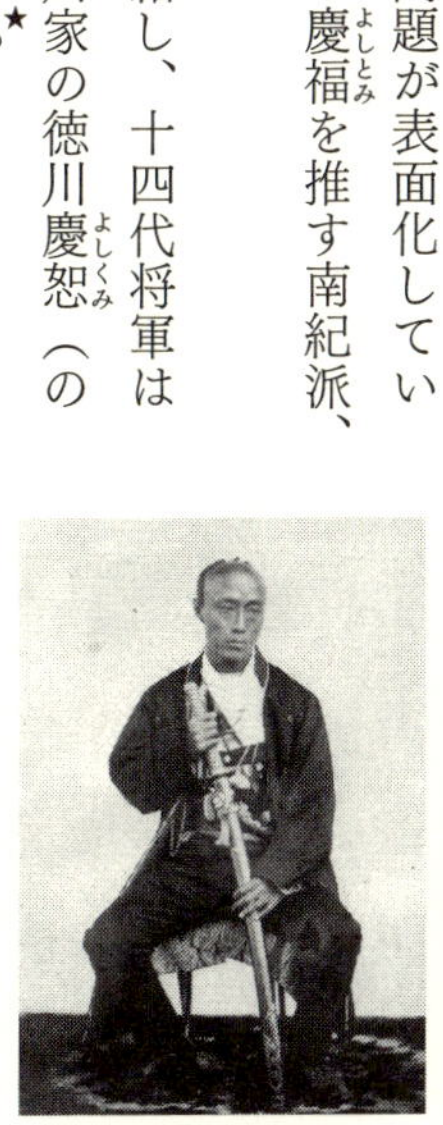
徳川（一橋）慶喜

▼結果、井伊は、同年七月に斉昭に急度慎み、徳川慶恕、松平慶永に隠居・急度慎みを命じた。

かおうと、小金宿（現・松戸市）に集結した。群衆は、興奮のあまり自殺者が続出するような状態で、斉昭は訓戒に努めたという。

これに反して、井伊は、斉昭が攘夷を朝廷にせまり、「戊午の密勅」を引き出した、との疑いを深めた。九月には、尊攘派らを処罰する安政の大獄が開始★される。

水戸領内では、再び江戸へ向かい数千人の村人が動き出した。斉昭は、慶篤と共に諭し書を出して、鎮撫に努める。しかし、翌年八月、斉昭に国許永蟄居が命じられた。

安政の大獄は厳しいものであった。尊攘派の活動は失速させられていった。

一方、井伊への反発も激しく、その反動は井伊直弼の暗殺事件を引き起こした。万延元年（一八六〇）三月三日、世にいう桜田門外の変である。実行犯は、水戸脱藩浪士一七人と薩摩藩士であった。この時、守山藩士も予備隊として控えていたと小室家（現・松川領在住）に伝えられている。

斉昭は、この事件に対し、驚きと憤りに満ちた感情を表したというが、斉昭も、同年八月、六十一歳で死去する。持病の心臓発作による心筋梗塞であった。

ひとつの時代が終わり、さらに激動へと時代は動いていく。

▼安政の大獄が開始
元小浜藩士梅田雲浜、水戸藩士鵜飼吉左衛門・幸吉父子、越前藩士橋本左内、長州藩士吉田松陰、水戸藩家老安島帯刀らが召喚・逮捕された。

吉田松陰

彦根藩15代藩主・井伊直弼

守山雑感

水戸藩・弘道館の設立と尊皇攘夷運動

好文亭から見た偕楽園

徳川斉昭は「領民と偕に楽しむ場」として、梅の名所となった「偕楽園」を設立した功績がある。風光明媚な場所を求める姿に、風雅な生活を好む藩主の一面がみえる。

偕楽園には、平成二十三年（二〇一一）三月初めに訪れた。梅が咲き始め、多くの人で賑わっていた。金沢・兼六園、岡山・後楽園とともに「日本三名園」のひとつとなっている。偕楽園は、天保十三年（一八四二）の開園から、人々の目を楽しませている。東日本大震災により、偕楽園は、地盤沈下や復元された斉昭の別墅《べっしょ》・好文亭の土壁破損などの被害を受け、一定期間閉園となった。満開の梅が咲き乱れていたろうに、毎年人々を楽しませていた梅は散っていった。翌年二月、全面復旧し、毎年恒例の「水戸の梅まつり」が開催された。梅は毎年蕾をつけ、花を咲かせたのである。

話を戻そう。斉昭は、それと別に、幕末の思想界に「尊皇攘夷を成す」という大きな影響を与えたことでも知られる。その革新の現れが「弘道館」の設立である。

天保十二年（一八四一）、斉昭の趣旨を体して、藤田東湖が案文を起草、会沢正志斎、青山雲龍、佐藤一斎などが意見を加え「弘道館記」を完成させた。

それまで、水戸城下には多くの私塾はあったが、初の藩校の設立であった。弘道館での教育の対象は、藩士とその子弟の教育であり、文武の教場、馬場、調練場、医学館なども併設された。構内には、孔子廟、鹿島神社が建立され、一〇〇〇人ほどの藩士とその子弟が通っていたという。

現在の水戸市内には、弘道館の一部が保存されている。国指定重要文化財であり、現存する藩校で規模が大きいもののひとつである。藩校の敷居をまたぐと、「尊攘」と書かれた掛け軸があり、その勢いに圧倒される。安政三年（一八五六）に書かれたものであり、水戸藩の侍医の松延年の筆である。嘉永六年（一八五三）に弘道館掛となった人物である。和漢の学に通じており、書を加賀藩に仕えた書家市河米庵に学んだ経緯をもつ。

尊皇攘夷の思想は、ある時期まで、水戸藩をはじめ、多くの幕末の志士たちの共通の理念となっていった。現在の弘道館は明治元年（一八六八）、藩内に争乱があり、その際の兵火によって文館、武館、医学館等を失い、その後広大な敷地も県庁、三の丸小学校用地として割譲され、規模は縮小された。さらに、昭和二十年（一九四五）の戦災により残存していた鹿島神社、孔子廟、八卦堂も焼失してしまった。しかし、正門、正庁、至善堂は災禍を免れた。

　尊攘の掛け軸の隣室は、藩主の座所であり「至善堂」と呼ばれた。将軍職を辞した徳川慶喜が恭順の意を表し、朝廷の命を待った歴史の重みを感じさせる部屋であった。畳縁には、葵の紋の刺繍が施されている。館内には、慶喜が水戸に下った時の長持も保存されていた。

至善堂（藩主の座所）

弘道館内部（入り口）

　また、弘道館の敷地内には再建された八卦堂がある。中には創立の精神が書かれた「弘道館記」の碑が納められている。八卦堂の内部には入れないので、碑文そのものを読むことはできないが、次のように書かれているという。「弘道とは何ぞ。人、よく道を弘むるなり……」。これは「弘道とは、何か。すなわち、人が道というものを弘めることができる。道が自然に弘まるのではない。我々の努力によって道は弘まり、また道は維持されるのである」と解説されている。

　碑文は、次のように続く。「我が東照宮、乱を撥め正に反へし、王を尊び夷を攘ひ、允に武、允に文、以て太平の基を開きたまふ」とあり、すなわち、「家康は戦乱を治め、世の中を正しい道にかえし、皇室を敬い尊び、外国の圧力や間違った考え方を攘いのけ、文武二つの徳が発揮されて戦乱が収まり、太平の世を築かれた」ということである。続いて、光圀の儒教（特に朱子学）の実践の評価が謳われた。

　また、神儒一致、忠孝一致、文武一致、学問事業一致、治教一致という弘道館教育の五つの基本精神が示された。これまでの水戸学は、光圀が進めた『大日本史』の編纂事業をもとに熟成された水戸藩の学風全般を指していたが、斉昭の頃の水戸学になると、特に尊皇攘夷を高唱するようになっていく。前者を「前期水戸学」、後者を「後期水戸学」と呼んでいる。

　このように、弘道館の創立に始まる後期水戸学の成立は、「天保期の藩政改革の思想的裏付けとなり、また幕末激動期に高揚した尊皇攘夷運動の指導理念となり、さらには明治天皇制国家の支配原理ともいうべき『国体』思想の源流を形成した点において、歴史的重要な意義をもつ」と分析されている。

　尊皇攘夷、まさに、斉昭の革新であった。その後、弘道館で学んだ藩士たちの思想は、複雑に発展し、ある者は、天狗党の乱に関係していく。そして、守山藩士もまた影響されるのである。

②

天狗党の乱

水戸藩の改革派は天狗と呼ばれた。攘夷の決行を求めるために彼らは挙兵する。
水戸藩士藤田小四郎が中心となった天狗党の乱である。この乱に守山藩士も一〇名が参加した。
なぜ、彼らも決起に至ったのか、その根底には尊皇攘夷の思想があった。

筑波山挙兵の背景

斉昭の死から、四年後。元治元年（一八六四）三月二十七日、水戸藩の尊攘派は、筑波山に挙兵★した。挙兵の中心人物は、藤田幽谷の息子（四男）・藤田小四郎であった。彼らは、水戸藩内の改革派で、天狗党と呼ばれていた人々である。小四郎は斉昭の神位を奉じ、その遺志として、幕府に攘夷の決行を求めていた。

一方、保守派と弘道館《こうどうかん》の諸生（弘道館学生の呼称）、尊攘派の鎮派は、五月二日に反天狗党の兵を挙げた。檄文には、斉昭の『告志篇』に基づき「眼前の君主」に対する礼節こそが家臣として守る第一の責務、とあった。

幕末の水戸藩内は、いずれも斉昭の遺志を主張する勢力によって二分された。この戦いに、守山藩士も参加し、犠牲となる。

▼挙兵
この挙兵からの一連の紛争は「天狗党の乱」「天狗・諸生の乱」「天狗党騒動」「元治元年合戦」などと呼ばれている。天狗党の乱に関する地域の研究書は数多く存在しているが、天狗党のことは天狗派、勤皇派、尊攘派、改革派など、反天狗党のことは諸生党、諸生派、佐幕派、保守派、門閥派など呼称が定まっていない。

藩内の尊攘派と一口でいっても内実は複雑で、藩政・幕政のゆるやかな改革を目指す鎮派と幕府に攘夷を迫る激派★があった。

激派の多くは、玉造、潮来などの南部の郷校を根拠地としながら、軍資金を近辺の地主・富農などから徴収し、郷士・神主・村役人・農民などを集めて、軍事訓練を行い、尊皇攘夷の武力による実行を狙っていた。この中には、新撰組に参加した芹沢鴨も含まれていた。加えて、水戸藩内では、天狗党を名乗り、攘夷を口実とした粗暴な行動をする者もいた。

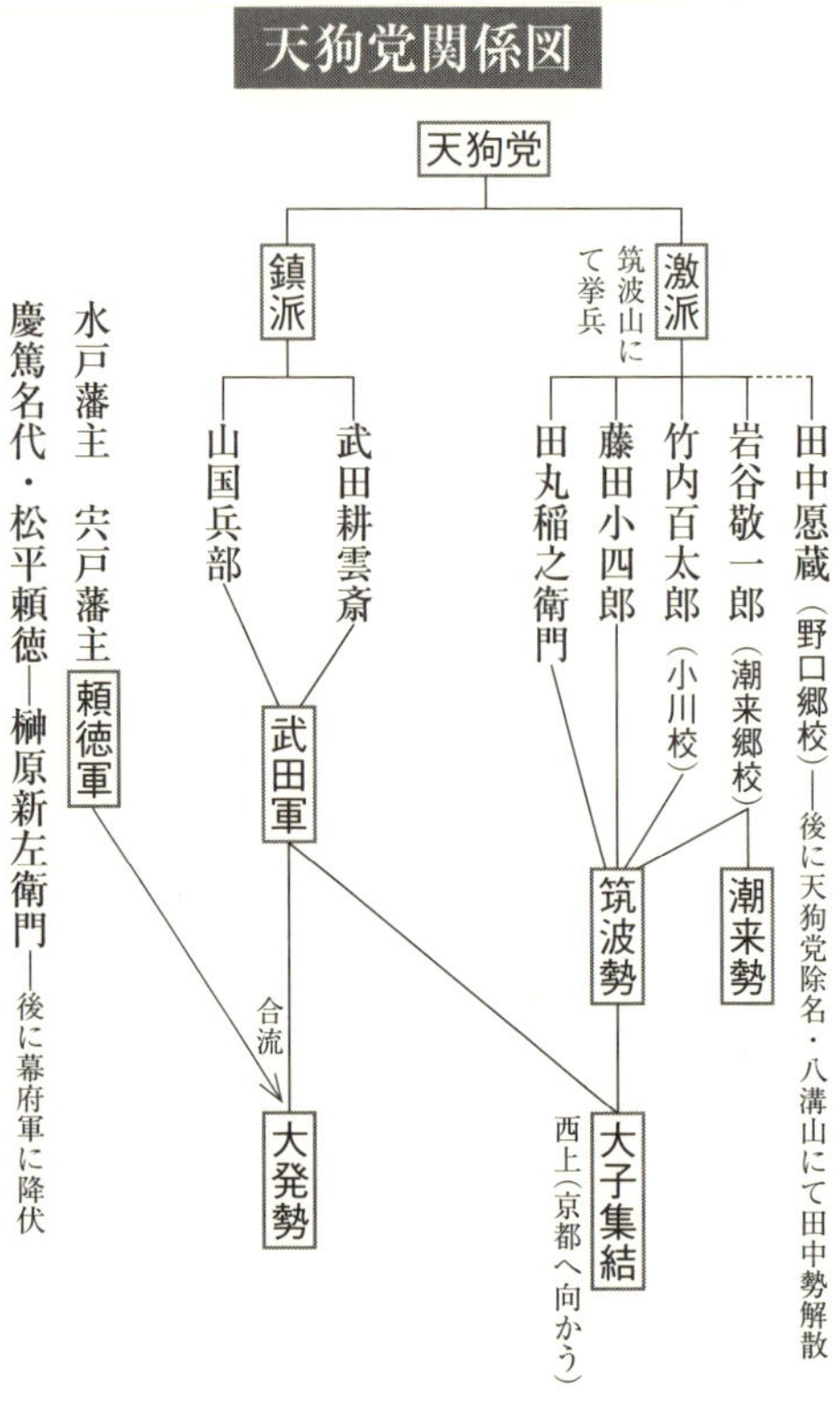

（『常陽藝文』2005年12月号、p60より）

天狗党激派・田中愿蔵に関する史跡（石塚氏による案内）
塙町の安楽寺（右）、刑場跡
（塙町・道の駅地内、平成24年４月29日撮影）

▼激派
尊攘派激派の一部で脱藩した水戸藩士は、イギリス公使館内に侵入し、公使館員を襲撃した東禅寺事件（文久元年〈一八六一〉）、公武合体を進める老中安藤信正を襲撃した坂下門外の変（文久二年）などの事件を起こしている。

天狗党の挙兵までの背景を辿る。桜田門外の変のあと、安藤信正が老中に就任し、公武合体論★が主流となった。公武合体は、孝明天皇の妹和宮《かずのみや》が十四代将軍家茂へ降嫁《こうか》することで実現したが、この時、幕府は、攘夷決行をして十年以内に鎖国状態に戻すという条件を付けていた。

幕政は動いた。当時の薩摩藩主島津忠義《ただよし》の父であり、前藩主島津斉彬《なりあきら》の異母弟島津久光《ひさみつ》が文久の改革を要求し、将軍徳川家茂の上洛が決定した。この時、将軍後見職に一橋慶喜、政治総裁職に松平慶永、京都守護職に松平容保が就任した。将軍が上洛するのは、三代将軍徳川家光以来のことであった。上洛は、公武合体の実を示し、尊攘派をけん制し、幕藩体制を立て直すのが目的であった。

それに先立って、文久二年（一八六二）十二月、一橋慶喜、松平慶永らが上京した。水戸藩では若年寄武田耕雲斎などの重臣が慶喜に従っている。

文久三年二月十三日、将軍家茂は江戸城を出発、三月四日に二条城に入った。水戸藩主徳川慶篤は、将軍と同行することを命じられ、二月十六日に江戸を出発した。慶篤の弟である昭訓《あきくに》、三連枝である府中藩主松平頼縄、宍戸藩主松平頼徳以下、一〇〇〇人余りの藩士が同行した。

慶篤に従った藩士の中に、藤田小四郎も加わっていた。守山藩にも水戸藩より、家老と若干の藩士の上洛の要請があった。家老野口優哉以下、六名の藩士★が遣わされた。

▼公武合体論
朝廷と幕府を親戚関係にすることで、幕藩体制の強化を狙った。

磐城平藩５代藩主・安藤信正

和宮

▼六名の藩士
増子鼎一郎、太田新太郎、中村脩之介、三本木鎗三郎、高野東八郎、三瓶閑三郎である。

幕府は、五月十日を約束の攘夷決行の日としたが、実際に攘夷を決行したのは、下関で外国船を砲撃した長州藩だけであった。会津藩と薩摩藩は、長州藩の尊皇攘夷派を京都から追放した。攘夷の波は、一夜にして逆転してしまう（八月十八日の政変）。

京都では、長州藩のあとを担う尊攘派として水戸藩に期待が集まった。西の尊攘派は、すでに天誅組の変や生野の乱などを起こしていた。東の尊攘派の中核である水戸藩がついに決起するに至ったのである。

天狗党、挙兵

話は戻って、藤田小四郎らは、水戸藩主徳川慶篤に従った京都において、長州藩の桂小五郎（のち木戸孝允）や久坂玄瑞《くさかげんずい》と会って、攘夷の信念を強めていた。のち、一橋慶喜に従い江戸へ戻ったが、幕府は、五月十日を期して攘夷を決行すると朝廷に約束していたので、大きな期待をかけながらの帰府であった。

しかし、幕府が攘夷に踏み切れないでいるうちに、八月十八日の政変となった。小四郎は、再度京都に上って、幕府の違約を朝廷に訴えようとし、その胸中を目付山国兵部に打ち明けたが、思い止まるように説得されてしまう。

小四郎は、近郷で遊説し、尊皇攘夷の実行の機会を狙った。具体的には、幕府

現在の十津川郷（奈良県吉野郡十津川村）
奈良県の最南端に位置する山村である。古代より朝廷との結びつきが強い勤皇の村であった。

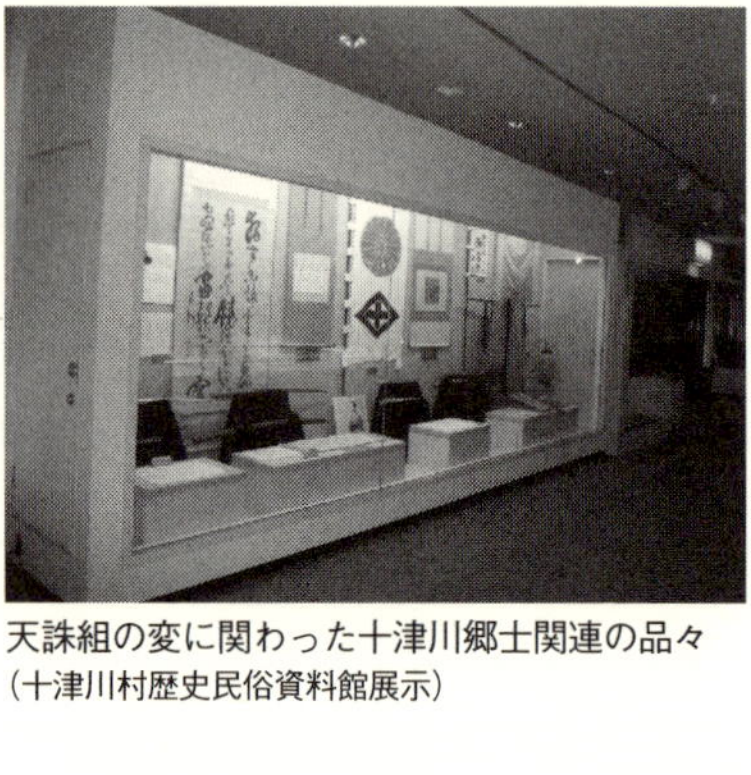

天誅組の変に関わった十津川郷士関連の品々
（十津川村歴史民俗資料館展示）

に横浜鎖港を迫ろうとしたのである。

ついに、挙兵となった。元治元年(一八六四)三月二十七日、潮来《いたこ》・小川・玉造・湊などの郷校からの同志を集め、筑波山中腹の護持院が本拠となった。挙兵の参加者は、府中出立のときは六〇人余りであったが、徐々に増し、百数十人に膨れ上がっていった。

同年四月三日、筑波山は地形上、守りに難があるとし、日光山で挙兵の成功を祈願し併せて参籠しようと日光に向けて出立した。彼らは、天狗党筑波勢と呼ばれる。水戸藩町奉行田丸稲之衛門を総帥とし、藤田小四郎ほか二人★が総裁となった。

天狗党筑波勢★は、四月八日に今市宿《いまいち》に到着、日光に入ろうとした。しかし、日光奉行に遮られる。宇都宮藩家老が仲介となって、一部に限って一〇人ずつ、宇都宮藩士の案内に従うという条件付きで日光入りを許された。

天狗党筑波勢は、徳川家康の廟である東照宮へ参拝を果たした。その後、今市から下野鹿沼宿へと退き、檄文を発し、太平山に宿陣した。以後約一カ月半の間、ここが本拠地となった。同志は、総勢四〇〇人近くになっていた。

しかし、反天狗党である門閥派の水戸藩家老市川三左衛門らは、このような天狗党筑波勢の血気盛んな動きを疎ましく思っていた。六月十七日、門閥派は、諸

▼ほか二人
安食村(新治郡霞ヶ浦町、現・かすみがうら市)豪農で献金郷士の竹内百太郎、宍倉村(新治郡霞ヶ浦町、現・かすみがうら市)の修験者・岩谷敬一郎である。竹内と岩谷は、藤田東湖や会沢正志斎に水戸学を学んだ農村の「天狗」の代表であった。

▼天狗党筑波勢
天勇隊、地勇隊、竜勇隊、虎勇隊という隊列を整えて出立した。

生と結んで彼らの討伐に動き出した（諸生党）。

一方、幕府でも、水戸・宇都宮・高崎などの諸藩に出兵を命じて、一万三〇〇〇人を編制、若年寄田沼玄蕃頭《げんばのかみ》意尊《おきたか》を追討軍の総轄に任じた。

天狗党筑波勢は、直接横浜に至って攘夷の目的を果たそうと、本営を小川郷校に移した。対する諸生党の市川らは天狗党筑波勢の勢いをそぐためにその家族を虐待、これを聞いた筑波勢は、水戸へ向かい諸生党と一戦に及んだ。水戸藩士同士の争いであった。

藩内の混乱を鎮《しず》めるため、同年八月四日、水戸藩主徳川慶篤は、三連枝の宍戸藩主松平頼徳を名代として水戸に派遣した（以下頼徳軍）。

水戸藩からは、尊攘派鎮派の家老榊原新左衛門をはじめ、数百人の藩士が参加した。途中、目付山国兵部（総帥田丸の実兄）、小金宿付近で留まっていた元家老武田耕雲斎一行（以下武田軍）が加わり、総勢三〇〇〇人が鎮圧のため動き出した。頼徳軍と武田軍を合わせて、大発勢と呼ぶ。

大発勢が水戸に到着すると、諸生党は、頼徳軍らの水戸城入りを拒んだ。交渉を続けた頼徳軍は、水戸城下を戦乱に巻き込むことを危惧し、奪還の強硬策を採らず、那珂湊に向かった。この時、天狗党筑波

（『天狗党の跡をゆく』p120より転用加筆）

勢の藤田小四郎は大発勢と合流、これにより、大発勢は一転、諸生党と対峙することとなる。

那珂湊における戦いは、十月下旬まで展開された。天狗党筑波勢と大発勢は、諸生党を猛攻し那珂湊から追い払うことに成功した。八月十六日、筑波勢はいったん小川に帰った。

頼徳軍は、大発勢のうち、武田軍だけを那珂湊に残し、家老榊原らを連れて水戸に向かい和平交渉に及んだ。しかし、諸生党は応じないどころか、幕府・諸藩に応援を求めた。幕府の追討軍は、水戸へ進軍した。先発隊二〇〇〇人、二本松・壬生の藩兵であった。頼

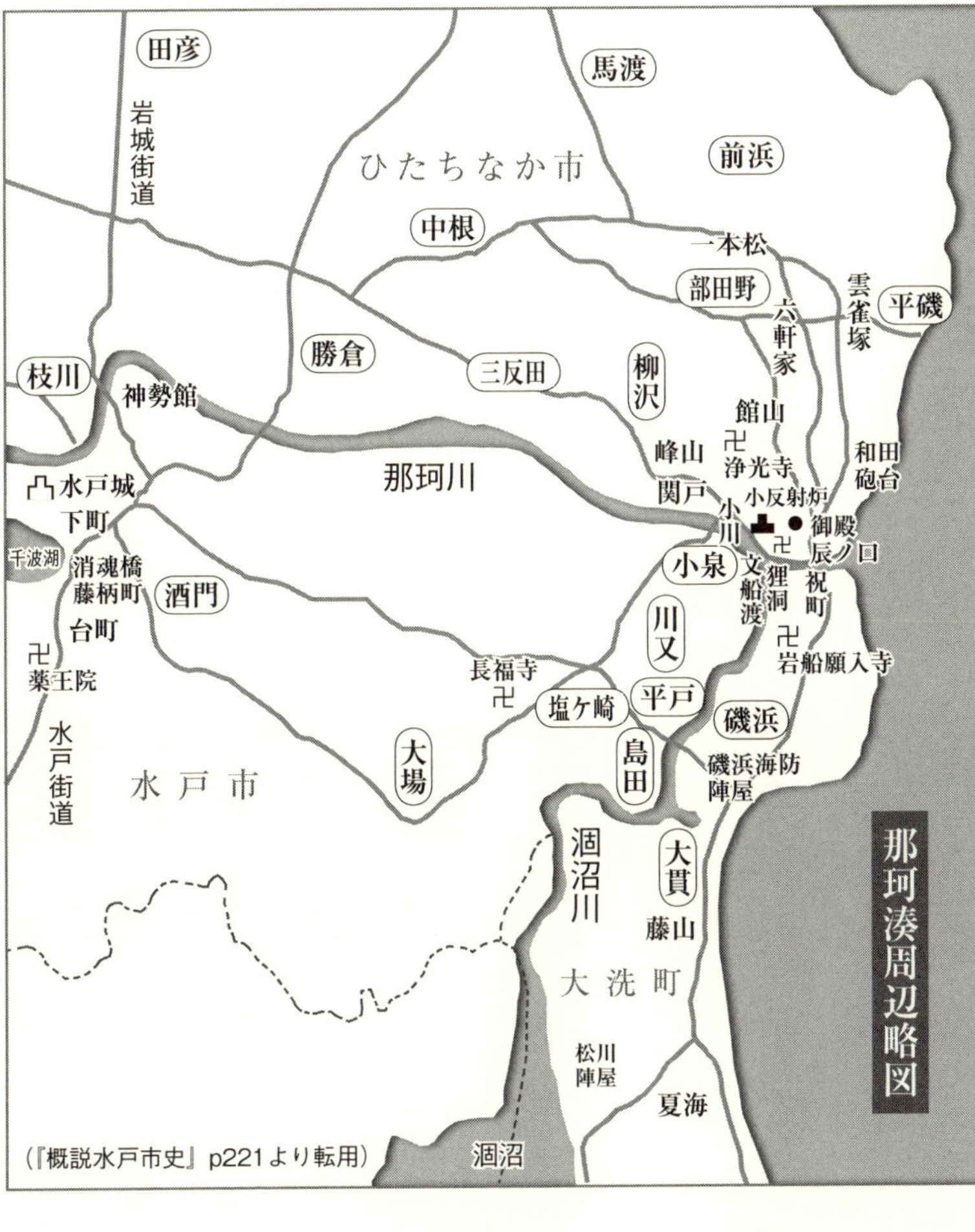

（『概説水戸市史』p221より転用）

徳軍は、初めは防備を整えるだけであったが、諸生党・幕府軍らの砲撃が激しさを増し、やむなく交戦した。

八月二十三日、武田軍も那珂湊から駆け付け参戦、筑波勢も、林五郎三郎率いる潮来勢を引き連れ、来援した。これにより、大発勢（頼徳軍・武田軍）・筑波勢・潮来勢が連合し、諸生党と幕府の追討軍と対峙する形となった。

大発勢・筑波勢・潮来勢は、初めは善戦していた。しかし、九月下旬になると、諸生党と幕府の追討軍が優勢となった。その間にも、頼徳の冤罪を幕府に訴え事情を釈明することで頼徳軍がいち早く白旗を掲げる。しかし、頼徳はなんの取り調べもないまま、十月五日に切腹を命じられてしまう。

幕府軍の総攻撃が始まった。同月十日、部田野の戦いで激戦の末、大発勢・筑波勢・潮来勢が勝利を収める。しかし、筑波勢・潮来勢と同一視されることを恐れた大発勢の中心であった榊原らは、幕府の追討軍に加わっていた尊攘派鎮派の戸田銀次郎が接触してきたのを機に幕府軍に降りた。

一方、大発勢の武田軍らは、投降に反対、そして、藤田小四郎らと共に、一橋慶喜（当時、禁裏守衛総督の職）を頼って京都に上り、朝廷に尊皇攘夷の素志を

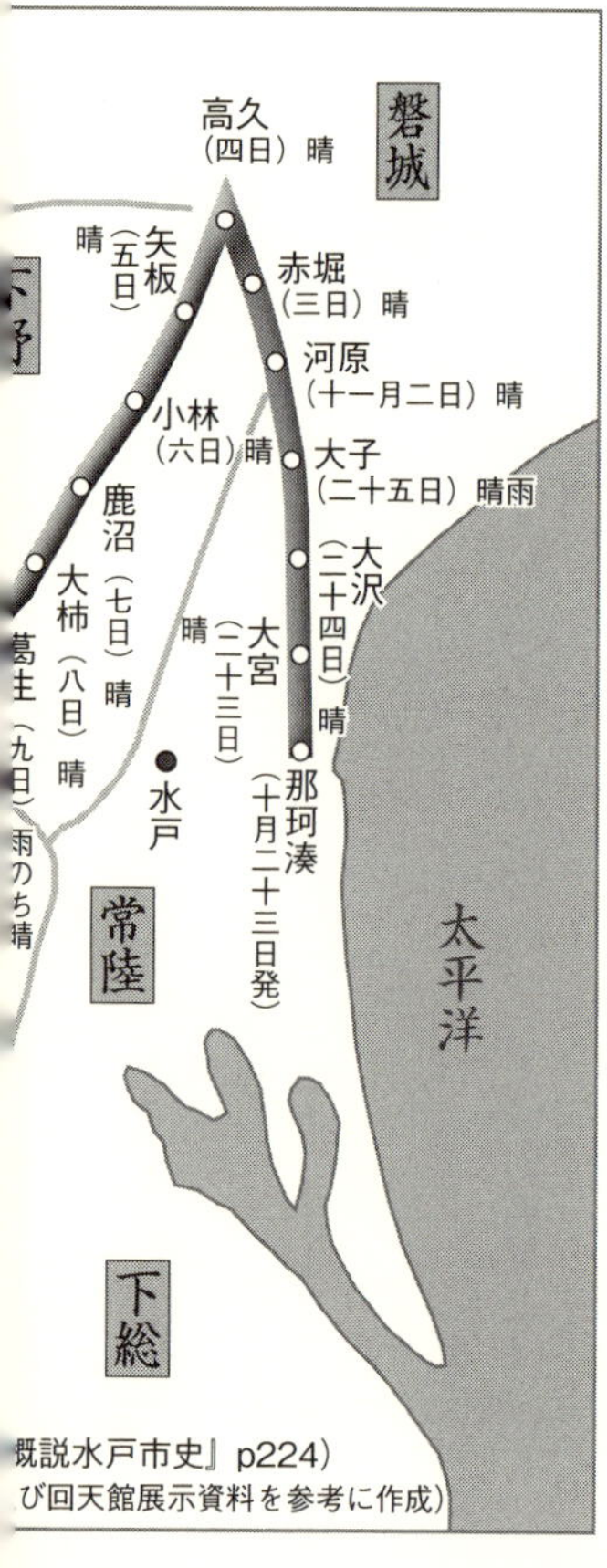

既説水戸市史』p224）
び回天館展示資料を参考に作成）

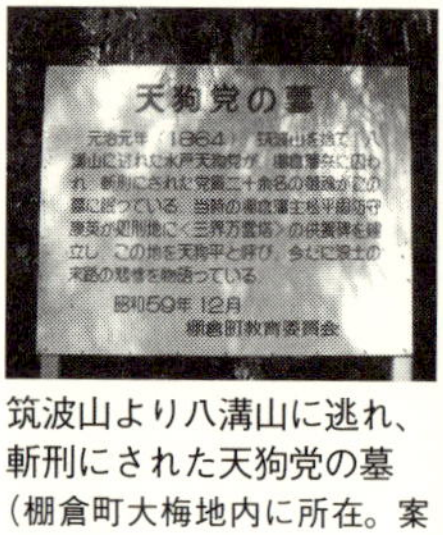

筑波山より八溝山に逃れ、斬刑にされた天狗党の墓（棚倉町大梅地内に所在。案内、石塚氏。平成24年４月29日撮影）

訴えることを決定した。

天狗党は、ついに西上の道を歩くこととなったのである。

天狗党の乱の顚末

天狗党は、一橋慶喜を頼って上京し、朝廷に尊皇攘夷の心情を嘆訴するべく、西上した。その道程を記す。

十月下旬、藤田小四郎・武田耕雲斎ら天狗党の一〇〇〇人余りが那珂湊を退いて北行し、久慈郡大子に集結した。総大将を武田耕雲斎とし、部隊を六隊に分け、十一月一日に大子を出立した。翌日、黒羽藩の幕府への申し訳程度の攻撃はあったものの、十五日までは平穏な行軍であった。

彼らは、先頭に白縮緬に丸い葵の水戸

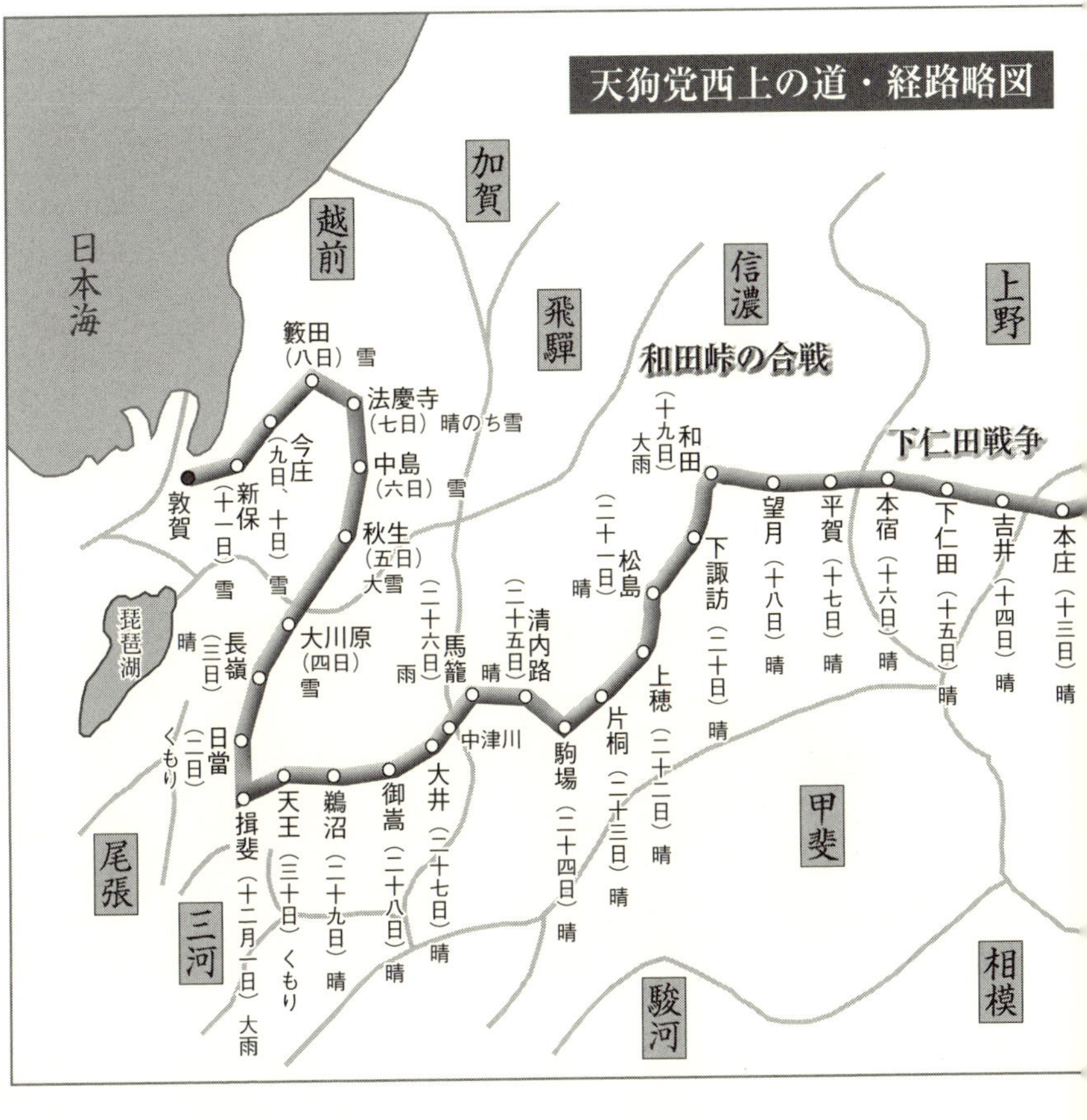

家の紋の吹き流しをたて、日本魂・奉勅・報国・赤心などと書いたそれぞれの隊旗をたてて行進した。一方、幕府の追討軍は、沿道に広く追討命令を出しながら、天狗党を追っていた。十五日、下仁田付近で高崎藩と交戦、天狗党が勝利した。十九日和田峠付近で、高島藩（諏訪藩）・松本藩の攻撃に遭い、激戦となったが、これも天狗党が勝利し、下諏訪村（現・長野県諏訪郡下諏訪町）に入った。

ここで、木曾路か、伊那路に進むか、意見が分かれたが、大藩がない伊那路へと進むことが決定した。途中、飯田藩の配慮により、飯田城下を通らず、間道を通過した。飯田藩は天狗党が通過したのを確かめてから、軍勢を繰り出し、大砲を撃って幕府に言い訳が立つようにしたという。飯田藩は二万石程度の小藩であり、藩政は窮乏していた。面倒をさけたかったのであろうか、天狗党を敵とみるか応援すべきか、この藩でも小藩であるが故の憤りが感じられる。

間道から、駒場宿（長野県阿智村）に出た天狗党は、清内路峠を越えて再び中山道に入り、馬籠宿（同県木曾町）を経て美濃路へと入り、中津川宿（岐阜県中津川市）、大井宿（同県御嵩町）、太田宿（同県美濃加茂市）を経て鵜沼村（同県各務原市）に到着した。

加納藩の加納城下通過を回避してくれるようとの申し入れと、この先には彦根・大垣・桑名藩などが待ち構えている情報により、北へ進路をとり、越前へと向かった。

彦根藩の居城（彦根城、滋賀県）

松本藩の居城（松本城、長野県）

十二月十一日、新保宿（現・福井県敦賀市）に辿り着いたが、道々の民家は追討軍により焼き払われており、野営が続いた天狗党は、降雪による寒さと飢えで疲弊していた。新保宿では、永原甚七郎を隊長とする金沢藩（加賀藩）が滞陣していた。

すでに、天狗党の一行は、食糧もほぼ底をつき体力も消耗していたため、抵抗する気力はなかった。武田らは、嘆願書と始末書を一橋慶喜へ取り次いでくれるように、金沢藩に依頼した。この時、慶喜は、天狗党追討のための出兵を朝廷より許可されており、大溝（現・滋賀県高島町）まで進軍していた。

金沢藩の永原らは、嘆願書・始末書を慶喜の下へ届けさせた。が、慶喜はこれを受け取らなかった。そればかりではなく、諸藩に対して、十七日を期して天狗党討伐に出るように命令を下した。もはや、天狗党が西上を続ける目的はなくなった。

天狗党・殉難志士の末路

十二月二十日、天狗党は降伏を決定し、八二三名が投降した。武田耕雲斎・藤田小四郎らが、敦賀の本勝寺に収容されたのをはじめ、天狗党は三寺院に分散収容された。永原らに手厚い保護を受けたというが、翌年一月二十九日に幕府に引

藤田小四郎の墓（常盤共有墓地・水戸市）

き渡されると、敦賀浜町にあった一六棟の鰊《にしん》倉に「押し込まれ」監禁された。天狗党が監禁された鰊倉は、敦賀市内（松原神社境内、水戸藩烈士記念館も併設）と水戸市内に一棟ずつ保存されている。

水戸市内に残る鰊倉は、維新の戦没者を祀る回天神社の境内に在り、資料館も兼ねている。昭和三十二年（一九五七）に敦賀市より水戸市へ寄贈され、初めは常盤神社の境内に移築保存されることとなり、「回天館」と命名されたという。

入り口には武田耕雲斎の辞世「咲く梅の花ははかなく散るとても馨は君か袖にうつらん」、藤田小四郎の辞世「かねてより思い染めにし言の葉を今日大君に告げて嬉しき」が掲げられている。また、天狗党の一員であった山国兵部の「行く先は冥土の鬼と一勝負」もあり、今なおもって力強い意志が感じられるものもある。

回天館には、天狗党の行進経路や関係史跡の写真・資料が展示されているほか、木戸には監禁されていた藩士による絶筆（「叶」という文字が読める）の跡が残されており、志半ばに押し込められたこの鰊倉での悲痛な叫びが聞こえてくるようである。

『概説水戸市史』には、二月四日に武田以下二四名は斬首、続いて、十五日に一三五名、十六日に一〇二名、十九日に七五名、二十三日に一六名が斬首となったとある。処刑以前に鰊倉で病死した者も多く、一三七名が遠島処分を受けた。

回天神社鳥居

回天館（鰊倉）

また、水戸領内農民ということで、水戸藩に引き渡された者一三〇名、構いなし・追放となったものは、わずか一八七名であった。

中心にあった武田、藤田、山国、田丸の首は、水戸へ送られ晒された。また、その妻子家族は、ほとんどが処刑され、中には三歳の幼児までも打ち首、八十二歳の老婆までが牢に投獄された。

ところで、回天神社の境内には、「水戸殉難志士之墓」も建てられている。新政府の初代水戸藩知事となった徳川昭武が、水戸藩士の遺骸を収容して埋葬したのがはじめである。

天狗党の乱より五十年後にあたる大正三年（一九一四）には、殉難志士の氏名、年齢、死因、殉難地の調査がなされ、三七一名の身元が判明した。それらの氏名を刻して、一人ひとりの墓石が建てられた。三七〇メートルもの長大な墓列は、見る者を圧倒し、これほどの人々が殉難していったのかと感極まる。

昭和八年（一九三三）には、安政の大獄以後の水戸藩殉難志士忠魂塔も建てられ、一七八五名の志士が祀られた。昭和二十九年、水戸市指定史跡に登録され、平成九年（一九九七）には、大政奉還より百三十年を節目に改修事業が行われた。

そもそも、回天神社は、昭和四十四年に松下幸之助らが中心となって「偉大な回天維新をもたらした原動力には、その根底に水戸藩がある。明治の盛運はこうした殉難志士たちの犠牲の上に築かれたものである。世の中は限りなく変転し、

水戸殉難志士之墓

回天館内部（資料館）

流転を続けている。しかし国を思う愛国の至情は変わるべくもなく、永遠に人をして感動せしめるものであろう。……志士達の英霊に万謝の礼を捧げると共に国運の隆栄を照覧し給うことを偏に希う」（撰文・茨城県神社庁長塙瑞比古）という想いから創建された神社であった。水戸のために、国のために、散った志士たちへの熱い思いがこみ上げる。

天狗党の乱と守山藩士

さて、守山藩士の動向である。元治元年（一八六四）六月十二日、守山藩目付三浦平八郎★は、米川安之助、太田新太郎と共に松川陣屋に向かっていた。不穏な動きが続いていた水戸城下と四、五里の距離にあった松川陣屋で水戸藩内の情勢を窺うためであった。

宍戸藩主松平頼徳が出立する前（八月一日）、守山藩邸年寄衆より布令があった。それは、「松川陣屋警備のため一〇名の者を派遣する」といった内容であった。この時の一〇名は、三浦平八郎の門下★が多かった。人選には尊皇攘夷を志していた三浦の意向が大きく反映されていた。

「尊皇攘夷」の志を胸に秘めていた思想はすぐに行動にあらわれる。林庸をはじめとした守山藩士一〇名が、松川陣屋に赴く途中、小金宿付近で頼徳軍または

▼三浦平八郎
文化十年（一八一三）、江戸大塚の藩邸で生まれ、文政九年（一八二六）に守山陣屋郡奉行を十三歳で拝命、天保七年（一八三六）までの十三年間、務めた。江戸藩邸に戻ってからは、目付役として藩政に参加していた。藩外では、蘭学・砲術を学び、僧月照や西郷隆盛とも親交があり、勤皇の思想家であった。明治十一年没。

▼三浦平八郎の門下
派遣された者のうち、増子鼎一郎、太田新太郎、中村脩之介、三本木鎗三郎、三瓶閑三郎の五名は、前年二月の将軍上洛の際、守山藩士として上洛を共にした者であった。

▼神勢館
嘉永六年（一八五三）に徳川斉昭によって開かれた製砲所・射的場。

伊達慶邦

武田軍に加わり、神勢館★付近の戦いで幕府の追討軍と敵対し、水戸城にいた市川率いる諸生党へ砲撃を行ったのである。

この時、幕府は諸藩に対し、天狗党挙兵に対する追討の命を出していた。近隣の福島・棚倉・三春・二本松の諸藩は、天狗党鎮圧のための出兵を余儀なくされていた。

守山藩では一〇名の行動が大きな衝撃となった。

一方、元治元年十月、守山領を警固する守山陣屋の藩士たちは、仙台藩主の伊達慶邦《よしくに》が参勤交代で江戸参府の途中、郡山宿に宿泊することを知った。

十月一日、陣屋役人の庄司数衛門は、郷士芳賀《はが》忠三郎らと共に、水戸藩内の内紛鎮静化の斡旋の嘆願書★を仙台藩へ提出することを考えた。

仙台藩主への嘆願に賛同する者は、二二名であった。翌日、彼らは、郡山宿医師熊田元風宅に参集し五名が総代★として、仙台藩家老古内左近介の旅宿である海老屋治衛門方へ出向いた。

仙台藩は、嘆願書を受理した。★守山陣屋に戻ると、守山藩江戸藩邸へ嘆願一件を報告するため、庄司・小林を江戸へ向かわせることとなり、同月六日、両名は出発した。

十一日、江戸藩邸に到着した両名は、家老望月宗兵衛に嘆願の次第を報告した。

▼嘆願書
嘆願書の内容は「藩の一部の者どもが報国攘夷を唱え、所々に屯集して近辺の金持ちの家々へ助成を求め、乱暴狼藉を働くので、水戸藩が幕府に対して討手差し向けを願い、諸藩の軍が水戸に向かう状況にあること。水戸藩は、幕府や諸藩からの出兵で、日々戦争の死傷者等もあり、容易ならない形勢であり、まさに存亡の危機が迫っている。守山藩は水戸藩の支藩であり、行動は監視や制限を受けている。仙台藩は、水戸藩とは御因柄であるので、水戸藩擾乱の鎮静のための斡旋をお願いしたい」というもので、伊達慶邦の側室は前水戸藩主徳川斉昭の娘であったことも一因した。

▼五名が総代
庄司数衛門、小林権蔵、加納恭介、遠藤無位、樫村堅蔵である。庄司・小林・加納は、陣屋役人の守山藩士、ほかは守山領内の郷士・庄屋等の村役人層と神職たちであった。

▼
この時、守山藩士たちは、仙台藩主一行と江戸への同行についても願い出たが、拒否されている。

ところが、江戸藩邸での対応は冷ややかであった。十五日には庄司・小林に行動の差し控えが命じられ、二十四日に謹慎処分、十一月十八日には水戸藩よりも呼び出しを受け、水戸藩邸内での牢入りの厳罰処分が申し渡された。同日に三浦平八郎も牢入りとなった。

まさに、青天の霹靂《へきれき》であった。守山陣屋で、仙台藩への嘆願に連署した者は、今度は連名で庄司・小林の赦免を求め、嘆願書を作成し同月二十八日に江戸藩邸へ送付した。

さらに、十二月一日、文面だけでは詳細は不明であるとして、郡奉行加納佑蔵が江戸藩邸へ赴くことになった。加納の上京に伴い、守山領内では、領内の帥継院に集合し、二夜にわたり、祈禱★を行った。

江戸に着いた加納は、事の重大さを知る。庄司・小林は、「幕府討手」に敵対した「浮浪之途」、すなわち天狗党と同等視されたのである。

この時、水戸藩では、すでに諸生党が藩政を掌握しており、天狗党に加担するような形の仙台藩主への嘆願書は「浮浪之途」の見解であり、守山藩士も処罰すべき対象となった。

「二本松代官所宛書状★」には、守山陣屋の嘆願書についての記述が残る。意訳すると、武田軍への一切の非難はなく、逆に「市川らの諸生党の悪心故に戦争になったものであり、仙台藩主の斡旋で、頼徳軍・武田軍と幕府の討伐軍を和睦さ

▼祈禱
六日には祈禱の「御守り」を加納・庄司・小林の各氏に送った。

▼二本松代官所宛書状
郡山市歴史資料館所蔵。郡山宿検断今泉半之充の書。

せ、諸生党を召し捕り糾明すれば、水戸藩の悪名も晴らすことができる」と書かれている。確かに、嘆願は、諸生党への批判の面もあったが、和睦させることが第一の目的ではあった。

一方、松川陣屋にある文書（慶応元年〈一八六五〉十月）には、天狗党に対する松川陣屋警護のため、松川の船庄屋見習米川伝之充が尽力したとして、村年寄格を申しつけられたことを伝えたものが残る。文書には天狗党の行動について「去秋中浮浪之徒暴行之節」とあった。

守山藩は、水戸藩内の分裂に翻弄されていた。

守山藩士への裁断

天狗党は西上し、ついに降伏を決定した。武田軍に加わった守山藩士一〇名は、どうなったのか。

元治元年（一八六四）十一月十八日、松川陣屋に滞在していたところ、水戸藩から召喚状が届いた。その後、幕府へ敵対した罪で江戸奉行所に送られ、老中の命により、二十三日に江戸伝馬町にて処刑された。

処刑された面々の役職をみると、馬廻役五名、徒目付、矢倉方勤めの計七名★であり、いずれも二十三歳〜三十五歳までの若者であった。

▼七名
林庸政義（二十二歳、九石三人扶持）、中村脩之助則敬（二十七歳、馬廻役、五十石四人扶持）、高橋東三郎行宜（二十三歳、馬廻役）、会田鐘太郎俊親（二十五歳、馬廻役、九石二人扶持）、所谷英治英傳（三十五歳、十石五斗三人扶持）、高橋釜三郎行脩（三十四歳、徒目付、十石五斗三人扶持）、太田新太郎資温（二十八歳、矢倉方、四石五斗二人扶持）。出生地は、記載のない太田以外は全員が江戸である。

守山藩士・処罰一覧

処罰	氏名	役職	備考
処刑	林　庸（22）	馬廻役	神勢館に於いて幕府討手へ敵対し、水戸城内向け砲発に及ぶ（江戸伝馬町にて処刑）
	所谷栄治（35）	馬廻役	
	高橋東三郎（23）	馬廻役	
	中村脩之介（27）	馬廻役	
	会田鐘太郎（25）	馬廻役	
	高橋釜三郎（35）	徒目付	
	太田新太郎（28）	矢倉方勤	
謹慎	野口優哉	家老	野口兵衛門養父、御役御免、蟄居
	野口兵衛門	御用達	中村脩之介兄、御役御免
	野口藤馬	御番頭	知行の内100石、扶持方２人分召上
	三浦平八郎	御目付役	揚屋牢入、処刑者の多く平八郎門下生
	高橋岩太郎	御目付役	高橋東三郎親、御役御免、小普請組入
	会田三城衛門		会田健太郎、御役御免、小普請組入
	三瓶直衛門		三瓶閑三郎親、御役御免、小普請組入
	縣　仲人		常々心得不宜趣相聞
	三瓶長意		常々心得不宜趣相聞
	庄司数衛門	守山陣屋御徒目付	揚屋牢入、仙台侯歎訴
	小林権蔵	守山陣屋調役	揚屋牢入、仙台侯歎訴
	増子紀八郎		増子鼎一郎親、格式御宛行召上蟄居
	高野東八郎	守山陣屋御徒目付	増子鼎一郎兄、常々心得不宜趣相聞
差扣	三浦酔翁		三浦平八郎親
	吉田弥十郎		三浦平八郎弟
	田中伊織	御馬廻組頭	庄司数衛門兄
	小林弥八郎	御広間番格	小林権蔵兄
	三浦金一郎	御馬廻役	三浦平八郎倅
	塙　十五郎		庄司数衛門弟
	青木源次郎		三浦平八郎倅
	脇田丸三		三浦平八郎倅
	郡司順之助		三浦平八郎倅
	増子金剛三郎	学校教授方	増子鼎一郎弟
遠慮	三宅八衛門	御物頭	野口藤馬実家
	野口吉之亟		野口藤馬倅
逃亡	三本木鎗三郎	槍術師範	嫌疑は処刑者に同じ、水戸家より呼出中逃亡
	三瓶閑三郎	御勘定手代	
	増子鼎一郎	神発流砲術教授	

「元治元年子年の変」関係文書（樫村家文書）（『福大史学』80号、p112を転用、加筆）

一〇名のうち、増子鼎一郎（神発流砲術教授）、三本木鎗三郎（槍術師範）、三瓶関三郎（勘定手代）は、水戸に召喚される途中、出奔し結果的に処刑を免れている。増子と三本木は、その後京都に潜伏し維新を迎えているが、三瓶の消息は不明である。また、この事件に関与した一〇名のほか、二三名が謹慎・差扣などの処分を受けた。

彼らの思想に影響を与えた三浦平八郎は、守山藩尊攘派激派の頭目として、江戸へ送致されたあと、水戸藩江戸藩邸内で牢入りを申し渡された。三浦の入牢は五年間に及んだ。

処刑のあった日、守山藩家老は、水戸藩より呼び出しを受け、幕府へはもちろん、水戸藩へ対しても深き恐れ入りのことであり、以後一統心得違いのないようと叱責を受けている。守山藩は、あくまで水戸藩の支藩であり、その主導権は水戸なのであった。

三浦は、明治になってから、政府に調書（「勤王殉国国事蹟」）を出し、三浦の主張もしくは弁明を記した。

その中で三浦は松川陣屋の警備を申しつけられた一〇名の顛末について、その背景★を「八月、江戸を出発したところ、水戸の『姦徒』が途中で『松を倒し所々に於て発砲』するなど妨害したため頼徳は水戸城に入ることができないでいた。そのため、守山藩主より頼徳の警護を命じられ、松川を出立し頼徳を警護して磯

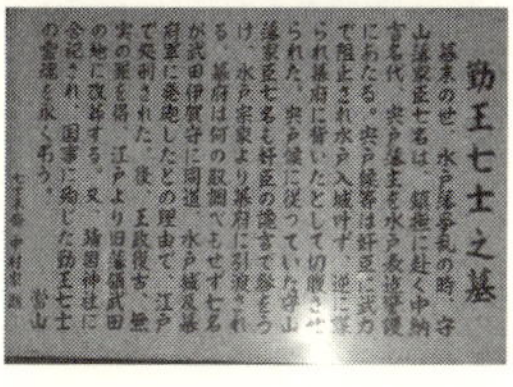

勤王七士之墓（旧北浦町、現・行方市、自性寺）

▼『北浦町史』には「実のところは、藩命は松川陣屋警備が主であり、頼徳に随伴し幕府軍と戦火を交えることになったのは、三浦の判断が大きかったと思われる」と分析される。

中村則傚霊神

林政義霊神

浜まで行ったところ、数日にして幕府軍が水戸城中に合流、『奸魁』鈴木石見守や市河三左衛門らが益々暴威を逞しているという報があった。さらに頼徳を欺き水戸に引き入れ、主従四十余人を一時に『誅戮』してしまったので、一同驚愕悲嘆にくれた。同年十一月になって、私と一〇人の者が本家水戸徳川家の役人から呼び出されたので行ったところ、何の調べもないまま『揚り屋（牢屋）』に入ることを命じられた」と言っている。

刑死した七名は、明治元年（一八六八）閏四月に無実の罪となり、家名が再興され、七月に藩主より改葬願いが出されるなど、名誉回復が図られた。明治三年、小塚原刑場跡から、内宿の自性寺境内に改葬され、墓碑が建てられた。墓碑の撰文は三浦平八郎である。明治二十二年には靖国神社に合祀された。

一方、守山領内で仙台藩士に嘆願を行った庄司数衛門、小林権蔵はどうなったのか。

慶応元年（一八六五）六月に、再度の減刑嘆願書が江戸へ送られた。そうして、七月八日、守山藩主松平頼升よりの願いもあって、牢入りを御免となり、出牢の上謹慎を命じられた。そののち、慶応三年四月に再嘆願書が出され、翌年一月十一日に両名はようやく赦免となった。

守山藩士の幕末の擾乱そして翻弄は、戊辰戦争の騒乱へと続いていく。

太田資温霊神　高橋行脩霊神　所谷英傳霊神　会田俊親霊神　高橋行宜霊神

各霊神碑には、守山藩権大参事・三浦義質（平八郎のこと）撰による追悼文が刻されている。墓誌名は墓石に従った（p143参照）。（明治３年冬10月）

第五章　戊辰戦争と守山藩

奥羽越列藩同盟に加盟した守山藩。その降伏と真意、そして降伏後の負担。

1

戊辰戦争の勃発

徳川家による江戸幕府は、薩摩藩・長州藩を中心とする新政府によって崩壊の道を辿る。
東北・北越地方の各藩は奥羽越列藩同盟を結成し、戦いに挑んだ。
守山藩もまたその大きな歴史の流れに翻弄されるのである。

奥羽越列藩同盟

戊辰戦争により旧幕府軍が敗北、幕藩体制は崩壊し、日本は新しい国づくりへの道程を歩んだ。

慶応三年（一八六七）十月十四日。十五代将軍徳川慶喜が大政奉還の上表を提出した。倒幕派の機先を制して、大政奉還後も徳川氏主導の幕府、雄藩による諸侯会議を目指したのである（公議政体派）。

同年十二月九日。王政復古の大号令が出されたのち、新政府最初の小御所会議が行われた。会議に呼ばれなかった徳川慶喜は辞官納地（内大臣辞任と領地返納）を命じられ、これに憤慨し、大坂城に移り主導権回復を画策した。

新政府内部では、公議政体派が勢力を強めていた。徳川氏を除く雄藩連合政権を目指す西郷隆盛（薩摩藩士）らは危機を感じ、江戸で挑発運動を繰り返した。これに乗った幕府側は、江戸の薩摩藩邸を焼き討ちし、挙兵し入京を決めた。

そして、慶応四年一月三日、鳥羽・伏見街道で幕府兵と会津藩・桑名藩一万五〇〇〇人は、薩摩藩・長州藩を主力とする朝廷の討伐軍四〇〇〇人余りと激突した。これが戊辰戦争の発端となった鳥羽・伏見の戦いである。西洋式の軍備を整えていなかった「旧幕府軍」はその日のうちに敗退し、慶喜も江戸へ戻ってきてしまう。

この結果、新政府内での討幕派の主導権が確立したことになる。同年一月十七日、新政府は東北の雄藩（仙台藩・米沢藩等）に「朝敵」となった会津藩追討を命じた。三月十九日には、奥羽鎮撫の一行（総督・公家九条道孝）が仙台へ到着、速やかな会津進撃を命じた。

江戸城では、三月十三日より幕臣勝海舟と西郷隆盛の会談が行われていた。それにより、江戸城総攻撃は中止となり、四月十一日に江戸城無血開城となった。この間、四月十日に会庄同盟（会津藩・庄内藩）が成され、四月二十四日、庄内藩は新政府軍を撃退していた。

四月二十九日、仙台藩・米沢藩・会津藩による談判（七ケ宿・関宿）が行われたが、奥羽鎮撫よりの謝罪降伏の条件を会津藩は受け入れなかったので、仙台藩は説得を諦め、閏四月四日、仙台藩・米沢藩の連名で列藩会議召集の廻状が東北

江戸開城・会見之地の碑
（田町薩摩藩邸跡地、東京都港区芝）

往時の赤瓦に復した鶴ヶ城（会津若松市）

諸藩の間に廻された。目的は「会津藩の赦免嘆願」を申し入れるためであり、尊皇敬幕論に基づいていた。

守山藩では、鳥羽・伏見の戦い以後となる慶応四年四月以降、「守山表御警固」のため、守山陣屋が増員となっていた。松川陣屋より派遣された吉田弥一郎（物頭）以下、藩士七名、常陸松川領郷士二名、その他総勢二〇名ほどが滞在した。

閏四月四日、仙台藩・米沢藩の連名で「会津藩の赦免嘆願」を申し入れる会議を白石で開きたいとの廻状が東北諸藩の間に廻され、もちろん守山陣屋にも達せられた。

閏四月七日より、天狗党の乱への関与により入牢し、五年の時を経て出牢を許された重臣三浦平八郎も江戸藩邸より守山陣屋に在しており、情勢を窺っているところであった。

守山陣屋では、さっそく松川陣屋へ報じ、同月九日、会議へ参加する代表者が決まり、内命が下った。

三浦平八郎が「番頭」の格式で、ほかに高野東八郎、柳沼正介、増子鼎一郎らが、白石に向かうこととなった。仙台・米沢藩の両藩で召集したのは二七藩★であった。

白石城（平成七年復元・宮城県白石市）

▼二七藩
仙台、米沢藩に加え、松前・盛岡・秋田・八戸・弘前・黒石・一関・二本松・守山・棚倉・下手渡・相馬・三春・福島・平・湯長谷・泉・新庄・山形・矢島・上山・天童・本庄・亀田・黒羽藩。すべての重臣が定刻に参集したのではなく、秋田・新庄・本庄・平・泉・湯長谷・弘前・八戸・米沢藩は遅参した。庄内藩から焼き討ちにあった天童藩は姿を見せなかった。

戊辰戦争の経緯

年　号	出　来　事
慶応3年(1867)	
12月9日	小御所会議（慶喜・辞官納地を命じられる）
慶応4年(1868)	
1月3日	鳥羽・伏見の戦い（幕府兵、会津藩・桑名藩ら15000名対薩摩藩・長州藩4000名）
1月17日	新政府、東北の雄藩（仙台藩・米沢藩等）に会津藩追討を命じる。
3月19日	奥羽鎮撫の一行（総督・公家九条道孝）仙台へ到着、速やかな会津進撃を命じる
4月10日	会庄同盟（会津藩・庄内藩）
4月11日	江戸城無血開城
4月24日	庄内藩、新政府軍を撃退
4月29日	仙台藩・米沢藩・会津藩による談判（七ヶ宿・関宿）
閏4月4日	仙台藩・米沢藩の連名で列藩会議召集の廻状が東北諸藩の間に廻される
閏4月11日	仙台藩領の白石城において列藩会議
	→会津藩・庄内藩赦免の嘆願書を奥羽鎮撫総督に提出
	→却下（総督は承諾したが、参謀世良修蔵による強硬意見）
閏4月19日	諸藩は会津・庄内の諸攻め口における解兵を宣言
5月3日	奥羽越列藩同盟
5月1日～	白河口の戦い→100日間、7度に及ぶ戦闘
5月15日	彰義隊の戦い
6月24日	新政府軍、棚倉城（棚倉藩）攻略
6月24日	泉城（泉藩）落城
6月29日	湯長谷城（湯長谷藩）落城
7月4日	秋田藩、奥羽越列藩同盟を離脱
7月12日	弘前藩、奥羽越列藩同盟を離脱
7月13日	平城（平藩）落城
7月14日	白河口が破られる
7月27日	三春藩降伏、すでに新発田藩も降伏
7月28日	守山藩降伏
7月29日	二本松城（二本松藩）落城、長岡城（長岡藩）落城
8月	新政府軍が会津へ進軍
9月22日	会津若松城（会津藩）落城
翌明治2年5月	五稜郭の戦い

[出典]『国史大辞典』（吉川弘文館）などを参考に著者作成（注：表中の日付は旧暦）

奥羽越列藩同盟関連図

（　）の数字は石高（万石）

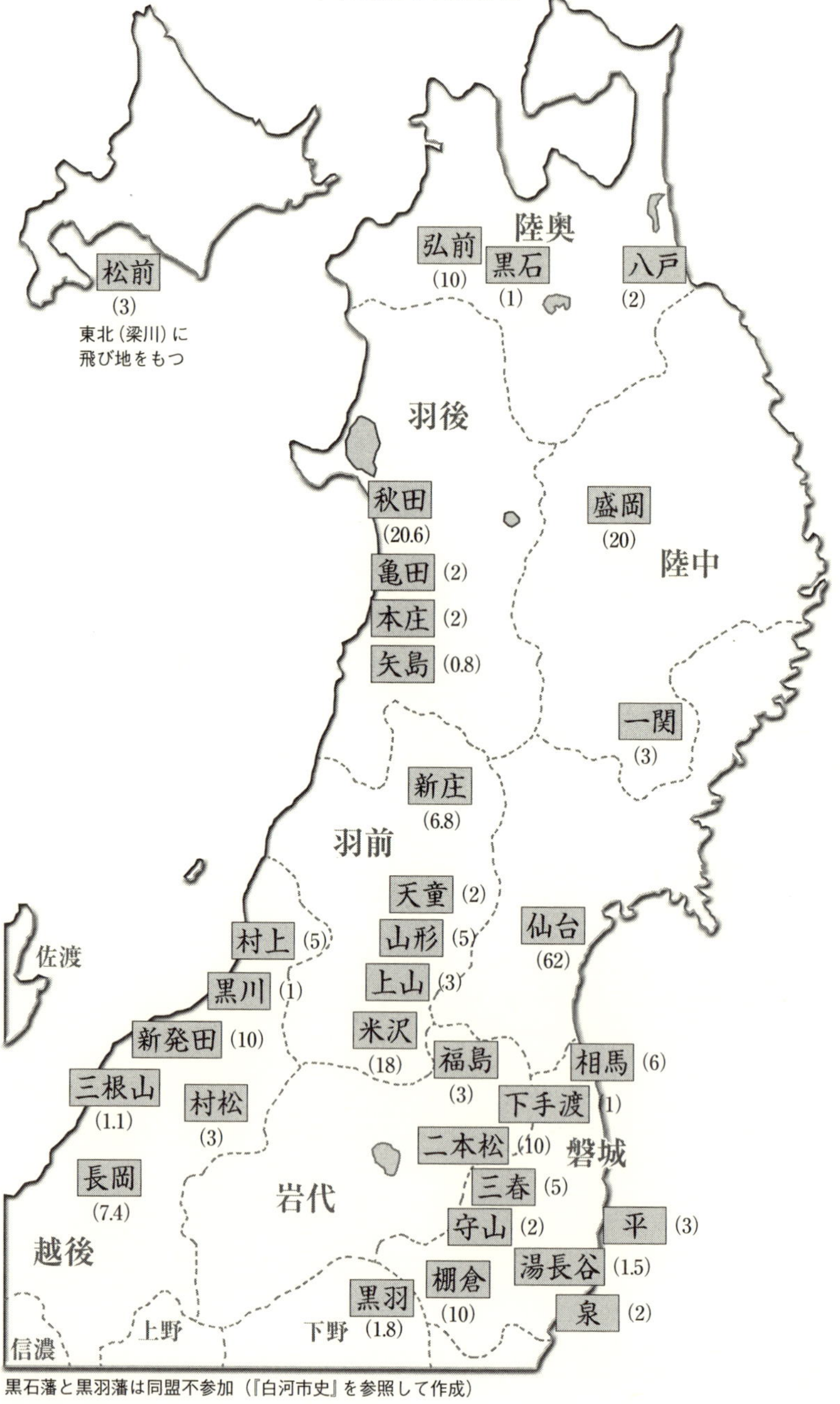

黒石藩と黒羽藩は同盟不参加（『白河市史』を参照して作成）

閏四月十一日、白石城の一角に奥羽列藩会議所が設けられ、白石の各旅館には、各藩の重臣が続々と到着した。

各藩重臣に会津藩の嘆願書が回覧された。列藩代表は、嘆願書に異議なく同意した。この段階では、戦争を回避できればというのが列藩重臣の本音であったという。

翌日、仙台藩・米沢藩の両藩主の添え書と東北諸藩の嘆願書三通を総督府に提出し、会津藩に対する寛大な処置を求めた。嘆願は会津藩の領地削減、首謀者の斬首の二点で開城には触れなかった。

会津嘆願を九条総督は受け入れたが、参謀世良修蔵（長州藩士）による強硬意見により、嘆願書は却下される。東北諸藩は、この対応に憤慨した。

これを機に、閏四月十九日　諸藩は会津・庄内の諸攻め口における解兵を宣言した。

また、再び会議が行われ、五月三日、東北二五藩と北越六藩が参加し三一藩★による奥羽越列藩同盟が成立した。同盟は、輪王寺宮を迎え、会津藩・米沢藩が推進した。目的は、総督府擁立、薩長部隊追放、南進、江戸奪還であった。

守山藩もまた、目付役であった岡田彦左衛門が会議に出席しており、同盟に加入した。

世良修蔵の墓（福島市・稲荷神社裏）
世良は閏4月20日に仙台藩士、福島藩士に捕縛され、阿武隈川河原で斬首された。

▼三一藩
北越六藩とは、長岡・新発田・村上・村松・三根山・黒川藩である。東北二五藩とは、前記の二七藩から黒羽藩と黒石藩を抜いた諸藩である。松前藩は陸奥・梁川に飛び地を所有していた。会津、庄内藩は正式には加盟していない。

　五月一日には、白河口の戦いが始まっており、百日間、七度に及ぶ戦闘となった。白河は東北の咽喉であり、戊辰戦争の勝敗の行方は、白河口の守りにかかっていた。

　江戸では、上野寛永寺に謹慎していた将軍慶喜を護るため、彰義隊が結成され、一橋家の渋沢成一郎と幕臣天野八郎が率いていたが、江戸城無血開城後に、慶喜が水戸へ下ると共に渋沢は脱退した。

　五月十五日、徳川幕府再建を目指す天野率いる彰義隊の戦いが上野寛永寺付近で勃発、大村益次郎（長州藩士）の指揮の総攻撃であっけなく壊滅した。

　同盟の一員となった守山藩は、白河口の守備にあたっていた。しかし、守山陣屋の兵力は少なく、専ら人馬調達の任にあたっていた。藩主は守山に不在であり、決定権が弱かったことが一因した。

　また、例えば、五月十三日には「三春藩兵、仙台藩兵が守山地内に繰り込む」、同月十四日「三春藩兵へ酒一石、塩引き七匹、仙台兵（ママ）へ酒三斗、塩引き三匹」という記録が残っている。各藩兵が入ってくるごとに酒食をもてなしていた。

　そして、六月二十二日、会津藩・仙台藩から、ついに磐城口への出兵依頼の通知が来た。この時、守山陣屋の一存では決定できず、松川陣屋へ指示を仰ぐため、出兵の延期を仙台藩の参謀泉田志摩に願い出た。

彰義隊の墓（上野恩賜公園）

彰義隊が守った黒門
（三ノ輪・円通寺の境内に現在は移転されている）

一連の戊辰戦争の戦いについて、本藩である水戸藩は静観の立場をとっていた。すでに、四月に江戸城が無血開城されており、関東地方各地の戦いでも新政府軍は圧倒的な軍事力をみせていた。奥羽越列藩同盟に参加したものの、この動乱の真っただ中で守山藩はどう行動すればよいのか。

結局、出兵の日が決まることなく、守山藩の兵は磐城口へ動くことはなかった。

白河口の戦い

白河口は、戊辰戦争中の最大の激戦地である。戊辰戦争当時、白河の地は幕領という位置づけで、白河城（小峰城）をはじめとするこの地は、旧幕府軍にとって、「絶対破られてはならない」重要な場所★であった。

本格的な戦いは五月一日より始まり、戦闘は攻防と奪還を繰り返し、七度にも及んだ。

五月一日は、雨であったと伝わる。新政府軍は、参謀であった薩摩藩士伊地知正治が指揮していた。右翼隊・中央隊・左翼隊に分けられた兵の三方向からの攻撃により、新政府軍の圧勝となり、白河城は新政府軍の手に渡った。

新政府軍は、新式の銃を持っていたが、旧幕府軍は旧式の火縄銃がほとんどであり、雨では使い物にならない代物であった。旧幕府軍の戦死者は三〇〇名超、

▼重要な場所
古来より、白河の地は東北の咽喉であり、五世紀中頃には、すでに白河の関が設けられていた。本格的に関として機能し始めたのは、律令国家が隆盛した八〜九世紀頃といわれている。蝦夷の南下を防衛し、通行人や物品の検問を行う関門であった。

文治五年（一一八九）、源頼朝の藤原泰衡追討に従い、功績のあった結城朝光が地頭に任じられてから、結城氏が四百年支配していた。朝光から五代目あとの親朝が、別家小峰氏を創設し、小峰ケ岡に城を築いたのが、白河の小峰城の始まりである。

結城氏の支配を離れると、戦国時代は会津の所領（蒲生氏、上杉氏）、江戸時代初期には丹羽氏の所領、そして譜代大名の松平氏が入封するようになり、東北諸藩の外様大名の抑えとして、有力な親藩・譜代大名が頻繁に入れ替わった。

例えば、寛政の改革（一七八七〜一七九三）で知られる老中松平定信も白河藩三代藩主であった。ちなみに、守山藩二代藩主頼寛の弟・定賢（さだよし）は高田藩に養子入り後、白河藩初代藩主となった。定賢の長男定邦の娘を正室とし、御三卿・田安家より、養子入りしたのが定信である。

負傷者三五名にのぼった。これに対し、新政府軍の戦死者は一〇名、負傷者三八名であった。

旧幕府軍は掃討され、正午過ぎ、新政府軍は白河城を占拠、危局が訪れた。白河城をこのままにしておけば、易々と東北諸藩の所領へ侵攻されてしまう。何としても城を奪還しなければならなかった。

ちょうどこの時、奥羽越列藩同盟が結ばれた。仙台藩士細谷十太夫も、衝撃隊（黒装束で刀を武器とし、夜間の行動や白兵肉弾戦を得意としたため、「カラス隊」とも呼ばれた）を編制した。しかし、五月十五日の上野戦争では彰義隊があっけなく敗北しており、関東諸藩も苦戦していた。旧幕府軍は同盟成立に伴い、早急の態勢の立て直しが求められたが、先の大敗北があり、どのような作戦をとればよいのか、なかなか話がまとまらなかった。

このあと、白河の地では、五月十五日、十六日、二十一日、二十四日に小戦闘の記録が残るが、両軍の統一的な戦闘ではなかった。旧幕府軍は、作戦を模索していた。

一方、新政府軍は、白河城を死守しながら、着々と兵力の増強を始めていた。ここからの戦闘については、旧幕府軍にとって、惨憺《さんたん》たる戦いであった（以後、史料により、戦闘の日付に若干の違いがある。夜半過ぎからの攻撃を何日とするかで誤差があると思われる）。

白河城石垣

白河城（白河市）

五月二十六日、旧幕府軍は総攻撃を開始した。第二次戦であった。天候はまたも雨であった。仙台・会津藩兵、衝撃隊が奥羽街道口を攻めたが、大垣藩の鉄砲隊に苦しめられ、根田まで後退した。白河城下の西方の米村口と原方口は、会津藩兵が攻撃した。兵数は負けていなかったが、大垣・薩摩藩兵の大砲と鉄砲に敵わず、撤退した。

城下東方から南方にかけては、長く続く丘陵と南湖があり、この地形をうまく利用した新政府軍の守備は固かった。また、新式の後装スナイドル銃を巧みに使う新政府軍に圧倒されていた。旧幕府軍は、三〇名以上の戦死者を出す。

五月二十七日、第三次戦が行われた。仙台・会津・棚倉・二本松藩兵は、一

白河口の戦い・五月一日の戦闘図

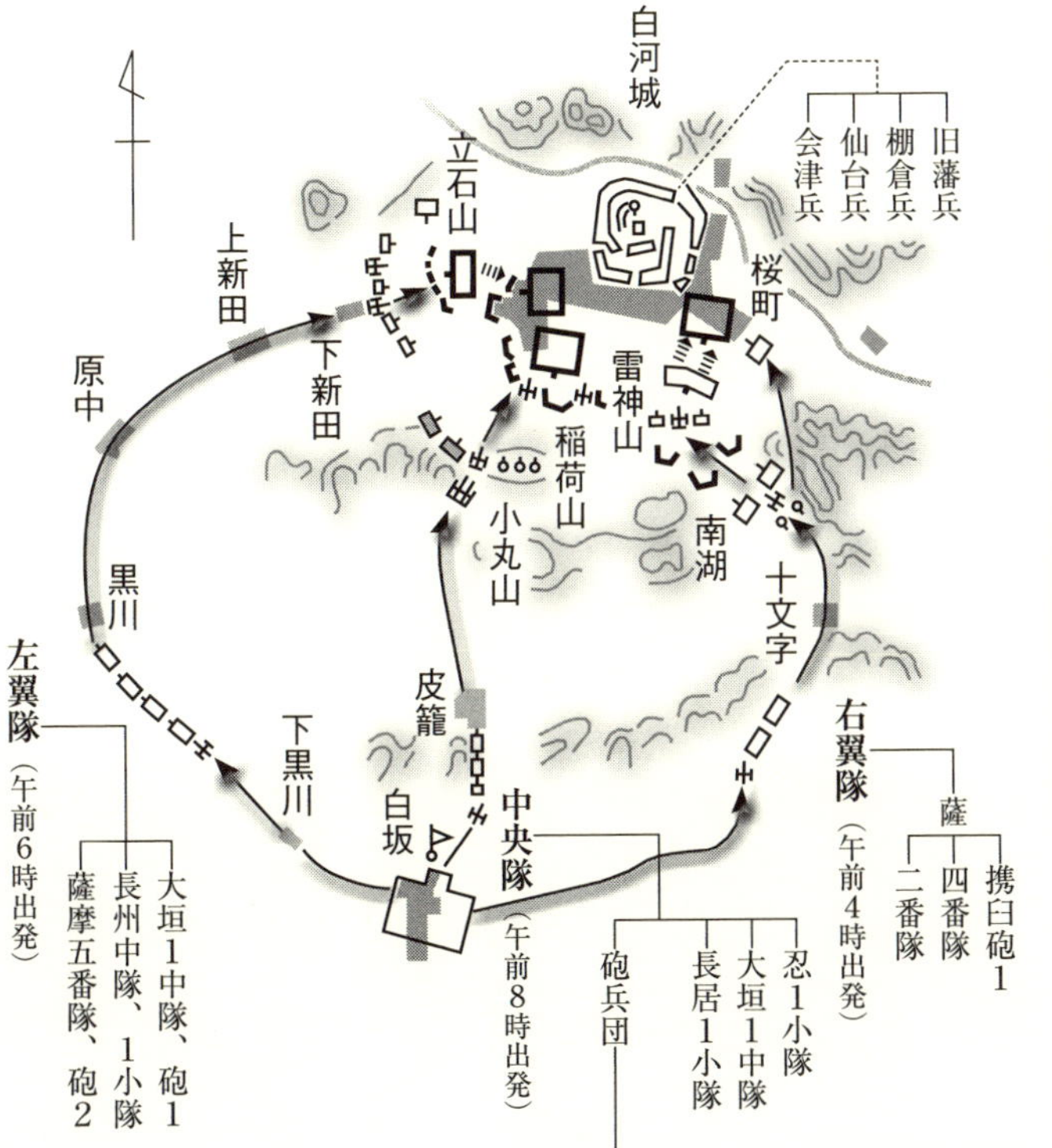

（『白河市史』p529より転用）

○個小隊で鹿島の敵陣を襲ったが、たちまちに敗走した。二十九日には、白河口総督参謀として板垣退助が白河城に入城し、新政府軍の士気はますます上がる。

六月十二日、第四次戦が行われた。田島へ宿陣していた部隊が鹿島へ侵攻し、合戦坂に進んだ。激戦の末、鹿島の新政府軍陣営を奪取したが、西南方搦目山方面で棚倉藩が敗走したため、総崩れとなり苦戦した。

下羽太村から進軍した二本松藩の二個小隊は、会津藩兵と杉山に進み、堀川で激戦となった。川を渡り、追撃したが、新政府軍に側面を突かれ、敗走した。史料により、若干の違いがあるが、仙台藩兵六二名、会津藩兵三一名、棚倉藩兵一三名、二本松藩兵一三名の戦死者を出した。新政府軍の戦死者は、一一名であった。

両軍の差は、目に見えるようになっていった。この頃、会津藩・仙台藩より、守山陣屋へ先の磐城口への出兵の通知が来ている。

六月二十四日、第五次戦が行われた。この時、新政府軍の藩兵は五〇〇〇名を超すまでに膨れ上がっていた。十六日から二十日にかけて、平潟の港から増援隊が上陸したのである。太平洋に面している平藩をはじめとする浜通りに属する藩と白河藩の間には、棚倉藩があり、障壁となっていた。

新政府軍は、棚倉侵攻を決定する。旧幕府軍も棚倉藩からの応援要請に応えて、七百余りの兵を派遣した。参謀板垣退助は、薩摩・長州・土佐・忍・大垣藩の兵

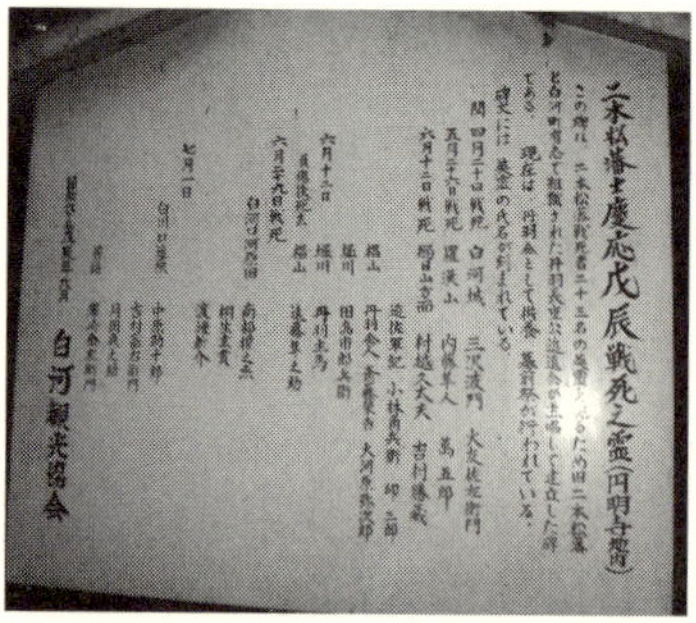

白河口の戦いでの「二本松藩士墓所」（白河市円明寺地内）

は八百余りを率いて棚倉に向かった。関山の手前で兵を二手に分けて、一手は高野村へ進撃。一手は高田藩釜子陣屋を突破し、棚倉城を目指した。かつての白河城主であった棚倉藩主阿部正静は会津に逃げており不在であった。前藩主正外がわずかの兵で守備していた棚倉城は、たちまちに落城した。

守山藩の六月二十七日の記録には、「棚倉家中、町人等、保原へ移動の折、守山通行の先日より早駕籠、人馬継ぎ立ちて頻繁の事」とある。棚倉藩の落城を目の当たりにした守山藩士はどのように感じていただろうか。

この間、旧幕府軍は新政府軍が棚倉方面で戦っているすきを狙って白河城を攻撃していた。しかし、新政府軍もこの攻撃を予測し、防備を固めていたので作戦は失敗に終わった。

六月二十九日、新政府軍は、二本松藩が宿陣していた釜子陣屋・北方にある河原田集落を急襲した。この日も旧幕府軍は、不意をつかれて大敗をする。

七月一日、第六次戦が行われた。この日の旧幕府軍の攻撃は、作戦の意図もはっきりせず、戦闘意欲に乏しいものであったという。幾度にもわたる白河城奪還をかけての戦いで、疲弊していた。

この日の守山藩の記録には、「家内共々金沢村に避難する。暮れ時、官軍塩田まで進出。今夜から明朝まで大混雑の事。郷士庄屋、軍列に入る。そして岩作岩下を固める。このために、夜食二日分のむすびを送る」とある。

釜子陣屋跡（旧・東村）

棚倉城大手門前の欅

続いて、七月二日「岩作の出張兵に炊き出し」、七月四日「岩作陣中の兵糧の掛りを決める」、七月五日「仙台兵、五〇人程が守山に滞陣する」、七月七日「岩作の陣営が長引くために酒などを陣屋より送る、会津より百人余り、須賀川より守山に繰り込む。米沢より二百人余りが笹川口から谷田川へ繰り込む」と物々しい状態が続いていた。

新政府軍の圧倒的な軍事力の前に、七月四日、秋田藩が奥羽越列藩同盟を離脱した。十二日には弘前藩も離脱した。十三日には、平城が落城した。

そして、ついに最後の白河攻撃がなされるのである。

守山藩、降伏

七月十四日、仙台藩主導で最後の白河攻撃がなされた。

作戦としては、細谷十太夫《ほそやじゅうだゆう》の衝撃隊が先導して、夜襲をかけて戦闘を有利にしようとするものであった。しかし、もはや全軍に戦闘意欲が乏しく、仙台藩兵四二名、会津藩兵二名の死者を出して終了した。

旧幕府軍は、白河近辺から撤退、白河口からの新政府軍の進入を許すこととなった。

白河の地は、旧幕府軍にとって最大の要地であったが、新政府軍にとっても同じことであった。この時期の守山では、「守山は砲弾の音が絶え間なく聞こえ、同盟軍の敗退とその同盟軍の手で不審者の斬罪があるなど、不穏な事件が相次いで起こる」という記録が残る。

白河の地を破ったあとの新政府軍は、すぐに三春に侵攻し、二十七日、降伏させた。三春藩は、守山藩の隣藩であり、同盟にも参加していたはずであった。守山藩に届いた「三春藩降伏」の情報は衝撃であった。

先の白河口の戦いでの新政府軍の勢いは凄まじかった。守山の地にも戦火が及ぶかもしれない、危機的状況となったのである。

その後の動きは、以下である。「翌日早朝、陣屋役人西村弥太郎、柿沼順三の両名を陣屋では三春表の探索に向かわせ、途中出合った真壁《まかべ》孫三（御代田村庄屋）と一緒に探索を終え、昼過ぎ、両名は帰着。委細の報告を受けた陣屋では、降伏のため岡田彦左衛門（目付役）を三春の総督府へ派遣」。

つまり、三春藩の降伏の確かな情報を得たあとで、守山藩も三春藩に倣うことにしたのである。実は、二十五日の守山藩の記録には、「仙台藩、蓬田《よもぎだ》より七百人引き返して守山宿に陣を置く。旁（傍若無人の意）混雑」とあり、「仙台藩、守山藩の態度を見極めるためか」と分析されている。

三春藩は、七月二十一日に棚倉城奪還のために、会津・仙台・二本松・棚倉の藩兵と共に石川郡浅川村から進撃したが、浅川の渡しで味方に発砲し、同盟反逆

白河口の戦いでの「会津藩士墓所」（白河市松並）

白河口の戦いでの「仙台藩士墓所」（白河市女石）

の疑いがかけられていた。

これに対して、同盟軍も、守山藩を含めた三春藩の行動に疑いをかけた。

しかし、仙台藩の氏家兵庫は、同盟軍の結束を第一義として過ちを嗜《たしな》めるだけにしており、三春藩もまた味方への発砲は、錯誤であったと弁明した。が、その一方で、三春藩は新政府軍迎え入れのため、ひそかに河野広中《こうのひろなか》を新政府軍に派遣していたのである。三春藩もまた、戊辰戦争の情勢に翻弄されていた藩であった。

七月二十八日、午後四時頃、守山藩は正式に降伏を決めた。降伏の決断は速かった。

奥羽越列藩同盟に参加していた守山藩であったが、同盟からの出兵要請にはすぐに応えず、はなから新政府と戦う意思が感じられなかった。そして隣藩の降伏に伴う絶好の機運に飛びついての「降伏」をした。

これを「旧幕府軍」側の「降伏」と呼んでいいのか。守山藩の真意はどこにあったのか、戊辰戦争開戦に時間を戻して考えてみよう。

三春・舞鶴城

◆2 守山藩の幕末の真意

すぐに降伏を決断した守山藩であったが、実は鳥羽・伏見の戦いのあとに
守山藩主を「会津追討」の先鋒役にするべきとの嘆願を朝廷に建言した藩士がいた。
奥羽越列藩同盟に参加した守山藩であったが、その深層には尊皇の思想が根付いていたのである。

会津追討の沙汰

国立公文書館には『太政類典』★が保存されている。第一編は「東北征伐始末五・奥羽征討一」である。それをみると、件名が「守山藩主松平頼升会津追討ノ先鋒タラン事ヲ乞フ」という文書が残っていた。日付は明治元年（慶応四年／一八六八）二月七日。戊辰戦争が勃発して間もなくである。

鳥羽・伏見の戦いののち、一月十七日には、東北諸藩に「会津・庄内追討の沙汰」が出されていた。これに対し、守山藩を脱落して京都に在った増子鼎一郎、三本木槍三郎、守山領御代田村神職である遠藤無位が、守山藩主松平頼升を追討の先鋒役にするべきであると、その嘆願を朝廷（太政官）に建言していた記録であった。

▼『太政類典』
慶応三年（一八六七）から明治十四年（一八八一）までの太政官日記及び日誌、公文録などから典例条規を採録・浄書し、一九部門に分類し年代順に編集したもの（国立公文書館所蔵）。

背景としては、藩士であった増子・三本木は、守山藩が王政復古の時局に遅れをとっていることを憂えていたところ、京都の吉田家に仕えていた神職の遠藤と出会い、吉田家を通して嘆願したのである。

この時、守山藩主松平頼升は病床であった。徳川斉昭の二十二男頼之が養子となっていたが、まだ十歳の幼年であった。文書では、「総テ家来打寄乍不及補佐罷在候処　此度　御一新折柄藩中一同何卒勤　王之道相盡度種々談合仕合候処」（藩主が幼年であるので、家臣たちは支え合いながら補佐している。このたびの御一新に守山藩は何か勤めたいと思っている。王政復古のため、いろいろ話し合った結果……）という背景の下、以下のような内容が記されている。

此頃會津御　征討之　御沙汰被為在候趣密ニ傳承仕元来會津國柄之儀ハ四方峻山立巡リ要害堅固之土地ニテ私共在所ハ會津ヨリ東へ去り候事九里之場所ニテ何モ風土案内之儀ニモ候得ハ御征討之節ハ大學頭儀御先手ニ被下候得者乍小藩家中一同粉骨身動　王仕度志願ニ御坐候間何卒御憐愍ヲ以願之通被……

意訳すると、「会津征討の沙汰を被った。会津は四方を山に囲まれ、要害堅固の土地である。守山藩は会津から九里の場所にあり、風土案内をすることができる。追討の際は、藩主を先鋒に任命して下されば、藩中で粉骨となり働きます……」

守山領から望む会津の峰々（中央奥が磐梯山）

となるであろうか。

守山藩と会津藩との領地の近さを強調しての道案内の意見であった。建言は、二月十三日付で「会津追討の沙汰」を受けることで認められた。

これが、守山藩が奥羽越列藩同盟に参加する三カ月前の一部の藩士の動きなのである。会津追討に加担したいという意志の藩士がいたと読み取れる。

守山藩全体の意志

同年二月十九日、沙汰を受けた遠藤無位は京都を出発し、二十四日には、江戸守山藩邸にて重臣たちへ京都の形勢を報告した。

一方、守山藩では、すでに二月二十三日に家老小室仁左衛門以下六名が、新政府の下に派遣されていた。無位は、二十八日に再度西に向かい、小室らに追いつき、同行して京都に到着した。

三月十日、「守山藩」として新政府への恭順と会津追討の「再」嘆願が認められた。嘆願書には「家来総代ヲ以相貫度志願」とあり、前回の遠藤無位、増子鼎一郎、三本木の連署（有志の行為）による「会津追討御先手願」とは違い、守山藩全体の意志を代表するものであった。つまり、二月七日の嘆願書は三名の意志であったが、三月には、守山藩全体が「会津追討」に加担することを決めたのである。三月十二日には、守山藩に菊御紋の旗一流と錦肩印一六一枚が与えられた。

守山藩主松平頼升は、江戸藩邸から松川陣屋に赴いた。守山陣屋では郷士や神職者を中心に警護隊が編制され、五日間の割当てで陣屋詰めをする態勢がとられることとなった。

この時、頼升ら一行は、多くの藩士の家族・妻子を従えていた。これより前には、水戸藩主徳川慶篤も江戸から水戸へ向かっており、水戸藩のほかの支藩である府中藩・宍戸藩の各藩主も領地に赴いていた。守山藩を含む将軍の家門たちは、恭順した慶喜に倣い、積極的に「恭順」に従っている行動ともみえる。

この態度は、守山藩が奥州にその領地をもっているとはいっても、水戸の分家であるので東北諸藩の中では特異な存在で、むしろ関東諸藩の影響を受けやすい性格をもっていたのが理由であり、また、守山藩自体が陣屋支配で城をもたず、軍事的に無防備であったのも一因した。

三月二十七日、同じ水戸の支藩である府中藩の分領長沼が会津藩の攻撃を受けて落城した。守山藩では、早急に守山陣屋警固のために郷士と神職を中心に警護隊が組織された。

会津追討に加担することを決めた守山藩は、藩領を守るために必死であった。

守山陣屋の補強

奥羽鎮撫総督には、公家の九条道孝が任命されていた。奥羽鎮撫の一行は、三月十九日、仙台に到着し、仙台藩に対し、速やかな会津進撃を命じていた。

守山藩にも仙台藩より仙台表への来着を促す書状が通達された。守山陣屋では、江戸守山藩邸へ飛脚を発すると共に、二十四日、守山陣屋に在していた四名★が仙台へ向けて出発した。

これより前、江戸藩邸から片岡忠太夫（目付役）、鈴木角之介（徒目付）、増子鼎一郎が北上していた。一行は、途中の小山宿で先の飛脚と出会い、情報を得ている。二十八日に守山陣屋に寄ったあと、そのまま仙台に向かった。これに遠藤無位も同行した。

先の一行は二十七日、あとの一行は四月一日に仙台に到着し、二日に仙台郊外にある養賢堂で軍事参謀世良修蔵、大山格之介に面会した。

奥羽鎮撫からの沙汰は、三月十二日に布令された会津追討の沙汰を追認するものので、「会津追討の沙汰」を受けた守山藩は、実行に移すべく奔走し始めた。一行は、それぞれ守山陣屋への帰着の途についた。四月六日に帰着した片岡忠太夫一行は、報告のため、すぐに水戸表へ向かった。八日には、松川陣屋より額賀加

▼**四名**
小澤庸介（郡奉行）、樫村与四郎（目付役）、仁井田甲斐介（金沢村郷士）、前田右馬允（南小泉村庄屋）。

藤治、庄司数衛門の両名が守山陣屋補強のため派遣されている。

そうして、会津出兵の人数割りが決められた。主要な部分は、郷士と神職により構成され、これ以降、守山陣屋は「守山表御警固」のため、松川陣屋より兵が補強されていった。

守山藩は、こうした中で奥羽越列藩同盟に加入したのである。結末は、先にみてきたとおりであるが、守山藩の態度は、はなから新政府軍に対峙する意欲はなかったように思える。大河峯夫氏は「守山藩の場合は、会津追討先鋒隊を再三にわたり維新政府に嘆願しており、その参加は武威に圧されて参加したと考えられる」といっている。

また、『福島県史』には、「王政復古に反対するのではなく、その『みの』のかげに隠れている薩長の態度が『真の王師《ママ》』にあらずというところに、守山藩を同盟加入させた理由があった」と分析されている。

同盟のきっかけとなった会津藩赦免の嘆願は、尊皇敬幕論でもあった。それに同調しての同盟参加であったであろう。しかし、本藩である水戸藩では、将軍慶喜が謹慎していたこともあり、静観していた。

これらの流れをみるに、戊辰戦争における守山藩は「降伏」という

会津追討人数割り（守山藩）

役名	氏名	役職	役名	氏名	役職
番頭代	小澤庸介	御郡奉行	戦士	坂本政之丞	郷士
物頭代	庄司数衛門	御徒目付	戦士	松崎駿河	神職
目付代	高野東八郎	御徒目付	戦士	吉田権頭	神職
旗奉行代	遠藤無位	神職	戦士	渡辺八之丞	郷士
軍用掛	樫村堅蔵	郷士	戦士	村上仙蔵	郷士次席
軍用掛	仁井田甲斐介	郷士	戦士	吉田調	郷士次席
戦士頭取	柳沼駒吉	郷士	戦士	会田善之進	郷士
戦士頭取	会田善衛門	郷士	兵粮掛	柳沼正介	調役助役
大筒方	仁井田半次郎	郷士	御作事掛	坂本左右介	御郡方手代
大筒方	会田善五郎	郷士	書記	西村弥太郎	御郡方手代
大筒方	遠藤左門	神職	御医師	松崎因甫	医師
大筒方	渡辺馬吉	庄屋	新組	吉田小市	御足軽
大筒方	今泉千代吉	庄屋	新組	佐藤善之衛門	御足軽
大筒方	前田馬之允	庄屋	足軽小頭	石井源太郎	御足軽
戦士	芳賀半三郎	郷士	足軽小頭	村上与八	御足軽

（『福大史学』80号、p113より）

よりも、水戸藩の「静観」に倣っての「はじめから戦闘意欲のない」、「恭順＝降伏」であったのであろう。

水戸藩は守山藩に大きな影響を与え、また守山藩もそれを超えることはしなかった。つまり、隣藩の三春藩の降伏が、奥羽越列藩同盟に参加したという足かせがあった守山藩の好機となり、それを外す鍵となっただけであった。

これについて、守山藩が優柔不断であったわけではない。領民・領地を守るための行動であり、また、奥底の意志は揺るぎないものがあった。次の節で紹介する。

3 降伏後の守山藩——本当の戦い

新政府軍に降伏した守山藩では神官による護衛隊が組織され、道案内を果たした。その他、人馬兵食賄方や占領した土地の管理などの負担は多く、藩財政は逼迫していった。管理した領地は、実に十六万石にものぼったのである。

遠藤無位と護衛隊

守山藩の戊辰戦争は「降伏」の意を示したことにより、終わったかのように思える。しかし、「その後」をみると、本当の守山藩の戦いはこれからであった。

御代田《みよた》村の神職であった遠藤無位の行動をみてみよう。無位は、天狗党の乱を仙台藩に鎮めてもらおうとする嘆願書に参加したり、会津追討の先鋒役を朝廷に嘆願したり、たびたび登場してきた。

御代田村に鎮座する菅布祢《すがふね》神社は、遠藤無位が神官を務めていた。『田村郡郷土史』をみると、「志士仁人」の項に「遠藤正範」として無位が紹介されている。

遠藤家は、代々田村郡の神職頭＝注連頭《しめがしら》を務めた家であった。「正範少時京師ニ遊ビ吉田良芳ニ従テ國学ヲ攻ム業ナリ。歸居ス人ト為リ沈毅ニシテ義氣アリ。

菅布祢神社
（遠藤雅樹氏の案内。平成22年10月7日撮影）

菅布祢神社鳥居

一郷の嚮募スル処タリ」とある。「会津先鋒願」を、無位が吉田家を通じて嘆願できたのは、経歴からも分かり、義侠心《ぎきょうしん》のある人柄も窺える。

また「奥羽列藩同盟朝命ニ抗スルノ約アルニ及ビ正範憤然トシテ藩主松平侯ニ説クニ勤皇ノ大義ヲ以テス」ともある。やはり、守山藩の同盟参加の態度を快く思っておらず、かなりの勤皇家であったことが分かる。

無位の子孫である遠藤雅樹氏に話を聞くことができた。遠藤氏よりの資料（『遠藤正範傳』、明治十五年二月十日刊）には、「嗚呼大丈夫生まれて今日有り正事に死せざれば何の面目ありて祖宗と地下にまみえんや。然れども思うにその力微にして事は成らず……」（書き下ろし、以下同様）と記されている。

そして、無位はこう言っている。「徳川氏執政二百有余年、天運すでに尽く。民望すでに絶ゆ。是れ誠に王政復古の秋《とき》なり……」。勤皇家であった無位は、強い正義感の下、その精神を尽くす行動を求めていた。

遠藤家は、平田篤胤の国学を支持していた。田村郡は中世以来、天台・真言の強い地方であり、神社は陰の存在であった。このような地域に平田国学が入ったのも儒教批判と尊皇思想が特徴であった。支持者には、遠藤奥守・無位親子のほかに、飛田昭規、永沼運暁といった人物が名を連ねている。

少数ではあるが、国学の思想がひそかに根付いていた土地であった。例えば、無位は、前述の鳥羽・伏見の戦いの時分、京都・吉田家に滞在中であり、御所警

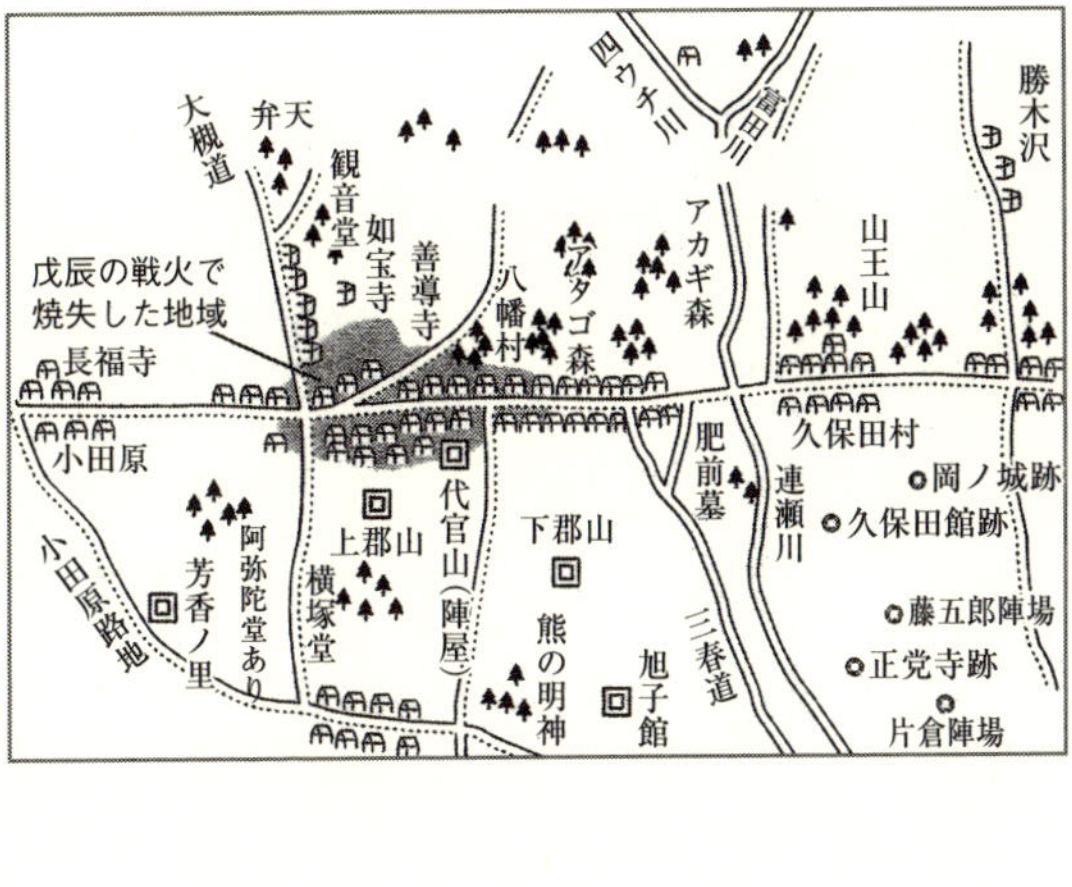

戊辰戦争の頃の郡山宿
（『隠された郡山の戊辰戦争』より転用）

備隊を組織し警備にあたっていた経緯がある。まさに「勤皇の大義」を果たしていたのである。

守山藩が「降伏」したのち、八月三日に田村郡神官五三名が東征軍の「護衛隊」を組織した。この日のわずか十日ほど前、無位は四十四歳で病死した（七月二十一日没）。護衛隊は、無位の遺志の延長で組織された。

八月六日には、土佐藩士板垣退助、長州藩士佐久間左馬允、薩摩藩士川村与一郎らが守山に止宿、夜半に会津藩の放火★により、郡山宿が焼失した。郡山のほぼ大半が、会津兵によって破壊された。しかしそうした村々にも西軍が通る時、必ずというくらいに必要な軍夫・助郷人足の徴用、兵糧の徴発などが行われたという。守山の地は、旧幕府軍にも新政府軍にも標的となっていた。

護衛隊の隊長には、無位の弟、大善寺村の神官（白幡神社）の遠藤左門が就任した。続々と入隊希望の神官が集まり（安積郡一二、岩瀬郡一三など）、最終的には一〇三名となった。

彼らは、新政府軍の道案内役を果たした★。直接戦闘には加わらなかったものの、戦線各地の連絡・渉外にあたった。戦没者の慰霊祭などを行ったため、隊員には肩章が下賜された。

新政府軍の護衛隊として、勤皇の大義のために献身的な行動がなされた。護衛

▼放火
これ以前も、会津藩は安積地方において、放火・略奪行為を働いていたという。

▼
現在、「慶応四年護衛隊陣中日記」（吉田安敏、『郡山市史』九巻所収）が残り、護衛隊の細かい動きを知ることができる。

現在の白幡神社（大善寺村）

隊は、戦乱が終結した十一月に東征軍軍務局より「酒・肴と金一封の沙汰書」を拝受して解散に至った。

水戸学の影響を受け、実践的な行動をとった無位は、護衛隊の行動には参加できなかったが、その情熱、志操はつながれた。無位の墓の隣には、顕彰碑がある。その功績は称えられ、今は静かに眠っている。

「人馬兵食賄方」として

その他の藩士たちはどうしていたのか。守山藩が「降伏」を決めたのち、八月九日に総督府参謀より新政府軍の賄い方「人馬兵食賄方」が仰せ付けられることとなった。

この役職について、「東征軍の後方支援活動として食糧及び必要な物資の調達・運搬並びに人馬の調達にあたるもの」と示されている。具体的には、備前藩《びぜん》（岡山県）の藩兵への人馬兵食賄方であった。すでに、備前藩は、八月九日以降に続々と守山藩内に繰り込んでいた。

八月十七日には、備前藩に磐城方面への出兵命令が下ると、守山藩からも同地へ派遣された。守山陣屋役人・郷士・庄屋などである。

同月十九日に磐城・平に到着するが、戦況が鎮静化に向かっていることを知る

遠藤無位墓所・顕彰碑

と、急遽引き返し、二十三日には会津・二本松方面の戦闘に対応するため移動となる。

この時、備前藩は主力を会津攻撃、ほかは二本松方面へ対応させるため兵力を二分したため、守山藩も二小隊に分かれた。

会津攻撃へと赴く備前藩は藩兵一五八名、同行する守山藩は兵食方として九名、このほかに守山領及び近領から徴用した農民人足が一六一名であった。部隊は、二十四日に母成《ぼなり》峠を通過、翌日に猪苗代、滝沢峠に宿陣し、このあと一カ月間、戦闘行動に参加した。

この時の様子について「領内の十五歳以上の男子を残らず徴用し、人馬ともに二本松・会津方面へかり出し、母成峠の難所では、夜中に大地振動の音に驚き、西も東も分からず走り出し、谷に落ちた者や岩に当り傷を受けた者も少なくない」という逸話が残る。

また『田村町歴史年表』には、兵食担当として会津戦争に徴用された守山領百姓の戦争体験が記載されている。その一部を紹介する。

「八月二十六日には若松の陣屋通りから七日町というところに宿をとり、そこで毎日、兵隊の食事を作っていた。合戦は、昼夜を通して行われた。八月二十九日には大きな戦があった。この日、備前勢四十人余がいる陣場へ、会津勢五百人程が攻め込んできて、鉄砲玉が雨の如くに降りかかり、その恐ろしさに耐えられ

母成峠にある戊辰戦争の古戦場を示す碑

ず、我々はひとまず滝沢口の方に退いた。そして、そこで我々は炊出しを行なっていた。やがて、戦が終わったので、我々は再び七日町に帰ったが、この戦で五百人の会津勢を四〇人余りで追い返した備前藩は、司令官三人が戦死、その外七人が負傷した。こんな悲惨な処での仕事なんて、ほかには有るまいと思う。その後、戦争は昼夜の別なく、毎日続けられた」

最後には、「この戦の詳細はいくら書いても筆舌に尽くし難いものである」とあるように、人馬兵食賄方といっても、戦場でいつ命を落とすかもしれないという恐怖を体験した様子が窺える。

九月八日には、主力隊は、二本松方面の部隊と合流（二本松藩は七月二十九日に落城）、備前藩兵二〇七名に対し、守山藩関係は三七三名、合計五八〇名の部隊となった。

会津での戦闘は、銃弾を受けた人足一名の死亡があったが、九月二十二日の会津落城により終結した。十月三日には、守山藩の軍勢は会津から引き揚げた。十月九日、守山藩へ解兵届が総督府参謀より達せられ、桑折宿にて備前藩との送別の宴のあと、十月十六日に守山に帰陣している。

会津攻撃にかかった費用は、『史料郡山の戊辰戦争』に詳しく記載されている。主に郷士・庄屋が物資の調達・経理に携わった。総費用（米代・味噌代・木銭《きせん》な

現在の桑折宿（福島県伊達郡桑折町）

ど）は九月十日から十月二日まで一〇二二両一分三朱三六文であった。ほかに酒代・茶代・礼金・宿代・駄賃などの費用がかかった。

また、「若松では、被弾の猛勢のなかを日夜軍夫として、数十日勤め、身体も疲労し、やむなく代わりの人足を頼むにも若松までの一切の費用および兵糧は自弁で賄わねばならず、戦場に行かない者でも陣屋詰人足や領内人足として日夜その任務に当たっている」という逸話が残る。この任務により、守山藩の財政が逼迫したことが分かる。

占領地の管理

戊辰戦争による守山藩の重い負担は、ほかにもあった。新政府軍が占領した幕領・二本松藩領・棚倉藩領などの管理である。八月末までに合計七二カ村にものぼり、石高二万石であった守山藩は、この時点で、七万二千石の領地管理を行うこととなった。

守山藩は、新政府が設置した磐城平民政局の管轄下で「守山藩取締所」とされた村々の民政と徴税の任にあたった。松川陣屋より郡奉行増子紀八郎が守山藩預り領の郡奉行となり、ほかに松川領の郷士・庄屋・勧農役なども預り領支配のため参加した。管理は、焼け残りの米蔵の整備や警備交代なども含まれ、武器も不

守山藩の占領地の管理　（『郡山市史』より）

旧領地	村数	石高	預日
幕領	田村郡　15カ村	11,004石　775合　00	8月8日
二本松領	安積郡・岩瀬郡		
	郡山組　13カ村	12,051.　793.　04（本田） 2,245.　280.　16（新田）	8月13日
	片平組　32カ村	29,096.　100.　85（本田） 4,225.　365.　00（新田）	8月13日
	大槻組　12カ村	8,912.　132.　85（本田） 830.　533.　80（新田）	8月30日
棚倉領	白川郡　79カ村 石川郡　65カ村	87,869石　689合　54	12月
計	216カ村	156,234石　675合24	

（注・石高に不整合も見受けられるが『郡山市史』に従った）

足し西洋銃五〇挺の借用を願い出ている。★

十二月になると、白河の幕領を含む白河郡・石川郡の一四四カ村の管理も委ねられた。八万七千石余の領地であった。

翌年一月二十五日には三浦平八郎を白河・石川の県権知事に任命、同年二月には、安積郡・岩瀬郡・田村郡は笠間藩の取締り領となり、八月に白河・石川の所領は、白河県支配に引き渡された。

二万石の小藩であった守山藩は、一時期、実に十六万石の所領を管理していたのである。

早くから東北諸藩の中にあって、会津追討の先鋒願いを嘆願するなど積極的な活動を示していた守山藩に新政府は信頼を置き、守山藩もまた八月以降の動向は「会津御追討先鋒願」に表される四月段階までの動向（奥羽同盟加盟以前）の延長にあるものであったとされる。

しかし、（守山藩は）「領内貯蔵の米穀や軍用金を使い果たし、藩主の手許金を吐き出し、さらに領内の備荒金に対しても、半減弁済あるいは三分の一弁済帳消しで領民から取り立て、ついには領内外富農商たちから数万両の借財」をすることとなり、財政は破綻の一途を辿ってしまった。

戊辰戦争を「降伏」したあとの負担はかなり大変なものであった。

▼実際には、一二拇臼砲一門、同弾薬七箱、四斤砲一門、同弾薬五箱、ハトロン（薬莢）七〇〇〇発が貸与された。

笠間領を示す碑（田母神村姉屋地区）（案内、田母神・鹿野両氏、平成二十三年八月七日撮影）

守山あれこれ

守山領の「菅布祢《すがふね》神社」

蓬田岳の遠景

流れる阿武隈川を渡り東に位置している県道一一〇号線と水郡線沿いにある菅布祢神社は、遠藤無位が神官を務めていた神社である。

菅布祢神社の祭神は、日本武尊（ヤマトタケル）と猿田彦大神（猿田毘古）である。「菅布祢（菅船）」を冠する神社は、旧守山藩領である郡山市田村町をはじめ、中田村、三春町、須賀川市、平田村などに数多く点在、安積郡には一社鎮座しており、その数は三〇社以上ある。

菅布祢神社の建立は、日本武尊の東国征伐の幾つかの伝承に由来するという。例えば、日本武尊が、現在の郡山市・須賀川市・平田村にまたがる蓬田岳（九五二メートル）の風鬼・水鬼を平定したので建立した、という説や、阿武隈川があふれたので、日本武尊が蓬田岳に登った時に、菅の草で船を作って猿田彦に道案内をされたという伝承に基づいて建立された、などである。

『古事記』『日本書紀』を紐解くと、十二代景行天皇の子、倭建命（日本武尊）は、（九州の）熊襲征伐のあと、東国征伐に赴いている。道中、倭比売命《やまとひめのみこと》から草薙剣を授けられた話は有名である。その後、尾張国、相模国を経て、上総国から奥地に入っていったが、『古事記』を抜粋すると「蝦夷等を言向け、亦山河の荒ぶる神等を平らげ和して、還り上り幸でます時……」（ことごとく荒れすさぶ蝦夷どもを服従させ、また、山や川の荒れすさぶ神々を平定して、都に帰ってこられる時……）とだけあり、蝦夷征伐の様子は詳しくない。

土地の伝承なので、深入りはしないが、日本武尊を祀る菅布祢神社が多く鎮座しているのは事実である。また、猿田彦は、天孫降臨の神話において先導をした神で天狗様であり、道案内をしたことから、土地の神や道祖神として祀られている。日本武尊と猿田彦が関係する神話は歴史書には存在しないが、「道案内」の神として、東国征伐に絡み、土地の伝承として語り継がれたのであろう。

別の伝承として小野町にある菅布祢神社には、坂上田村麻呂の蝦夷征伐（七九七年～）の際、湿地や湖沼では船に菅を立て攻めるべしとのお告げから建立されたとも伝わる（『小野町史』）。

坂上田村麻呂に関する伝承は東北各地に多く残っている。旧守山藩領には「田村郡」があり、この地もまた多くの伝説を持った地である。現在でも、郡山市田村町があり、また平成十七年（二〇〇五）に田村郡船引町、滝根町、大越町、都路村、常葉町が合併し、「田村市」が誕生したのも記憶に新しい。

遠藤無位は、このような土俗的な歴史ある神社の神官であった。

別章　守山藩六五カ村のものがたり

まことに小さな村々、六五カ村のものがたりが守山藩であった。

村々の実相を求めて

陸奥国守山領、常陸国松川領の領国支配統治の下で、守山藩は成り立っていたことが、話の筋のようにみえるが、根本は守山領三一カ村、松川領三四カ村の村々が領国を支えてきたことにほかならない。

それぞれの村は、集落の形成から、村人の生活、気候、風土、地形と、その村が培ってきた固有の歴史を歩んできている。その一刻一刻が守山藩としての統治を可能にした。

守山領と松川領は、その実相は大きな違いがある。別章として、往時の姿を追い求め、尋ね歩いた全六五カ村の風土や出来事について略記し、現在（二〇一一年当時）の様子とその実像を紹介していく。

陸奥国守山領31カ村

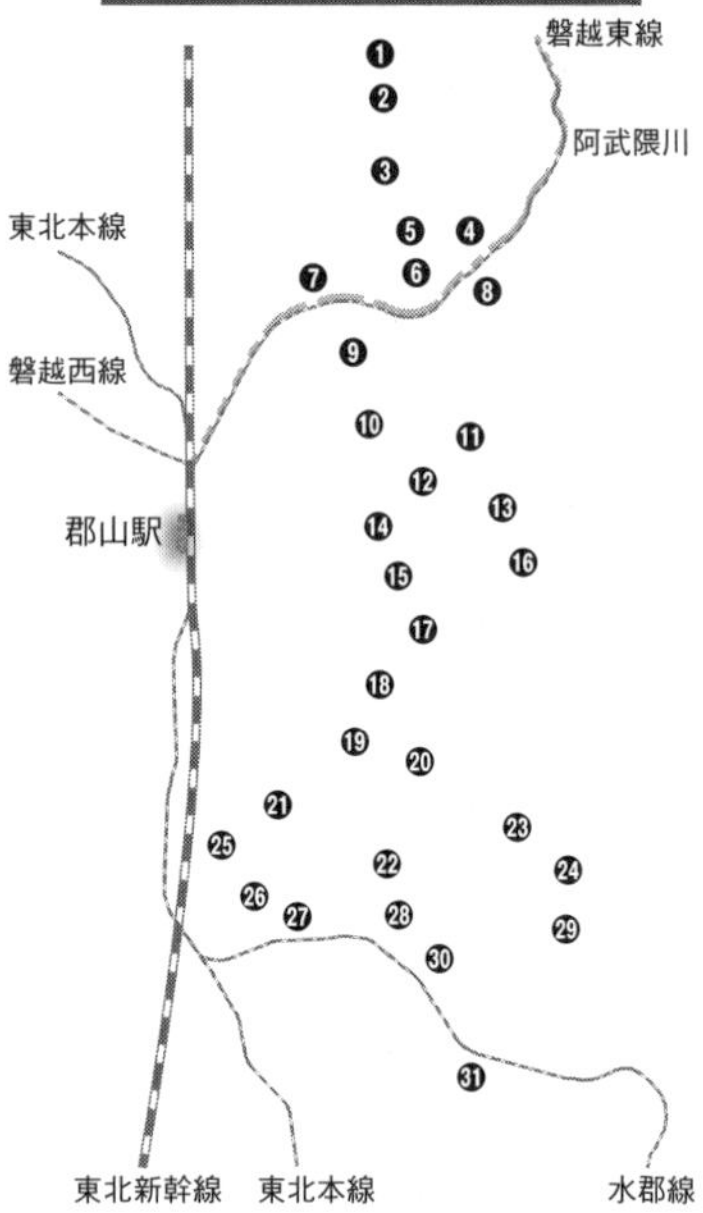

❶三城目
❷木村
❸芹沢
❹山田
❺根木屋
❻下舞木
❼北小泉
❽上舞木
❾南小泉
❿阿久津
⓫白岩
⓬下白岩
⓭蒲倉
⓮安原
⓯横川
⓰荒井
⓱大平
⓲下行合
⓳上行合
⓴手代木
㉑金屋
㉒大善寺
㉓小川
㉔金沢
㉕徳定
㉖御代田
㉗正直
㉘山中
㉙大供
㉚守山
㉛岩作

常陸国松川領34カ村と額田領3カ村

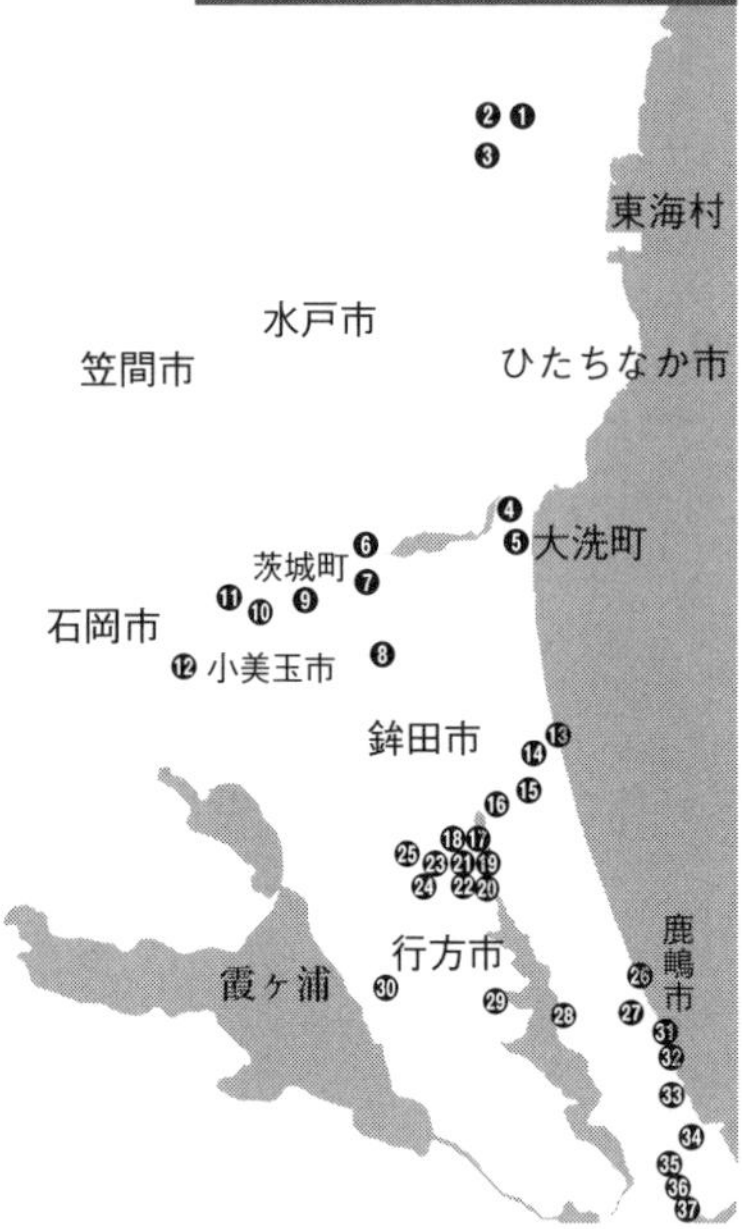

額田領
❶東郷
❷北郷
❸南郷

❹神山
❺成田
❻神宿
❼城之内
❽菅野谷新田
❾下座
❿柴高
⓫堅倉
⓬竹原上郷
⓭白塚
⓮大竹
⓯青山
⓰安塚
⓱穴瀬
⓲長野江
⓳金上
⓴帆津倉
㉑成田
㉒内宿
㉓両宿
㉔次木
㉕小貫
㉖青塚
㉗荒野
㉘津賀
㉙蔵川
㉚於下
㉛小山
㉜清水
㉝神向寺
㉞平井
㉟国末
㊱泉川
㊲居切

1 常陸国松川領の村々

涸沼の恩恵に浴する茨城郡八カ村

　常陸国松川領三四カ村の総収量高は、八千七百十石と守山領の二分の一程度であった。往時の村名をもとに藩政時代に思いを馳せつつ歩いた。

　初めに、茨城郡八カ村を尋ねた。水戸市街地の東側に位置する水戸大洗インターチェンジを降り、国道五一号線を南下するとほどなく、悠々と濃紺の水を湛え、海に向かって流れる涸沼川を渡る。

　橋を渡ると少し急な坂道で、この下が鹿島臨海鉄道大洗鹿島線であり、坂を上りきると太平洋が眼下に広がる。ほどなく大洗海浜公園、公園に向かって国道五一号線の左車線から鹿島灘の海岸に向かって下り、県道一六号大洗友部線に入る。高架橋となっている交差点が、夏海インターと呼ばれる。ここがかつての松川領である。

　県道を南下し大洗南中学校を過ぎると、東側が成田村、西側が神山村である。成田村の本村は、鹿島臨海鉄道大洗鹿島線の東側に位置する。本村と国道五一号線の間に夏海湖がある。陣屋のある松川へは、県道五一号線沿いの夏海小学校を過ぎ、鉄道の高架橋を渡り、成田高架橋手前を右折すると、「松川陣屋墓地」がある。道路側の墓地は平坦地であるが、すぐに崖となり、段々の墓地がある。崖の上の木々の間に墓石を垣間見ることができる。

　道路側の平坦地が駐車場になっており、その左端に由緒を記した碑が建てられていた。碑には樹木が繁っていた。荒れていたので整備したことや、一角には陣屋の旧藩士の墓所や守山藩の側室の墓所があることが刻まれていた。

　旧道沿いの家並みと田園を辿り、旧守山藩士の小室家を訪ねた。ご当主は亡くなり、その娘さんが応対して下さり多くのことを教え

松川陣屋墓地

陣屋墓地の側室墓所

て頂いた。

松川陣屋跡を案内して下さった。西北の方向にさつまいも畑が広がり、ずっと遠方に畑を囲むように森が連なっていた。余地に道祖神社と刻んだ石柱も立っている。この一帯が、陣屋を構えていた場所であったという。狭い道路は、当時の陣屋内の通路として使っていた道そのものであると聞いた。

道祖神社は、陣屋時代は武の神である摩利支天を祀ったお堂であった。前方に見えた森の中には、守護神である豊姫稲荷神社が鎮座し、その屋根のぐしには、八角の守山三つ葉葵紋が施されている。神社の拝殿・神殿が陣屋時代からの唯一の建物である。

道祖神社の西北に陣屋の本殿が建ち、畑を囲む西北側の遠方が傾斜になっている所に陣屋に務める藩士の長屋があった。家族を含め一二〇～一三〇人が住んでいただろうと伝わる。

傾斜地の森の前方から、涸沼を眼下に一望できる。本殿の南側に金蔵、長屋があった道を辿って陣屋の裏門へと案内して頂いた。落葉樹の巨木が森の中にそびえ立っており、陣屋時代もあったことであろうと感慨にふけり眺め入った。

裏門を下って旧道に出た所には御不動様が祀られており、今でも信仰が寄せられていた。境内は小綺麗に掃き清められ、昔日からの石仏が立ち並んでいた。

陣屋が構えられていたことを今に伝えるのは、御不動様、摩利支天を祀った跡地、守山三つ葉葵の稲荷神社と井戸のひとつである。陣屋があった往時にもこの丘陵から藩士たちは日々、涸沼の景勝を愛でながら、執務に励んでいたのだろうと思いを馳せた。

井戸跡の所まで戻り、反対側にある松川陣屋の墓地に案内して頂いた。墓地は「松川陣屋墓地」の看板があった崖の上の場所であった。陣屋から連なる丘陵の端に位置するこの墓地は、藩士と側室だけの墓所となっている。崖の下の道路沿いの平場の墓地は、一般に売り出された墓地であった。藩主の側室の墓所は二カ所、墓石には院殿号の戒名が刻まれ、没年が元文年間と宝暦年間のものである。こ

豊姫稲荷神社

陣屋跡地から涸沼を望む

の年代から、二代藩主頼貞、三代藩主頼寛の側室であろうか。

小室氏には、本書にたびたび記した大変興味深い口伝を沢山教えて頂いた。

それぞれの村を尋ねてみよう。まず、**成田村**の石高は千百十四石余、三四カ村のうち最も石高の多い村であった（以下の村も陣屋時代の石高を記す）。現在涸沼の湖畔には美田が広がっている。その多くは、昭和二年（一九二七）以降に干拓された農地であるが、成田村は陣屋時代から相応の収穫高を有する土地柄であった。このことで、水戸に近く陣屋を構える適地とされたことが理解できるように思われる。

陣屋のある松川を下って**神山村**（六百八十六石余）に入ると、涸沼に向かって弧を描くように美田が広がっている。農夫が農機具に乗って稲の収穫に精を出す姿がそこかしこに見られた。成田村と神山村は大洗町に属している。

次に、**神宿村**（新田を合わせ二百二十三石余）と**城之内村**（新田を合わせ百四石余）を訪ねた。神宿村は涸沼の西岸に隣接し、城之内村は海老沢村（川崎八右衛門の本拠地）の南に位置する村である。共に、水戸市から神栖市まで延びており北浦と霞ヶ浦の間を貫いている主要道路（県道五〇号線）が貫いている。神宿村は涸沼湖畔の干拓により美田が広がる村となっているが、城之内村は涸沼湖畔より山側に入った所なので往時の村の姿を今に伝えている。

次に**下座村**（新田を合わせ九十石余）を訪ねた。下座村は城之内村の西方、さほど遠くない所で、県道一八一号線沿いにある。現在は、畑作がほとんどで、一面さつまいも畑となっている。神宿村、城之内村、下座村は東茨城郡茨城町に属している。

次に、**柴高村**（百四十八石）、**堅倉村**（四百四十二石余）、**竹原上郷村**（九百二十九石余）を訪ねた。柴高村は、下座村からひとつ村を越した南に位置し、北浦に注いでいる巴川沿いの村で、巴川の水利で田園が広がっている。堅倉村と竹原上郷村は、平成の合併

成田村・小室家

成田村の現況

(平成十八年)に小美玉市となり、堅倉村には市役所がある。村内を水戸街道(国道六号線)が貫き、市街地化が進み、往時の面影は見られない。

実は、竹原上郷村は、現在の地図の上では確認できない。地図では、竹原下郷そして竹原の地名が残っている。竹原神社があり竹原小学校がある集落が、地図上の大字で見る竹原である。集落の古老に話を聞いたが、下郷と中郷はあるが竹原上郷という名で呼んでいる所はないということであった。村の鎮守が祀ってあり、戦国時代、佐竹氏によって滅ぼされた竹原城跡がある竹原が、竹原上郷に当たるのかと思った。水戸街道から神社のほうに一歩入ると、霞ヶ浦に注ぐ園部川沿いに田園が広がっている。

太平洋を望む鹿島郡一五カ村

次に、鹿島郡にあった村々を尋ねてみよう。菅野谷新田村、白塚村、大竹村、青山村、安塚村は鉾田市である。青塚村、津賀村、荒野村、小山村、清水村、神向寺村、平井村、国末村、泉川村は鹿嶋市、居切村は神栖市である。

菅野谷新田村(三十石余)の地名は現在の地図では確認できず、大字名で菅野谷がある。大きなゴルフ場やゴルフガーデンがあり、農地はほとんど畑作地である。菅野谷新田村について農夫に尋ねたが、分からないとのことだ。農夫と共に働いていた女性たちが七、八名いたが、すべて中国からの農業研修生であるとのことだった。背丈ほど大きくなったオクラからその実を剪定鋏で切り取り、籠に入れ収穫する作業を行っていた。

次に、隣接する**白塚村**(新田を合わせ八十九石余)、**大竹村**(四十二石余)を訪ねた。両村とも、海岸線に沿った半農半漁の集落であった。

水戸大洗インターチェンジを降り、国道五一号線に入り涸沼川を渡った後、南に向かい、鹿島灘に沿って直進、鹿島灘の海岸線からも少し離れ、再び鹿島灘の海が見え始めた所が白塚村である。海岸に向かって、旧村内を訪ねると、大正十五年(一九二六)生まれだと

大竹村の鹿島灘

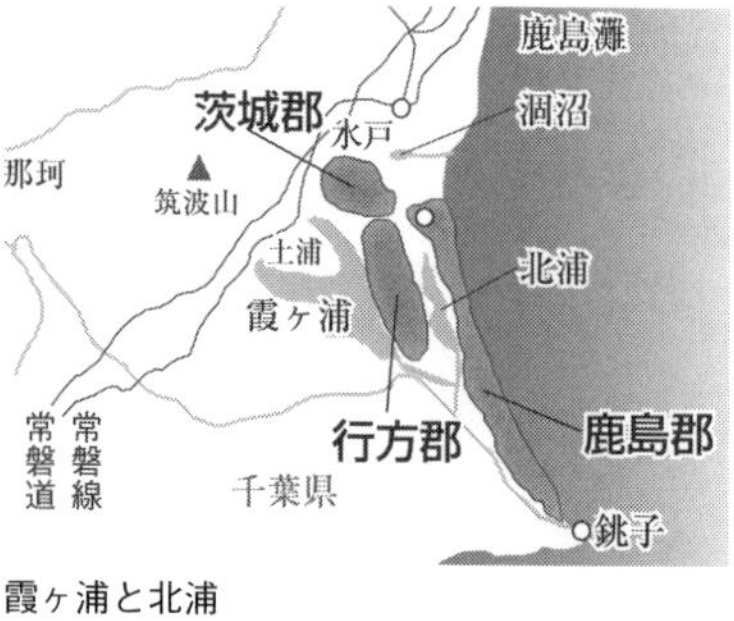

霞ヶ浦と北浦

自分から話し出した古老に話を聞くことができた。古老は、東京から波乗りでサーフィンに来る若者たちが海岸に車を停めるため、その監視をしているとのことであった。

白塚村、大竹村は潮風が強いので、米の実りはあまり良くないとのことだ。ここが、守山藩であったことは聞いたことがないという。両村とも国道五一号線から集落への道は車一台がやっと通れる道で、海岸に向かって坂が続き、陣屋時代の佇まいをそのままに残していた。古老によると、小学一年生の頃に国道五一号線が作られたという。元々は村の中の道が浜街道だったとのことだ。いわば、国道は村から見て西側の丘陵の上を走っている。丘陵伝いに、異国船を警戒しての砲台が作られた場所であった。

次に、**青山村**（七十四石）に向かう。国道五一号線を南下、鹿島灘海浜公園を左に見て台濁沢の交差点を右折した。途中、トマト栽培のビニールハウスで仕事をしている農夫に、青山村はどちらですかと尋ねると、まっすぐ行って次の信号を左に向かうと、右側が青山ですよと教えられた。道路両側は、ほとんど一面がさつまいも畑で、畑に囲まれ農家が五、六軒続いている。

その一軒、高野家を訪れた。高野氏（昭和十九年生、青山村出身）は、母屋の前の作業場で収穫した見事なさつまいもを仕分けしているところであった。伺うと、この辺りの地名は青山に違いないが、陣屋時代の青山村の場所は隣村であることが分かった。陣屋時代の青山村は姿を消していた。高野氏が生まれる前に飛行場を造るために、旧青山村から強制移住となったと付け加えられた。

「鉾田陸軍飛行学校」である。浜松陸軍飛行学校の軽爆機専門分科が昭和十三年に分離独立して設置された軍学校であった。高野家も旧青山村の家を解体し、三輪トラックに積んで新しい青山村に来たとのことであった。今の母屋は、まさにそれだという。ビニールハウスの農夫に道を聞いた辺りが、陣屋時代の青山村であった。その地は、第二次大戦後に民間に払い下げられ、住居地・別荘地として分譲され、往時の面影は消滅していた。

サーフィンができる白塚村

青山村の顕彰碑

学校跡地はそれと気づくことは全くないほど、住宅地やさつまいも畑となっていた。一角に、町民のための広場（グラウンド）があり、道路の南側に「鉾田陸軍飛行学校顕彰碑」（昭和五十一年十月建立）と記された看板を目にすることができる。昭和十九年六月には、本土防衛のため鉾田教導飛行師団となり、特攻隊の訓練基地となっていた。特攻隊戦歿者英霊として七二名の名前が刻まれている。碑の裏面には、「年経れど、いとしき子……」の歌が刻まれていた。散華した若者たちに思いを致し、碑に額ずき香華にとたばこを燻らせ手向け、陣屋時代に営々としてあった青山村の集落は、どのようなものであったろうかと思いを巡らせつつ、この地をあとにした。

青山村から西方向に車を走らせ、坂を下りきった所が、県道一八号線沿いの**安塚村**（六十四石）である。北浦に注ぐ鉾田川、巴川の河口近くの村である。現在は、北浦沿いに干拓によると思われる田園が広がっている。北浦の堤に登りその景観を眺めた。対岸は行方郡となっており、湖畔沿いに松川領の村々が所在していることに思いを馳せた。

安塚村から北浦に沿って県道一八号線を一二キロメートルぐらい南下すると、次に訪れた**津賀村**（二百七十三石余り）である。石高は鹿島郡内一五カ村で最も多い。津賀村には、津賀と浜津賀の字名があり、西側の津賀は北浦に接し、東側の浜津賀は鹿島灘の浜辺までであり、その往来は、低い丘陵を越えて行われていた。津賀の北浦側には津賀城跡があり、田畑が広がっている。浜津賀は国道五一号線沿いに田畑が続いていた。

鹿島灘沿いに国道五一号線をさらに南下する。鹿島灘沿いに、津賀村の一つおいた隣村が**青塚村**（十六石余）である。さらに一つおいて隣村が**荒野村**（百三十九石余）である。この荒野村から、**小山村**（十二石余）、**清水村**（八十二石余）、**神向寺村**（七十八石余）、**平井村**（七十七石余）、**国末村**（三十八石余）、**泉川村**（百四十七石余）、**居切村**（百十四石余）と松川領の所領が続く。

荒野村の現況

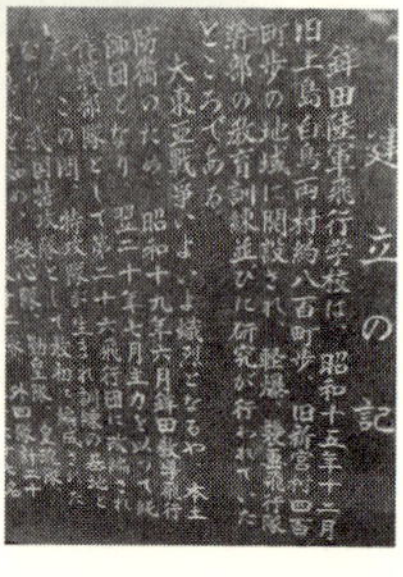

鉾田飛行学校跡の慰霊碑

国道五一号線の左側から鹿島灘に向かって田畑が広がり、陣屋時代の農村風景を感じさせてくれる。小山村、清水村からさらに南下し、神向寺村、平井村、国末村、泉川村、居切村に至ると市街地の真ん中で、道沿いからは昔日の姿は見られない。特に、神向寺村には「カシマサッカースタジアム」が見る者を圧倒する威容を誇っている。また、近くには古代社会から信仰を集めて止まない鹿島神宮がある。

平井村、国末村、泉川村、居切村が在所していた一帯は、見渡す限りの工場群であり火力発電所や重化学工業の煙突が立ち並ぶ臨海工業地帯となった。それぞれ、藩政時代の村の姿を追い求めることは全く不可能であった。

松川領の海岸線は弓形をしている。太平洋を望むいわゆる鹿島灘である。海岸から見ると西側の丘陵の縁を国道五一号線が走っているのでこの弓形が実感でき、左右に延びる海岸線を見通すことができる。文政・天保期、異国船が鹿島灘沖に現れるようになった。大筒の台場は、成田村、大竹村、荒野村、平井村、国末村に設けられた。特に荒野村には、見張所が設けられた。荒野村では、北は大洗海浜公園、南は神栖市の波崎海水浴場（利根川の河口）まで弓形の海岸線を見通すことができる。成田村の大筒砲台場は、大洗町農業会館の東側に位置する場所にあった。国道のバイパス拡張工事のため失われ、大筒の台場の旧跡を現在は見ることができない。大筒の台場の旧跡に立って海を眺めると、弓形をした鹿島灘は、往時も優美な海岸線を見せていた。

霞ヶ浦と北浦に抱かれる行方郡一一カ村

次に、行方郡内の一一カ村を尋ねてみよう。現在、平成の大合併により、すべて行方市に属している。行方郡の蔵川村を訪ねるべく国道二三八号線を北浦から流れている鰐川沿いに北上する。

大船津の国道五一号線との交差点を左折し、神宮橋を渡り北浦の西岸に出る。北浦の西岸沿いの県道一八八号と一八五号を北上すると、**蔵川村**（百九十八石）に至った。村名は、北

国末村の現況

鹿島神宮

浦に注ぐ蔵川に由来している。北浦沿いに耕地が開かれ、稲作の他、蓮根栽培の蓮畑が一面に広がっていた。

北浦沿いに北上を続けると**帆津倉村**（二百九十五石）、**穴瀬村**（百七十三石）、**金上村**（三百二十八石余）がある。三つの村とも稲作のほか、蓮根やせりの栽培が行われていた。陣屋に納める小物成としては、北浦の漁場からの鯉、わかさぎ、川海老による運上金があった。

金上村で道を尋ねながら訪れた店が、金上村の庄屋を務めた小林家であった。ご夫婦から、守山藩の藩政に関わる話を聞くことができた。それは、明治三年（一八七〇）十一月五日付の当主小林茂に対する「守山藩廳掌」の辞令書で、「知事従五位守源朝臣頼之宣」「権大参事平義質奉行」の名によるものであった。

松川藩と改称され、守山藩の名が消滅したことを考えると感慨深く、辞令書を拝見させて頂いた。まだほかに公開していないということで尚更感慨深かった。店の裏に、藩政時代からの母屋が残っており、殿様や藩の役人を迎える式台の付いた建物で、庄屋役場を兼ねていたことを今に伝えている。

小林邸をあとにし、**長野江村**（三百八石余）を訪れた。村内は整備された佇まいで重厚な屋敷が軒を並べていた。

帆津倉村の北浦の岸辺まで戻り、**成田村**（二百四十七石余）を経由して国道三五四号線から西に向かい、国道に沿って連なっている**内宿村**（三百五十石余）、**両宿村**（三百四十九石余）、**次木村**（三百七十四石余）**小貫村**（五百四石余）を訪ねた。

五つの村は、常陸領の村には珍しく、それぞれ地続きのひとつの版図を思わせるもので、北浦、霞ヶ浦の水辺から見れば内陸の村々である。このため五つの村とも、水利は北浦に注ぐ武田川の両岸に開かれた。

これらの村の中ほどに位置するのが、内宿村である。この村の中心部に鎌倉時代から室町、南北朝、戦国の世と、この地で勢力をもった大掾氏によって文明十年（一四七八）に創建された「化蘇沼稲荷神社」がある。りっ

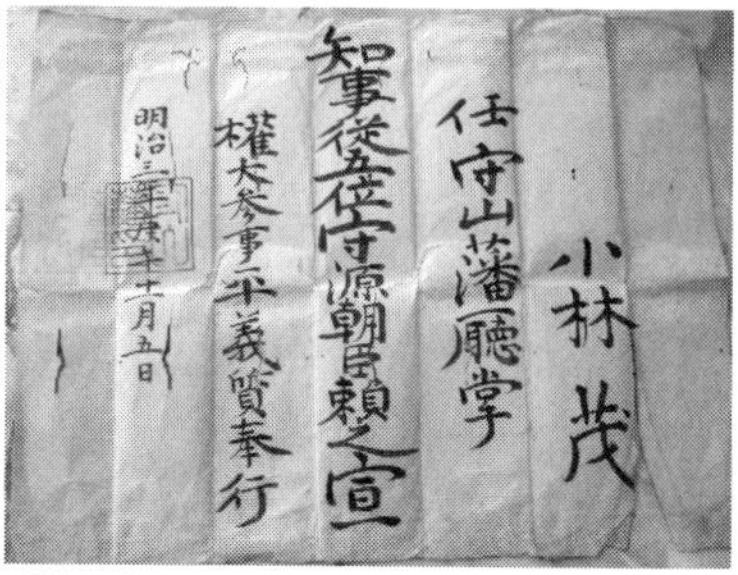

明治３年の辞令書

旧金上村庄屋小林家

ぱな参道が延々と続く。社殿の屋根のぐしには、八角の守山三つ葉葵紋が施されていた。内宿村の自性寺には、前記したが幕末の天狗党の乱に関係し処刑された七名の守山藩士の墓所が、明治三年に建立されている。

常陸領三四カ村の最後に訪問した村は、**於下村**（四十五石余）である。於下村は常陸領の村の中で、唯一霞ヶ浦に面している村である。国道三五四号線を西に向かい、玉造の交差点を左折し霞ヶ浦の岸辺を南下して於下村に向かった。於下村は小さな集落であった。於下村で唯一の店と思われる小綺麗な商店を訪ねたが、守山藩時代の事については、言い伝えを聞いていないとのことであった。

於下村は、霞ヶ浦に向かって耕地が開けており、常陸国の霊峰として信仰された筑波山が遠望できる土地柄であることについて教えて頂き、その雄姿を拝むことができた。

さて、常陸国三四カ村を尋ねたが、陣屋のある成田村松川から居切村までは、五〇キロメートル以上の遠距離であった。かつ、常陸領内の村々は、遠隔地に点散するかたちで存在し、地続きとしてある守山領の統治と比べ多くの労力を要したことを、窺い知ることができた。

その上、鹿島灘沿岸の村は、潮風のため稲作や畑作は十分なものではなかった。今日にあっても、内陸部の村々では水利に苦労し、沢沿いや低地以外は畑作として、さつまいも、落花生、ニンジン、蔬菜の作付けが中心であった。

各村に示したその石高は、陣屋のある成田村以外はいわゆる村高ではなく、守山藩のその村からの収納高を示したものである。また、金上村の小林氏から、守山藩が支配した常陸領の各村の多くは「相給地」であったことを聞いた。これは、守山藩以外にも旗本など何人かの領主が存在し、村人たちは、それぞれの領主に年貢を納めていたことを意味している。村ごとに示してきた石高が、守山領の村々と比べ少ない石高となっているのは、この「相給地」によるものであった。

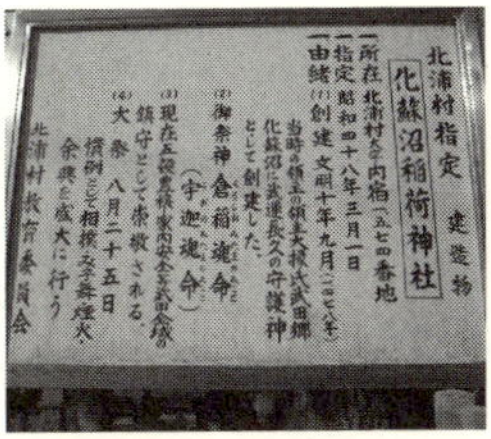

化蘇沼稲荷神社の由来書

化蘇沼稲荷神社・ぐしの家紋

化蘇沼稲荷神社

②陸奥国守山領の村々

陣屋お膝元の上郷一四カ村

次に守山領の三一カ村を尋ねてみよう。守山領は、すべての村が地続きであり、まとまりのある統治を可能にしていた（ほとんど郡山市に位置し、一部は三春町に属している）。

まず、上郷一四カ村には、中心である**守山村**（五百八十二石余）と**山中村**（七百九十六石余）があった。守山村に陣屋を構えたのは、守山領の南端に位置し水戸に近いという事だけではなかった。古来より政治の要路であり、坂上田村麻呂の伝承が多く残る。現在、城山八幡宮が鎮座し、守山小学校が所在する「守山古城趾」が残る。

山中村には、鎮守山泰平寺（廃仏毀釈により田村神社）があった。現在は、国道四九号線が通り、ガソリンスタンド、商店、宅地などとその事蹟を見出すことが困難となっている。天台宗の学頭・善法院（衆徒四坊、一七カ末寺）、真言宗の別当・帥継院（衆徒八坊、二四カ末寺）、さらに本願坊、医王寺、十方院、羽黒堂、母神堂を従えた一大勢力を形成していた。その霊験あらたかさは四方に聞こえ、村人の崇敬の念は絶大なものであった。幕府より寺領三百石の朱印状が下されていた。

両村の南東に位置するのが、**岩作村**（百四十一石余）と**大供村**（六百三十五石余）である。岩作村は、現在は村を分断するように水郡線、国道四九号線が走っているが、佇まいは、谷田川の水利に潤った豊かな土地であったことを今に伝える風情を残している。

大供村は、守山古城趾の東を流れる黒石川沿いに開けた村である。この黒石川の右岸に安永二年（一七七三）に疫病平癒のため、磨崖仏三三観音が刻まれた。これは村の里長熊田宗右衛門、藤田亦右衛門、藤田友右衛門らが、隣村の守山の観音寺住職を導師として疫病による死者の追善供養と守護を祈願し刻ん

城山八幡宮（守山村・守山城跡）

鎮守山泰平寺の遠景（田村大元帥神社）

だという。時の郡奉行も賞賛し、如意輪観音を刻ませたと伝えられている。旧暦三月十七日を縁日とする桜花の節には、磨崖仏を拝みながら陣屋役人も招いて宴を設けていた。守山村と岩作村の境近くにある観音寺は、守山藩主の祈願所であった。

　大供村の北東部に位置する村が、**金沢村**（八百九十二石余）、**小川村**（六百七十一石余）である。二つの村は、市が管理・運営している広大な墓地公園を挟むように隣接している。

　金沢村には、寛延元年（一七四八）十月頃から、翌年四月頃まで、「銀山」を採掘しようとした逸話が残る。陣屋では江戸と連絡を取り、銀山を調査採掘する総奉行まで任じ、一〇〇両の資金で採掘の山を陣屋の支配としようとした。しかし、銀山を発見したという山師甚三郎と陣屋が呼び寄せた山師と浪人成田某らの間で争いが生じ、銀山大工・堀人足たちの間でも目明し金十郎を巻き込む不穏な状態となった。結局のところ、甚三郎という山師やこれを聞きつけた成田某と山師東戒に踊らされた話であった。山師らがそれぞれ追放され、寛延二年の一揆のせいか、話は沙汰止みとなったというものであった。

　小川村は墓地公園を除くと、往時の面影を色濃く残している村である。とりわけ、聖徳太子を祀る太子堂のある太子山圓龍寺の南側一帯はまさに守山藩政期の佇まいを今に伝えている。

　小川村の北隣が**手代木村**（三百八十石余）である。凛として立つような独立した小丘の急な階段を登ると、頂きに田村森神社が鎮座する村である。村名の「手代木」の名の起こりに言い伝えがある。それは、「坂上田村麻呂が東夷追討の往時、田村森の地で、東隣村の高倉村の国見峠に遁伏していた夷の酋長高丸悪路王等の軍勢に、追討軍は一斉に大手を広げ大声を発した」里がこの地であったことから、「手廣（テヒロゲ）ノ里」と呼ばれており、これが転じて「手代木」の村となったということである。

　次は、**大善寺村**（七百二十九石余）である。大善寺が集落の中ほどにある。村名が寺名に

圓龍寺（小川村）

大供村の磨崖仏

よるのか、寺名が村名によるのか、古老に尋ねたが定かでなかった。集落を通る道は、往時のままの風情を残している。谷田川に架かる大善寺橋を渡る手前に小高い山がある。この山の南裾に沿って小さな前川が流れている。川沿いの小高い山が「大安場古墳」で平成十二年（二〇〇〇）度の国史跡に指定された。前方後方墳として、東北地方では最も大きな古墳となっている。

大善寺村の南、山中村の西側に位置するのが**正直村**（四百五十一石余）である。正直村は、兄弟げんかで欠け入った正福寺のある村である。正福寺は廃寺となり、「正福寺跡」（平成十二年十二月吉日、舞木義一・柳沼秀司・三本木紀・三本木功夫・山口守）の碑が残る。

正福寺の後ろ北側は、見渡す限りの水田が広がり、安達太良山、吾妻連峰、磐梯山、額取山と奥羽山脈の峰々の雄姿を遠景とする豊饒な土地であった。

正直村の西隣が甚日寺のある**御代田村**（百七十二石余）で、北側が**徳定村**（六百七十石余）である。両村とも、坂上田村麻呂にまつわる秘めた話が残る、豊かな土地柄である。

御代田村は、「往古ハ木目ノ里」と言われ、のちに木賊田と改称し徳定村と一村となった。その後、「田村麿の誕生セシ地字ヲ御代田ト曰ヒヨリ、何年ノ頃ニヤ分離シテ御代田村ト称セリト」といわれている。「木賊田」が「徳定」と改称したのは、安永九年（一七八〇）ともいう。甚日寺は、阿武隈川東河岸の岩盤の上、鬱蒼とした森の中にある古刹である。徳一大師の創建によるとの寺伝を有している。例年八月七日の縁日に開帳される「曼荼羅」は必見に値するものがある。

甚日寺北側の川に向かう道路が旧道で、「御代田の渡し場」があった。岩盤が露出し、守山藩政下の重要な交通路であった。甚日寺の南側の高安寺には、小字名として「外城」の名が残っており往時を物語っている。

さらに、南東に向かい、水郡線を越えると鎮守の杜があり、田村郡の注連頭を務めた遠藤家が神官を務めていた「菅布禰神社」が鎮座している。社殿のぐしには、守山藩の定紋

甚日寺（御代田村）

正福寺跡（正直村）

である八角の守山三つ葉葵が施され、藩政の往時を偲ぶことができる。遠藤無位が神官を務めた神社である。

徳定村に関して、『田村郡郷土史』によると「坂上田村麿、延暦年間亡母阿古陀媛ノ菩提ヲ弔ワンガ為メ、創建セシ」の室家山童生寺跡、「亡母阿古陀媛ヲ祭レル祠ナリ」の谷地権現、さらには「田村麿誕生セシトキ産湯ニ用ヒシ泉ナリ」の産清水、「田村麿誕生セシトキ抱上ゲタル所ナリ」の抱上ゲ坂などが残る。

これらは、徳定村にある成願寺の北側に位置し、阿武隈川の三日月湖跡付近一帯にある。一角に、京都の清水寺・森清範貫主の揮毫による「伝征夷大将軍坂上田村麿公生誕之地」の碑が建立されている。碑は、平成二十三年（二〇一一）九月二日、森貫主の厳かな御読経の下に序幕された。この地は、今日に至っても、坂上田村麻呂の伝承が身近なものとして生きている村である。

徳定村の北隣が**金屋村**（九百九十九石余）、谷田川を挟んで北方手前の丘陵の裾の集落が、**上行合村**（七百四十石余）、**下行合村**（五百八十七石余）である。水郡線が走っているその南に、枇把澤池がある。池は、金屋村の耕作地の命の水となっていた。守山藩が成立する直前、金屋村の灌漑用水は十分ではなく、旱損に苦しんでいた。金屋村の村民が、当時の代官窪田長兵衛に願い出て、山中村、守山村の庄屋の協力の下、造作した溜池が、今日においても枇把澤池として灌漑の便をなしている。金屋村の北、上行合村、下行合村の西側にかけては、東から流れくる谷田川、南北の流れである阿武隈川、さらに西から流れる笹原川のいわば合流地であり、「洪水ノ際ハ被害夥多ナリシ」地であった。

守山藩では、上行合村〜下行合村にかけて、阿武隈川の東岸に長さ五六〇間、高さ八尺余の長堤を築いた。金屋村の阿武隈川の沿岸にも、天明三年（一七八三）に人夫を督し長堤を築いたが、「今尚其餘澤ヲ蒙ルモノナリ」という現状であった。

下行合村と上行合村を結ぶ山辺の道は、県道二本松・金屋線となっており、道に沿って

清水寺・森貫主の御読経
（案内鹿野氏。平成23年９月２日撮影）

成願寺（徳定村）

行合寺から南に向かうと見渡神社がある。西向きの高台となっている境内から、谷田川、その向こうに阿武隈川の堤を望むことができる。谷田川の東岸の下行合村、上行合村側は、田や畑の耕作地となっている。

　谷田川と阿武隈川の間の地域は、工場群と住宅・商店の家並みが建てこんでいる。藩政時代は谷地で、集落はなく大水が出た時の遊水地であった。住居表示でも「大字なし」となっている。

　下行合村から谷田川に向かった所に、「下行合の渡し」の渡舟場があった。見渡神社の見渡は、出水したあとに神社の境内から、渡舟が可能かどうかを見渡す場所であったということからこの名になった、と土地の古老の話であった。また、「見渡」の名は神社の総称名で、境内から参道にかけて建立されている鳥居の一つひとつに別の社号が刻まれていたことも分かる。

渡舟場が盛んな中郷八カ村

次に、中郷八カ村を尋ねてみよう。**大平村**（四百三十七石余）の本村は、往時のままの姿をよく残した集落である。中世以降、地域一帯の修験者の中心としての大祥院があった。大和国・大峰登山の先達職を与えられ霞下《かすみした》（配下）の修験者を多く抱えていた。廃仏毀釈によって、熊野神社となった。

横川村（百八十五石余）は、大滝根川と阿武隈川の川沿いで平坦な土地が比較的多く、耕作地が広がり下郷の村々に通じる中継地であった。このため、「横川の渡し」があった。阿武隈川の西岸、郡山の宿に向かう便利な渡しであった。

荒井村（二百五十五石余）は、村の東境に大滝根川があり、川沿いに耕地が広がっている。大祥院があった**蒲倉村**（四百六十石余）と、両村とも山間地の集落となっている。近年、県の主導の下、開発された東部ニュータウンとして緑ヶ丘団地が造成され、大住宅地となった。往時の村の姿を訪ねることはできない。

　次に、**安原村**（二百三十七石余）、**阿久津村**（五百六十七石余）である。安原村も往時

熊野神社参道の山中に残る旧大祥院の鐘

旧大祥院（熊野神社）

の姿を残しつつも、新しい大規模な住宅団地あぶくま台が造成されている。阿久津村は、宝暦年間（一七五一～一七六四）に大火を被った。その時、「阿久津の渡し」の渡舟場は、安養寺のある集落にあり、対岸の村人がここを渡舟してまで駆け付けたと、古老は伝えている。渡舟場跡一帯は、昭和六十一年（一九八六）八月五日未明から、集中豪雨による大洪水に見舞われた。これに伴った堤防の大改修によって、往時の姿を見ることができない。堤の下で小径と化した古道脇には、二十三夜塔や庚申塔、金毘羅大権現などの石塔群が残されており、渡舟場が賑わった往時の姿を今に伝えている。

白岩村（九百八十四石余）、**下白岩村**（二百七十九石余）は、昔時は一村であった。「何時ノ頃ニヤ分レテ二村トナリシ」と言われている。白岩の名の起こりは、村の南西、明神山の頂付近と嶺に露出する二つの大きな直立した白い岩に由来する。両村を併せた石高は千百石余を超え、守山領内では豊かな村であった。このためか、現在は無住となっているが、普門寺と大雲寺の二つを抱えていた。

二方が他領に接する下郷九カ村

次に、下郷の九カ村を尋ねてみよう。**南小泉村**（二百七十二石余）、**北小泉村**（二百九十石余）、**芹沢村**（四百四十八石余）は、阿武隈川に沿った村で、比較的平坦な土地柄で耕作地が多く開けている。

南小泉村と北小泉村、さらに芹沢村の堂坂地区は、阿武隈川西岸の郡山市富久山町に属している。川の対岸の富久山町に属しているのはどのような謂れがあるか、尋ねてみることにした。

阿武隈川の両岸に位置する南小泉村、福原村（二本松藩領）の間の流域は、現在でも大きく西に蛇行するような流れとなっている。流れの岩盤が露出している場所に「福原の渡し」があった。この流域は、大雨などの出水によりたびたび流れが蛇行し、耕作地や入会地が流されていた。村人たちの間では、占有を巡っての争いが生じていた。

このような中、安政年間（一八五四～一八

安養寺（阿久津村）

旧安養寺跡の阿弥陀堂・「桃里満門」の掲額

六〇）の大雨による出水によってまた流れが大きく蛇行した。西岸に大きく蛇行していた流れが大雨により東岸の方へ大きく蛇行し、南小泉村の耕作地などが流されてしまったのである。

流れの変化により、中洲が生じた。野草木が繁り、南小泉村と福原村との入会地になったが、福原村の村人が、村境は中洲の中央をもって境界だと主張し始めたという。万延元年（一八六〇）から文久年間にかけてのことである。

文久三年（一八六三）、村人たちの争いを解決しようとしたのが、南小泉村の庄屋を務めていた後藤隆作であった。後藤は、福原村は他領であり、守山陣屋の役人では手におえないことを考え、幕府の奉行所に直に訴え出ることを決断した。南小泉村の村人から惣代を選び、共に江戸に赴いた。幕府では、まさに多事多難な時勢の下で、訴えが聞き届けられるか否かが、捗々しくなかった。後藤は、「事若シ敗ケルレバ死ヲ獄ニ決スルノミ」と決然と幕吏に訴え出ること、数度に及んだ。

三年後、幕吏が現地調査に足を運んできた。翌年、幕府の裁決が下され、争い地となった中洲の三分の二は福原村、三分の一は南小泉村の入会地とする裁断がなされ、紛議は全て解決された。これを機に両村は、旧来の如く親交が深まったという。親交が前にも増して深まったのは、事の解決に当たった後藤の私心なく私利に走ることなく、東奔西走したその姿が、両村の村人が讃えるほどであったことによる。

裁断を下した慶応三年（一八六七）九月と言えば、翌月の十月には慶喜による大政奉還の奏上がなされた時であり、幕府にとっては諸事火急の時であった。守山陣屋では、後藤の労を賞し、郷士に取り立てた。このことが、富久山町に属する所以である。

次に、**山田村**（五百十三石余）、**根木屋村**（四百八十九石余）、**木村村**（五百六十六石余）である。**上舞木村**と**下舞木村**は併せて、千二百五十石余であった（山田村、根木屋村、木村村、さらに先の芹沢村は、元々一村

芹沢村堂坂観音堂の前景
近年境内が整備された。

福原の渡し
旧福原の集落と、御霊社（現・豊景神社）があった。

で木村村と称していたが、立藩する二十二年前、延宝六年〈一六七八〉に分かれて四村になった）。

舞木村は、天正四年（一五七六）三月に分村され、上・下の舞木村となった。守山藩の水帳には、上舞木村と下舞木村の庄屋の両名の名を付しつつも、村高は合算したものになっている。

山田村と上舞木村、下舞木村は、現在三春町になっているが、上舞木村と下舞木村それぞれの一部が舞木町として郡山市に属しており、複雑な市町村合併の痕跡を留めている。

山田村は、国道二八八号線沿いに商店や工場が連なり、交通の便が良くなっている。根木屋村と芹沢村は、西田町として郡山市になっている。

根木屋村・山田村・芹沢村の一帯は、藩政時代は山間で、谷間が多くあり、冷たい水で稲作に不向きな水田があった。このため、水田では、菅の栽培が奨励され、風雨や日除けの菅笠作りが盛んに行われていた。菅笠作りは、冬場の女の仕事とされており、昭和三十年代まで、菅笠作りが行われていた。

次に、守山領の最北の領地となる**三城目村**である。この辺りは、正保二年（一六四五）に分村し、三町目村、三城目村となった。三町目村は三春藩領となり、三城目村は守山藩成立後に領地となった（分村は、田村氏が改易された後、上杉、蒲生、田丸、加藤と領主が交替する中で行われた）。

「三城目」という地名の起こりは、蒲生時代に三つの館が築かれたことによる。三城目村には、守山領の村人たちにとって行楽の地であった小和滝がある。小和滝は、阿武隈川にあり、一帯は珍しい奇岩や怪しげな岩がそば立つようにある。流れは、急に狭くなり大変な激流で、断崖をつくり、碧く見えるほど深い淵がある。周りは老松が繁茂し、枝が重なり合い、藤やあざみがまとわりついている。その稀な自然景観は、まことに雅な趣である。

現在では、流域の堤防も整えられ、これほどの激流をもっての景観はないにしても、一見に値する滝である。小和滝の岩が折り重なる中洲を利用し、渡しが交通手段であったが、

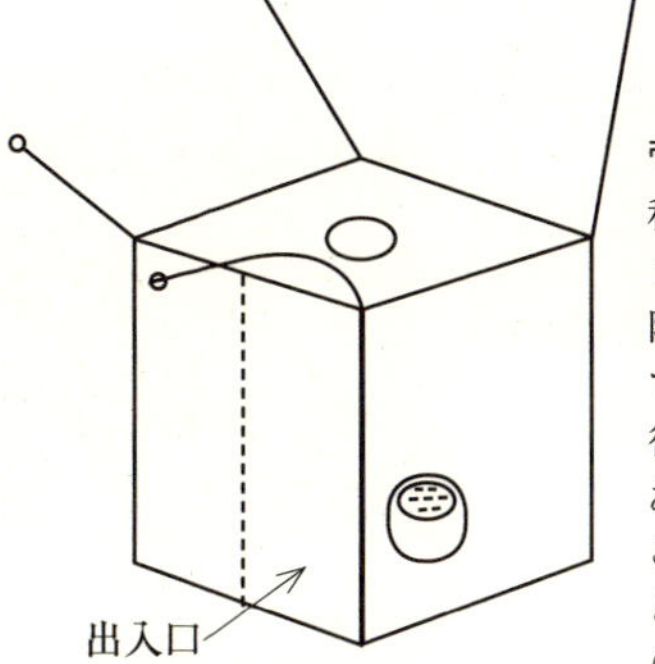

菅笠作りの図
和紙の大きなもの（1間半から2間）を吊るすようにして、四隅を囲い、天井に空気穴を設けて、火鉢で暖を取って作業を行った。冬場の女性の仕事であった。
これを地元では「シッチョウ」と呼んだ。漢字では「紙帳」か？
（旧根木屋村・伊藤哲氏の談）

明治十八年（一八八五）、中洲に橋脚を設け、木橋が初めて架けられた。

小和滝は村人たちが、文政八年（一八二五）にお伊勢参りや金毘羅参りの成就を喜び、記念の碑を建立しながら愛でたように、地域の人々の名勝地、憩いの場となっていた。

守山藩の歴史をと郡山で問われると、守山領の歴史で止まっているのがほとんどであり、松川領について語られることは皆無に等しく、その存在すら縁のないものであった。松川領の村々を尋ねると、それぞれの村が江戸時代に守山藩の領地であったことを伝え聞いている人々は、ほとんどいないのが現実であった。

守山藩のものがたりが、より実像あるものになればとの思いから、かつての守山藩の松川領、守山領を尋ね認めたが、それぞれが現代を生きる土地となり、藩政時代の記録は一部の人々がもつ記憶となっていた。

それでも、点々と残る遺構が、守山藩の存在を、守山の、そして松川の人々が生きていた歴史を確かに証明してくれたのである。

小和滝橋の変遷：左から、一世・木橋（明治18年）、二世・吊り橋（明治32年）、三世・鉄筋コンクリート（昭和10年）

現在の小和滝橋（平成10年竣工）

在任中の平成11年建立の記念碑前に立つ、案内してくださった佐藤前知事
（平成25年5月24日撮影）

エピローグ

守山藩の終焉

最後に、明治と改元してからの守山藩主の動きをみておく。

明治二年（一八六九）六月、版籍奉還が行われた。それにより、守山藩主は江戸定府であったが、領地に帰ることとなった。しかし、守山陣屋には住居もなかったため、松川に移ることとなった。

この時、戊辰戦争での働きに対して、新政府より一〇〇〇両の慰労金が下付され、六代藩主松平頼升は守山藩の知藩事に任命されたが、同年八月二日、七代頼之が家督を継ぎ、守山藩知事となった。

明治三年十二月二十四日、頼之は守山藩を松川藩と改称する以下のような願書を提出している。

「守山藩の支配所は磐城・常陸両国に分かれ、磐城国★田村郡の守山を藩名とし、藩地には収納役人三～四人を置き、定府制を保ってきたが、先般常陸国松川陣屋に引き移り、守山藩知事を仰せ付けられた。守山・松川いずれの支配所に居住するも可と承ったが、藩士たちについても追い追い帰農の目的をもって松川近傍の山林荒蕪地の開墾をさせたいと考えている。ついては、藩名を松川藩と改めることが体裁も良く処置の便宜にも叶うと考え改称方を願い出る」

▶磐城国は、明治元年12月7日に陸奥国を五つの国に分けた時、置かれた国の一つ。

これにより、藩庁としての守山陣屋は空き家となった。のち、「松川藩」として認められ、翌明治四年一月十四日には、新藩印が与えられた。

二月、旧藩主に東京在住の令達があったのに対し、松川寄留の願いを出した。前藩主である頼升は病気療養中であり、祖母も体が優れなかったのが理由であるが、東京の住居は先年焼失していたことも一因であろう（同年一月九日には、松川藩庁でも火事があり、建物のほとんどが焼失した）。願いは許可されたが、翌月に頼之は東京での学問修業を願い出、四月二十五日、松川を出立した。東京では、儒学者・芳野金陵方へ通ったという。

同年七月十四日、廃藩置県となった。松川藩は、松川県となり、十五日に頼之は藩知事を免じられ、県知事となった。頼之は子爵に任じられ、家臣も士族となり各地に転出し始めた。この頃の松川藩の士族は二七六戸、卒族は一九〇戸であった（明治十九年には、護衛隊に参加した神官などが中心となって、「士族取扱嘆願書」が出されたが、受け入れられなかったようである）。

その後、明治五年五月に頼升は四十一歳で死去、翌年八月には、頼之もまた十六歳の若さでこの世を去った。

家督は、頼之の兄である喜徳《のぶのり》（八代。安政二年〈一八五五〉生まれ。徳川斉昭の十九男、会津藩主松平容保の養子でもあった）が継いだ。喜徳は明治九年にフランスに留学、二年後に帰国し、明治十七年に子爵に任じられた。

喜徳の跡は、松平頼位《よりたか》の三男頼平《よりひら》（九代）が継いだ。頼平は、宮内庁御用掛・古社寺保存会委員を務めていた。ついで、頼平の女婿秋雄（十代）が継いだが短命で、その後、水戸の徳川圀順《くにゆき》の四男圀弘（十一代）が守山松平家を継いでいる。

守山藩から松川藩、そして松川県となった明治時代に、幕末の守山藩の実体は失われていった。ただ、旧守山藩領に住む人々は、財政には苦しんだ歴史は残るが、激しい戦火に遭うことなく、明治維新を迎えることに成功した。

近隣の藩であった二本松藩、会津藩のことを思えば、それだけでも、救われたであろう。ひとつの大きな時代が終わった。

時は過ぎていった。時代の大きなうねりの中で、守山藩は、その時代に正面から向き合い、その波を乗り越える最大限の努力をした。それは、ほかの諸藩も同じであったが、水戸藩の支藩であるという弱い立場の守山藩は、特に「本藩」の動きに同調せざるを得なかった。

それでも、会津追討先鋒願いや奥羽越列藩同盟参加の意志を表明することで、各場面で主張を通した。江戸時代という幕藩体制の中で、どの立ち位置で、どのように振る舞うか、必死の行動をした。その行動の奥にある願いは、領地の、村人の安堵であった。

かつて、守山という土地を守るために、逞しく生きた守山藩の人々がいたことは、今後の福島県・茨城県を生きる人々にも強い勇気となるであろう。

守山藩を生きた人々の思いは、その土地と共に歴史に刻まれたのである。

あとがき

　これを著す依頼を受け、まず脳裏に去来したことは、守山領・松川領とも互いに遠国であることだった。これが故、守山領三一カ村を訪ね歩くことはもちろんのこと、松川領三四カ村の全てを踏査することに意を決し、筆を執ることにした。

　平成二十三年三月十一日の東日本大地震と原発事故は、日々の生活を一変させ、物情騒然の体を示すに至った。あってはならぬこと、起きてはならないことが現実となり、今日に至っても続いている。私が震災に遭ったのは、今泉五郎先生宅で守山領木村村の清雲寺を調査している時であった。このような中、区切りを付け著したのが本書であり、元より満足を得るものではないが、上梓《う》することとした。

　この間、本当に多くの方々にご協力とお教えを頂きました。特に、本書をまとめるのを薦めて下さった歴史作家の星亮一氏をはじめ、郷土史研究家・田母神利顕氏、民話紙芝居研究家・鹿野義雄氏、白河高校元PTA会長・石塚次男氏、福島県建設技官・磯松教彦氏、そして福島県前知事・佐藤栄佐久氏に現地調査やご指導、そして励ましを頂きましたことを心より感謝申し上げます。さらには、旧松川領の村々でも多くの方々にお世話になりました。特に、成田村の小室氏、金上村の小林氏ご夫妻、青山村の高野氏ご夫妻に多くのことを教えて頂きました。記して感謝申し上げます。

遠藤　教之

守山陣屋には「御用留帳」と呼ばれる百六十五年分の貴重な郡方政務日誌が残り、多くの研究者によって翻刻、解読がなされていた。また、記録期間は限られるが、二代藩主が編纂した「守山御日記」（東北大学附属図書館所蔵狩野文庫）も近年に翻刻された。藩側の公式記録以外にも、主に郷士などにより記された「公私日記帳」（樫村家文書）、「芳賀家文書」、「今泉家文書」などが残り、これまで各史料をもとにした研究論文は碩学の諸先生方により幾つか認められていた。

本書では、これらの労作かつ貴重な研究成果に加え、藩政だけではなく、特に守山藩に生活していた村人の姿を中心に、現地調査をもとに紹介することに努めた。

私が主に担当したのは、江戸時代後期を生きた人々である。大きな変革の時代に生きることを余儀なくされ、その時代を体験した中に、守山藩領の人々も例外なく含まれていた。激動の時代に呑みこまれそうになりながら生きていた人々がいた。

しかし、守山藩自体、福島県民、茨城県民の中でもその存在をよく知る人は少ない。史料が多く残っているにもかかわらず、歴史の大局には登場しなかったので、守山藩は話題にものぼらないのである。

天狗党の乱に参加したり、戊辰戦争で政局に翻弄されたりした守山藩の歴史を追うと、領内で懸命に命をつないでいる鼓動が聞こえるようであった。確かに、守山藩の人々は強く時代を生きていた。

私は大学で近代史・歴史地理学を専攻しており、主に地域文化と帰属意識を探っているが、見落とされてしまっている地域の歴史・文化を探ることは、現在の地域を形成した背景を知る重要な作業だと再認識した。

今回、嬉しくも出身地に在った藩の歴史を探ることができ、ますます郷土が好きになった。今後も、地域と文化を探る研究活動に勤しんでいきたいと思う。最後に、遅筆な親子に堅忍持久に付き合って下さった現代書館社長菊地泰博氏に多大なる感謝を申し上げます。

遠藤　由紀子

平成二十五年盛夏

参考文献

阿部善雄『駆入り農民史』至文堂　一九六五年
阿部善雄『目明し金十郎の生涯―江戸時代庶民生活の実像―』中公新書　一九八一年
網野善彦『増補無縁・公界・楽―日本の中世の自由と平和―』平凡社　一九九六年
池内儀八『福島県通史』福島県史籍刊行会　一九二六年
伊東多三郎編『水戸市史』中巻（一）水戸市役所　一九六八年
茨城県史編さん幕末維新史部会『茨城県史料』幕末編Ⅰ　茨城県　一九七一年
茨城県史編さん幕末維新史部会『茨城県史料』維新編　茨城県　一九六九年
茨城県史編集委員会監修『茨城県史』近世編　茨城県　一九八五年
茨城県立歴史館『幕末日本と徳川斉昭』茨城県立歴史館　二〇〇八年
遠藤文伍編『写真集　明治・大正・昭和　本宮』国書刊行会　一九八四年
大洗町史編さん委員会編『大洗町史』大洗町　一九八六年
大石学編『近世藩制・藩校大事典』吉川弘文館　二〇〇六年
大河峯夫「守山藩における安永改革―農村対策について―」『福大史学』9号　福島大学史学会　一九六九年
大河峯夫「近世農民の持高と負担―守山領行合村の分析を中心として―」『福大史学』13号　福島大学史学会　一九七一年
大河峯夫「陸奥守山藩に於ける幕末期の政局と郷土の動向について」『福大史学』80号　福島大学史学会　二〇〇九年
大河峯夫「守山藩と幕末期の藩内抗争―水戸天狗党の乱を中心に―」『歴史』17号　福大歴史学研究会編　一九六五年
大河峯夫監修『近世二　田村町歴史年表』守山史談会　二〇〇八年
大久保景明『大洗歴史漫歩』凸版印刷　二〇〇二年
大山柏『戊辰役戦史』時事通信社　一九六八年
笠井助治『近世藩校の綜合的研究』吉川弘文館　一九六〇年
家臣人名事典編纂委員会『三百藩家臣人名事典』第2巻　新人物往来社　一九八八年
川口芳広編『常陽藝文12月号』No.２７１　財団法人常陽藝文センター　二〇〇六年
北浦町史編さん委員会編『北浦町史』北浦町　二〇〇四年
北原雅長『七年史』東京大学出版会　一九七八年（復刻）
木戸田四郎『維新期豪農と民衆―幕末水戸藩民衆史研究―』ぺりかん社　一九八九年
郡山市史編さん委員会編『郡山市史』第9巻　資料（中）郡山市　一九七〇年
郡山市史編さん委員会編『郡山市史』第4巻　近代（上）郡山市　一九六九年
児玉幸多・北島正元監修『新編物語藩史』第2巻　新人物往来社　一九七六年
児玉幸多・北島正元編『物語藩史』第2巻　新人物往来社　一九六四年
小西四郎『開国と攘夷』中央公論社　一九六六年
佐藤和司『史料郡山の戊辰戦争　守山藩・下行合芳賀家文書』佐藤和司発行　二〇〇七年
成松佐恵子編『陣屋日記を読む―奥州守山藩』雄山閣　二〇〇六年
白河市編『白河市史』第2巻　通史編２　近世　二〇〇六年
新人物往来社編『三百藩戊辰戦争事典』（上）新人物往来社　二〇〇〇年
鈴木暎一『水戸弘道館小史』文眞堂　二〇〇三年
鈴木暎一編『概説水戸市史』水戸市役所　一九九九年
鈴木茂乃夫『水戸藩・戊辰の戦跡をゆく』暁印書館　一九八六年
鈴木茂乃夫『増補版・天狗党の跡をゆく』暁印書館　一九八九年（初版一九八三年）
関山豊正『元治元年―那珂湊の大戦―』桜井印刷所　一九七〇年
高橋裕文『幕末水戸藩と民衆運動―尊王攘夷運動と世直し―』青史出版　二〇〇五年
但野正弘『水戸の碑文シリーズ2・水戸烈公と藤田東湖『弘道館記』の碑文』水戸史学会　錦正社　二〇〇二年
田丸辻郎『田丸直昌と北畠・田丸氏の歴史』岩村町歴史資料館　一九九五年
田村郡教育會編纂『田村郡郷土史』一九〇四年
徳富猪一郎『近世日本國民史　筑波山一挙の始末』民友社　一九三七年
仲田昭一『水戸藩と領民』錦正社　二〇〇八年
名越時正『水戸藩弘道館とその教育』茨城県教師会　一九七二年
七海皓奘『隠された郡山の戊辰戦争』歴史春秋社　二〇〇八年
二本松市編『二本松市史』通史編　二本松市　一九九九年
二本松藩史刊行会『二本松藩史』二本松市　一九二六年
根本俊「水戸藩連枝の支配機構―守山藩常陸領を中心に―」『近世国家の権力構造―政治・支配・行政―』（大石学編）岩田書院　二〇〇三年
野家啓一・兼平賢治『東北文化資料叢書第一集　守山御日記』東北大学大学院文学研究科東北文化研究室　二〇〇六年

長谷川伸三・糸賀茂男他『茨城県の歴史』吉川弘文館　一九九七年
藩主人名事典編纂委員会『三百藩藩主人名事典』第1巻　新人物往来社　一九八六年
東実『鹿島神宮』学生社　二〇〇四年
昼田源四郎『近世庶民の医療事情』みすず書房　一九八五年
福島県編『福島県市町村沿革』（非売品）一九五六年
福島県編『福島県史』第3巻 通史編　3近世2　巌南堂書店　一九七〇年
福島県歴史資料館編『福島県の誕生』福島県文化振興財団　二〇〇六年
富久山郷土史研究会編『ふくやまの旧蹟を巡りて』富久山郷土史研究会　一九九〇年
『水戸天狗党西上の道　筑波山挙兵百四十年記念誌』川田プリント　二〇〇五年
三春町編『三春町史』2巻　三春町　一九八四年
村上三男・千原武男・吉田誠四郎・熊谷正晴・馬場英治・村上喜栄・渡辺好一・遠藤勝治編『守山藩ゆかりの歴史文化展記念誌』記念事業企画実行委員会　一九九六年（本書では『守山藩記念誌』と呼称）
村田直編『幕藩制社会の地域的展開』雄山閣　一九九六年
（五十音順）

協力者

青山村　高野氏ご夫妻、石塚次男氏、磯松教彦氏、伊藤哲氏、今泉五郎氏、小野誠子氏、遠藤雅樹氏、鹿野義雄氏、熊田照勇氏、金上村　小林幹明・洋子氏ご夫妻、小山美智子氏、坂野順一氏、佐藤栄佐久氏、田母神利顕氏、高松健一氏、土田宏禅和尚、緑川平夫氏、松川・小室氏、村上三男氏、村上直子氏、遠藤紀美氏、関根美枝子氏、新妻教子氏

遠藤教之（えんどう・のりゆき）

一九四七年、青森県弘前市生まれ、福島県郡山市育ち。学習院大学法学部卒業。福島県立浪江高校、福島西高校、白河高校の学校長を歴任。公職での著作のほか、共著に『秩父事件の一考察』（学習院輔仁会史学部）、『二本松少年隊のすべて』（新人物往来社）、『戊辰戦争を歩く』（光人社）などがある。

遠藤由紀子（えんどう・ゆきこ）

一九七九年、福島県郡山市生まれ。昭和女子大学大学院生活機構研究科（博士課程）修了。博士（学術）。現在、昭和女子大学歴史文化学科講師、女性文化研究所研究員。著書に『近代開拓村と神社―旧会津藩士及び屯田兵の帰属意識の変遷―』（御茶の水書房、福島民報出版文化賞奨励賞受賞）、共著に『女性と仕事』（御茶の水書房）、『新島八重を歩く』（光人社）、『女たちの幕末・明治』（洋泉社）、『山本覚馬と幕末会津を生きた男たち』（新人物文庫）などがある。

シリーズ藩《はん》物語《ものがたり》 **守山藩《もりやまはん》**

二〇一三年八月二十日 第一版第一刷発行

著者―――遠藤教之、遠藤由紀子

発行者―――菊地泰博

発行所―――株式会社 現代書館

東京都千代田区飯田橋三―二―五 郵便番号 102―0072 http://www.gendaishokan.co.jp/

電話 03―3221―1321 FAX 03―3262―5906 振替 00120―3―83725

組版―――デザイン・編集室 エディット

装丁―――中山銀士＋杉山健慈

印刷―――平河工業社（本文）東光印刷所（カバー・表紙・見返し・帯）

製本―――越後堂製本

編集―――二又和仁

編集協力―――黒澤 務

校正協力―――岩田純子

 ISBN978-4-7684-7133-3

江戸末期の各藩

松前、八戸、七戸、黒石、**弘前**、**盛岡**、**一関**、秋田、亀田、本荘、秋田新田、仙台、松山、**新庄**、**庄内**、天童、長瀞、**山形**、上山、**米沢**、米沢新田、相馬、福島、**二本松**、三春、**会津**、**守山**、棚倉、平、湯長谷、泉、**村上**、黒川、三日市、**新発田**、村松、三根山、与板、**長岡**、椎谷、**高田**、糸魚川、松岡、笠間、宍戸、**水戸**、下館、結城、**古河**、下妻、府中、土浦、麻生、谷田部、牛久、大田原、黒羽、烏山、喜連川、**宇都宮・高徳**、壬生、吹上、**足利**、佐野、関宿、高岡、佐倉、小見川、多古、一宮、生実、鶴牧、久留里、大多喜、請西、飯野、佐貫、勝山、館山、岩槻、忍、岡部、川越、沼田、前橋、伊勢崎、館林、高崎、吉井、小幡、安中、七日市、飯山、須坂、**松代**、**上田**、**小諸**、岩村田、田野口、**松本**、諏訪、**高遠**、飯田、金沢、荻野山中、小田原、沼津、小島、田中、掛川、相良、横須賀、浜松、富山、加賀、大聖寺、郡上、高富、苗木、岩村、加納、大垣、高須、今尾、犬山、挙母、岡崎、西大平、西尾、吉田、田原、大垣新田、尾張、刈谷、西端、長島、**桑名**、神戸、菰野、亀山、津、久居、鳥羽、宮川、彦根、大溝、山上、西大路、三上、膳所、水口、丸岡、勝山、大野、**福井**、鯖江、敦賀、小浜、淀、新宮、田辺、紀州、峯山、宮津、田辺、綾部、山家、園部、亀山、福知山、柳生、柳本、芝村、郡山、小泉、櫛羅、高取、高槻、麻田、丹南、狭山、岸和田、伯太、豊岡、出石、柏原、篠山、尼崎、三田、三草、明石、小野、姫路、林田、安志、龍野、山崎、三日月、赤穂、鳥取、若桜、鹿野、津山、勝山、新見、岡山、庭瀬、足守、岡田、岡山新田、浅尾、松山、鴨方、福山、広島、広島新田、高松、丸亀、多度津、西条、小松、今治、松山、新谷、大洲、**伊予吉田**、**宇和島**、徳島、**土佐**、土佐新田、**松江**、広瀬、母里、浜田、津和野、岩国、徳山、長州、長府、清末、小倉、小倉新田、福岡、秋月、**久留米**、柳河、三池、蓮池、唐津、**佐賀**、小城、鹿島、大村、島原、平戸、平戸新田、中津、杵築、日出、府内、臼杵、**佐伯**、森、**岡**、熊本、熊本新田、宇土、人吉、延岡、高鍋、佐土原、飫肥、薩摩、対馬、五島（各藩名は版籍奉還時を基準とし、藩主家名ではなく、地名で統一した）　**★太字は既刊**

江戸末期の各藩
（数字は万石。万石以下は四捨五入）